RATGEBER FÜR
BAUFAMILIEN UND RENOVIERER

GESÜNDER BAUEN UND WOHNEN

HERAUSGEBER:
JOHANNES SCHWÖRER | PETER BACHMANN

DIESES BUCH ENTSTAND MIT FREUNDLICHER UNTERSTÜTZUNG VON

INHALTSVERZEICHNIS

Grußwort Dr.-Ing. Heinz-Jörn Moriske 6
Vorwort Johannes Schwörer 9
Vorwort Peter Bachmann 10

1 GESUNDHEIT SCHÜTZEN AM WICHTIGSTEN ORT IM LEBEN

1.1 Ohne Gesundheit ist alles nichts! 14
1.2 Chemikalienbelastungen in Gebäuden – besonders Kinder
    leiden darunter 18
    Referenzhaus Willbold – das gute Gefühl gibt es mit dazu 22
1.3 Worüber reden wir? Begriffe kritisch durchleuchtet 24
1.4 Gute Zeichen für gute Bauprodukte – die Baustofflabel 28
1.5 Zeichen für gesündere Gebäude – die Gebäudelabel 32

2 WER BESCHEID WEISS, WOHNT UND LEBT GESÜNDER

2.1 Herausforderung: Schadstoffe in Innenräumen 38
2.1.1 Kohlendioxid: Nicht nur fürs Weltklima entscheidend 40
2.1.2 Schimmel: Der gefährliche Mitbewohner 44
2.1.3 Allgegenwärtig: Flüchtige organische Verbindungen – VOC 48
2.1.4 Formaldehyd: Vom Sorgenkind zur Randfigur? 52
2.1.5 Radon: Das unsichtbare Gas aus dem Untergrund 54
    Was tun, wenn es dauerhaft riecht? 57
2.2 Warum ein schadstoffarmes Haus ein gutes Haus ist 58
2.3 Raumklima und Luftqualität entscheiden über Behaglichkeit 62
2.4 Die Bedeutung und Planung von Tageslicht in Innenräumen 67
    Wichtige Aspekte für eine gute Tageslichtversorgung in Innenräumen 70
2.5 Schallschutz ist Gesundheitsschutz 72
    Schall in Zahlen und Maßen 74
    Referenzhaus Weimper – das erste Schwörer Healthy Home 77
2.6 Das Recht auf einen gesünderen Lebensraum 82

3 SICHERE LÖSUNGEN FÜR GESÜNDERES BAUEN UND WOHNEN

3.1	Gesund und gut bauen als Strategie	88
3.2	Studie »Gesundheitliche Qualität im Holzfertigbau von Sentinel Haus Institut und SchwörerHaus«	92
3.3	Ohne Menschen geht es nicht	116
	Referenzhaus Green Living Space – flexibel, vernetzt, geprüft wohngesund	120
3.4	Beispielhafte geprüfte Bauprodukte: das Dachflächenfenster	122
3.5	Beispielhafte geprüfte Bauprodukte: die Holzwerkstoffplatte	126
3.6	Trockene Fußbodenaufbauten für komfortable und wohngesunde Räume	130
3.7	Emissionsarme Produkte für das wohngesunde Bauen	134
3.8	Komfort und Wohngesundheit im System	136

4 GESUND UND GUT BAUEN IN DER PRAXIS

4.1	Gesünder bauen ist kostengünstig bauen	144
4.2	Qualität – vom Baumstamm bis zum Haus	147
4.2.1	Gesundes Wohnen im Holzhaus	150
4.2.2	So geht modernes Wohnen: gesund und nachhaltig mit dem Rohstoff Holz	153
4.2.3	Kontrollierte Baustoffe für gesündere Häuser	156
4.2.4	Ein Messprogramm für 650 gesündere Einfamilienhäuser	158
4.2.5	Luftdichte Hülle: Garant für gesünderes Wohnen	164
4.2.6	Kontrolliert lüften ist gesünder und komfortabler	166
	Automatisch frische Luft auf der Baustelle	169
4.2.7	In wenigen Tagen steht das Haus	170
	Referenzhaus Berwein – gut und gesünder selber machen	174
4.3	Als Verbraucher hat man die Wahl	178
4.4	Ein geprüft gesünderes Haus, und dann?	182
	Interview mit Johannes Schwörer und Peter Bachmann: »Das Projekt ist für uns als Unternehmen eine Bereicherung«	186

5 PROMOTION-BEITRÄGE ... 190

6 ANHANG

Hilfreiche Adressen und Links	202
Die Autoren dieses Buchs	204
Literaturnachweise	206
Bildquellen	207

GRUßWORT

Dr.-Ing. Heinz-Jörn Moriske

Um die Klimaschutzziele der Bundesregierung zu erreichen, werden steigende Anforderungen an die Energieeffizienz von Gebäuden gestellt und der Umbau bestehender Gebäude zum Teil mit staatlichen Mitteln, unter anderem der Kreditanstalt für Wiederaufbau (KfW), gefördert. Maßnahmen im Bestand sind wichtig, weil in Deutschland nach wie vor die weitaus überwiegende Zahl an Gebäuden vor 1990 gebaut wurde, als energieeffiziente Maßnahmen beim Bauen nur ein Randthema waren. Das änderte sich wirksam erst Mitte der 1990er Jahre mit der Wärmeschutzverordnung.

Die ersten strengen Anforderungen kamen mit der Energieeinsparverordnung von 2002, die seither mehrfach novelliert wurde. Danach sind sowohl bei Neubauten als auch bei umfangreicher Sanierung von Bestandsgebäuden strenge energetische Anforderungen zu erfüllen. Dies bedingt in vielen Bereichen ein Umdenken beim Planen und in der Ausführung von Gebäuden, um einerseits energieeffizient zu bauen, andererseits, gerade im privaten Haus- und Wohnungsbau, die Kosten im Rahmen zu halten.

Die Fertighausbranche leistet dabei einen wichtigen Beitrag, weil das Prinzip, modern, effizient und dennoch kostensparend zu bauen, von Anbeginn bestimmend für diese Baubranche war. Dies hat sicher den Aufstieg der Fertighausbranche in den letzten 20 bis 30 Jahren mit begründet.

Das Positive hat aber oft auch ein negatives Element. Da wir uns heute in Mitteleuropa den weitaus überwiegenden Teil des Tages (fast 90 Prozent im Winter, im Sommer etwas weniger) in geschlossenen Räumen aufhalten, die meiste Zeit davon zu Hause, sind ein behagliches Innenraumklima und eine gute Innenraumluftqualität von entscheidender Bedeutung für die Gesundheit und das Wohlbefinden der Menschen.

Hatte man früher in Gebäuden oft Probleme mit Altlasten wie PAK, Asbest, PCB oder Holzschutzmitteln (PCP, Lindan, DDT), stellen heute vornehmlich die flüchtigen organischen Verbindungen *(englisch: VOC)* und die schwer flüchtigen organischen Verbindungen *(englisch: SVOC)* im Bereich der Innenraumlufthygiene ein Problem dar. Für Fertighäuser gilt: Die oben genannten Altlasten werden dort oft weniger angetroffen als bei vielen Gebäuden aus der Zeit vor dem 2. Weltkrieg oder dem »klassischen« Bestandsbau der 1950er bis in die 1970er Jahre. Ausnahmen bilden allerdings Holzschutzmittel und Formaldehyd als bekanntes Problem vieler Fertighäuser der ersten Generation, teils auch PAK bei teer- und bitumenhaltigen Parkettklebern.

Dennoch hatten und haben auch die Besitzer und Nutzer von Fertighäusern mit kleineren und größeren Innenraumluftproblemen zu kämpfen. Neben VOC und SVOC sind es heute der Staub, der aber mehr in der Bauphase ein Problem darstellt, und Radon, das in einigen Gegenden Deutschlands über das Erdreich in die Gebäude eingetragen wird. Dichte Bauweise und nutzerbedingte Einflüsse führen zudem oft zu erhöhter Feuchtelast mit der Folge von Schimmel (das gilt für alle Gebäude).

VOC und SVOC stammen aus einer Vielzahl von Produkten, die in der modernen Fertighausbauweise nicht mehr wegzudenken sind. Man findet sie in verschiedenen Baumaterialien (Holzwerkstoffe u. a.), diversen Klebern und Dichtungsmassen, in Baumaterialien für die Außen- und Innengestaltung des Gebäudes, Inneneinrichtungen usw. Die erste Beschwerde sind oft Geruchsprobleme der Nutzer, verbunden zum Teil mit Reizerscheinungen beim Atmen oder tränenden Augen, ohne dass die genauen Ursachen sofort erkennbar werden. Die beauftragten Innenraumsachverständigen müssen dann auseinanderhalten, welchen Beitrag Emissionen aus dem Gebäude und welchen Beitrag Inventar, Reinigungsmittel, Kosmetika etc. zu den Befindlichkeitsstörungen liefern. Das ist nicht immer einfach.

Erschwert wird die Bewertung der Innenraumluftsituation dadurch, dass es erst für eine begrenzte Anzahl an VOC und SVOC Richtwertvorgaben in der Innenraumluft gibt. Dies hat mehrere Gründe: Zum einen ist die Zahl der zu messenden chemischen Stoffe in der Luft sehr hoch (ca. 200–300 Verbindungen allein im Bereich der VOC), sodass man analytisch kaum hinterherkommt. Zum zweiten wirkt sich nicht jede VOC- oder SVOC-Komponente gleichermaßen gesundheitlich negativ oder geruchlich belästigend aus. Stoffe wirken in der Realität zusammen und werden zusammen inhaliert oder lagern sich am Hausstaub ab und werden – besonders bei kleineren Kindern – über den Mund aufgenommen. Auch das erschwert die Einzelbewertung, sodass man auch Summenbewertungsgrößen wie den »TVOC-Wert« *(TVOC englisch für Gesamtgehalt an flüchtigen organischen Verbindungen in der Luft)* in die Bewertung einbeziehen muss.

Ein weiterer wichtiger Grund ist, dass der private Innenraumbereich vom Grundgesetz her geschützte Privatsphäre ist. Der Gesetzgeber kann hier nur begrenzt eingreifen, weshalb auch Unfallverhütungsvorschriften, die für berufliche Branchen gelten, im privaten Wohnumfeld kaum durchzusetzen sind, ebensowenig wie etwa der Schutz von nicht rauchenden Kindern gegenüber rauchenden Eltern. Wegen dieses hohen Schutzgutes des privaten Wohnraums gibt es bis heute auch keine Technische Anleitung (TA) Innenraumluft, die analog dem Bundesimmissionsschutzgesetz im Außenbereich (TA Luft und TA Lärm) als Verwaltungsvorschrift Grenzwerte für Luftschadstoffe im Innenraumbereich (außerhalb produktionstechnisch belasteter Arbeitsplätze) einführt. Man arbeitet stattdessen mit dem Richtwertkonzept.

Dieses hat den Vorteil, dass auch bei Unterschreiten im Einzelfall (abwehrgeschwächte Personen, Kleinkinder, ältere Menschen) Maßnahmen zur Verbesserung der Innenraumluftqualität ergriffen werden können. Beim Richtwertkonzept des Ausschusses für Innenraumrichtwerte (AIR) beim Umweltbundesamt gibt es in der Regel (Ausnahme krebserzeugende Stoffe) zwei Richtwerte für VOC und SVOC in der Innenraumluft, einen Richtwert II, der hygienisch-toxikologisch abgeleitet ist und nicht überschritten werden soll (Eingreifwert), und einen Richtwert I, der meist um den Faktor 10, bei einigen Stoffen auch um den Faktor 20 darunterliegt und der den Vorsorgebereich darstellt, bei dem auch bei lebenslanger Exposition mit keinen gesundheitlich negativen Folgen zu rechnen ist (Vorsorge- oder Sanierungszielwert).

Für den Neubau, aber auch für die umfangreiche Sanierung von Fertighäusern im Bestand bedeutet dies, dass, um möglichst viele (am besten alle) Richtwertvorgaben einzuhalten, in Zukunft besonderes Augenmerk auf eine Auswahl an emissionsarmen Baumaterialien gelegt werden muss. Empfehlenswert ist auch eine begleitende hygienische Aufsicht am Bau sowie Empfehlungen, die den Nutzern an die Hand gegeben werden, wie moderne energieeffiziente Gebäude genutzt und wie gelüftet werden soll.

Mit Lüften gelingt es, viele relevante Schadstoffe aus der Innenraumluft zu entfernen, wobei das Lüften aber nicht ersetzt, dass immer auch die bauliche Ursache für Stoffe, die in erhöhter Konzentration vorliegen, gefunden und beseitigt werden muss. Dennoch ist Lüften bei der alltäglichen Nutzung wichtig, um auch die nutzerbedingten Einflüsse auf die Innenraumluftqualität zu verringern. Beim Lüften erleben wir einen Paradigmenwechsel. Früher genügte es, mehrmals am Tag die Fenster für kurze Zeit weit zu öffnen (Stoßlüftung). Angesichts der luftdichten Bauweise, die heute gängiger Baustandard ist, genügt dies bei den eingangs beschriebenen langen Aufenthaltszeiten in Innenräumen oft nicht mehr. Für Bildungseinrichtungen fordert das Umweltbundesamt daher schon seit 2009 (aktualisiert 2017) immer eine mechanische Grundlüftung bereitzustellen. Im Wohnungsbau (inklusive Fertighausbau) sehen wir diese hygienische Notwendigkeit generell noch nicht. Die weiter steigenden energetischen Vorgaben werden aber auch dort zum Umdenken zwingen, weil über die mechanische Lüftung auch Wärme zurückgeführt werden kann, was für die Energiebilanzen erforderlich ist und dies mit Fensterlüftung nicht gelingt.

Zur Aufrechterhaltung von Komfort und Behaglichkeit stellt neben dem winterlichen auch der sommerliche Wärmeschutz eine zunehmende Herausforderung für die Fertighausbranche dar. Die im Fertighausbau immer noch übliche Leichtbauweise mit Ständerwerk und außenseits wie raumseits beplankten Wänden besitzt physikalisch weniger Wärmespeichermasse als Massivbauten, die der raschen Gebäudeaufheizung im Sommer besser entgegenwirken. Dies muss durch flankierende bauliche Maßnahmen wie geeignetes Ausrichten der Fenster, Außenjalousien, gezielte Beschattung etc. kompensiert werden. Auch Lüftungsanlagen können helfen, wenn sie eine Kühlfunktion im Sommer übernehmen können. Hierbei sind Kosten und Nutzen abzuwägen.

Gute Innenraumluft ist wichtig für unsere Gesundheit. Die Fertighausbranche hat hierzu in den vergangenen Jahren erfreulicherweise viele Schritte in die richtige Richtung unternommen und wird ihren Beitrag zu einer gesundheitsverträglichen Innenraumluft liefern können. Diesem Ziel dient auch das vorliegende Buch, für das wir den Herausgebern und Autoren viel Erfolg bei der praktischen Umsetzung der Vorgaben und Empfehlungen wünschen.

Dr.-Ing. Heinz-Jörn Moriske

WARUM WIR GESÜNDERE FERTIGHÄUSER BAUEN WOLLEN

Johannes Schwörer

Die Bauindustrie gilt vielen als innovationsarm und traditionsverhaftet. Doch im Gegensatz zu anderen Industrien und Herstellern stellt die Branche Produkte her, die Jahrzehnte manchmal sogar Jahrhunderte überdauern. Diese Produkte werden nicht am Ende der Gewährleistungszeit oder nach einigen Jahren ausgetauscht werden, weil sie verbraucht und abgenutzt oder defekt sind. Ein Haus muss über Generationen funktionieren, Schutz und Wohlbefinden bieten und damit seinem Käufer ein sicheres und gutes Zuhause sein.

Gleichzeitig denken die Hersteller an das Ende der Lebensdauer ihrer Häuser und berücksichtigen die Wiederverwertung oder umweltgerechte Entsorgung der eingesetzten Materialien. Im Zentrum stehen aber stets die Wünsche und Anforderungen des Kunden: Ein eigenes Haus ermöglicht selbstbestimmtes Wohnen und Leben. Man kann selbst entscheiden, wie das direkte Umfeld gestaltet ist, und ist auch selbst verantwortlich dafür.

Als Leiter eines Familienunternehmens bin ich der nächsten Generation verpflichtet. Aus Sicht von SchwörerHaus ist es wichtig, dass – kurz gesagt – unsere Kunden mit dem Haus glücklich sind. Dazu gehört, dass die eingesetzten Materialien dauerhaft gut funktionieren, auch noch nach Jahrzehnten. Dazu gehört aber auch die Erfüllung des berechtigten Wunsches, dass der persönliche Lebensraum, den wir herstellen, hohen gesundheitlichen Standards entspricht. Als Vater weiß ich, wie wichtig die Gesundheit aller Familienmitglieder ist.

In den letzten Jahren haben sich die Überprüfungsmöglichkeiten von Bauprodukten und das Wissen über deren Auswirkungen auf unsere Gesundheit deutlich erhöht und verbessert. Deshalb haben wir uns entschlossen, gemeinsam mit dem Sentinel Haus Institut, unser Tun, unsere Produkte nach dem heutigen Wissensstand auf den Prüfstand zu stellen und von unabhängigen Experten des TÜV Rheinland unter die Lupe nehmen zu lassen. Nach heute offiziellen Normen und Verfahren. Es geht uns darum, zu lernen, zu verstehen und noch besser zu werden. Wir fangen damit nicht bei Null an, sondern bauen auf Erfahrungen und Kompetenzen von Jahrzehnten auf. Trotzdem war dieser Schritt für uns nicht unbedeutend.

Mit diesem Buch wollen wir Ihnen den Weg zeigen, den wir gegangen sind, und stellen Hausbeispiele vor. Wir lassen Experten zu Wort kommen, die die Zusammenhänge erklären, die manchmal komplex sind. Wir geben Tipps, wie Sie ein geprüft gesünderes Haus in seiner Qualität erhalten. Etwa wenn Renovierungen oder Erweiterungen anstehen. Und wir wollen zeigen und mit reproduzierbaren, technischen Messungen beweisen, dass gesünderes Bauen und Wohnen machbar und vor allem bezahlbar ist. Denn wir bauen für Menschen, von denen viele für ihren Traum vom eigenen Haus hart arbeiten.

Ich freue mich, wenn Sie aus diesem Buch Anregungen, Informationen und Ideen mitnehmen. Ich freue mich auch auf die Fragen, die Sie uns und unseren Wettbewerbern mit Blick auf Ihr gesünderes Haus stellen. Einige davon soll dieses Buch beantworten.

Herzlichst

Ihr Johannes Schwörer

GESÜNDERES BAUEN UND WOHNEN WIRD ZUM STANDARD

Peter Bachmann

Seit vielen Jahren arbeiten Fachbehörden, Institute und Universitäten an der Erforschung der Auswirkungen von Schadstoffen in Gebäuden auf die menschliche Gesundheit. Die Ergebnisse sind immer deutlicher und der Sprachgebrauch der sonst so zurückhaltenden Behörden wird immer deutlicher.

Nun endlich gelangt die gesundheitliche Sicherheit in Lebens- und Arbeitsräumen in den Fokus von Bauwirtschaft, Architekten, Investoren, Baustoffhandel und Baufamilien. Denn schon seit Jahren zeichnet sich ab, dass die Bedeutung von Schadstoffen in Innenräumen zunimmt. Immer zahlreicher zeigen Studien, dass durch eine schlechte Innenraumluft die Menschen krank werden und stark an Leistungsfähigkeit verlieren.

Viele Menschen und Hauskäufer, gerade in Deutschland, gehen davon aus, dass das Haus, der Baustoff, das Reinigungsmittel, das sie erwerben, gesundheitlich einwandfrei und geprüft sind. Diese Annahme ist berechtigt und sollte eine Selbstverständlichkeit sein. Leider ist allzu häufig das Gegenteil der Fall. Täglich erkranken Menschen an ungesunden Gebäuden und Schadensfälle kommen in die Medien. Und durch ein Gerichtsurteil des Europäischen Gerichtshofs wird es auf absehbare Zeit vermutlich noch schlechter um die gesundheitliche Qualität in Innenräumen bestellt sein. Denn die zaghaften Ansätze der deutschen Behörden, niedrigere Schadstoffwerte in Bauprodukten vorzuschreiben, wurden dadurch verboten.

Seit 20 Jahren befasse ich mich mit gesünderem Bauen, Modernisieren und Betreiben von Gebäuden. Gesundheit ist unser höchstes Gut, mit dem man ehrlich umgehen muss. Ich kenne die Auswirkungen von Schadstoffen auf die Gesundheit aus eigener Erfahrung. Als Asthmatiker muss ich regelmäßig neue Gebäude oder parfümierte Räume verlassen oder Unwohlsein in Kauf nehmen. Daher meine Überzeugung: Die Gesundheit von Menschen darf man nicht für Marketinggags missbrauchen. Allergien, Krebs, Asthma und viele weitere Beeinträchtigungen können durch eine schlechte Qualität unserer vier Wände ausgelöst werden. Dass das Thema aktueller denn je ist, zeigt das Engagement des Umweltbundesamtes und weiterer Protagonisten. Hier entstehen wertvolle Leitfäden und Hinweise zum Bau und zum Betrieb gesünderer Gebäude. Viele Hersteller von Bauprodukten, Gebäuden und Reinigungsmitteln behaupten, dass ihre Produkte schadstofffrei, allergikergerecht, biologisch oder nachhaltig sind. Doch einen nachvollziehbaren Beweis bleiben viele oft genug schuldig. Die Luft in unseren Gebäuden ist ein wesentliches Lebensmittel und gerade sensitive Menschen halten sich teilweise zu über 90 % ihrer Lebenszeit in geschlossenen Räumen auf. Viele Schadstoffe in Gebäuden nehmen wir nicht direkt wahr, sondern leiden an den Folgen wie Nebenhöhlenentzündung, Müdigkeit und anderen Symptomen.

2014 habe ich Johannes Schwörer kennengelernt. In seiner Person habe ich all die Eigenschaften gefunden, die man benötigt, um gesündere Gebäude zum Standard werden zu lassen: Umsichtiges Integrieren des Themas bei seinen Mitarbeitern, mutiges und entschlossenes Handeln für eine transparente und ehrliche Bauqualität als Vorbild für eine ganze Branche und zum Nutzen vieler, vieler Baufamilien, das Beharren auf beweisbaren Ergebnissen anstatt wolkiger Werbesprüche. Genau das braucht das gesündere Bauen und Wohnen, um bezahlbar, planbar und praxistauglich zu sein.

Mit diesem Engagement hat eine Zeitenwende begonnen. Große Baustoffkonzerne entwickeln neue Materialien und sehr bedeutsame Baustoffhändler bieten »grüne Regale« und ebnen damit neue Wege hin zu gesünderen Gebäuden. Damit übernehmen weitere wichtige Protagonisten Verantwortung für die Gesundheit der Bewohner und Nutzer und geben Orientierung mit ehrlichen Qualitäten gegenüber Bauherren und Verarbeitern.

Dieses Buch ist das Ergebnis unseres gemeinsamen Projektes zur gesundheitlichen Qualitätssicherung von Häusern in großer Zahl. Dadurch entstand und entsteht ein umfassender Wissensschatz, der Antworten auf zahlreiche Fragen gibt und viele Pauschalargumente gegen das gesündere Bauen widerlegt: Wie werden Bauprozesse optimiert? Wie produziert und verarbeitet man Baustoffe gesünder? Wie nutzen wir Gebäudetechnik für optimales Wohlbefinden? Und, nicht zuletzt, welche Bedeutung können die Eigenleistungen der Bauherren für die gesundheitliche Qualität ihres Hauses haben?

Liebe Leserinnen und Leser, ein einzelnes Referenzgebäude in einem Musterhauspark hat keinerlei Bedeutung für die gesundheitliche Qualität und den Schadstoffgehalt Ihres künftigen Hauses. Seien Sie kritisch gegenüber blumigen Aussagen zu Zertifikaten und Werbeaussagen! Nur ein durchgängiges, gewissenhaftes Qualitätsmanagement für jedes Projekt und bei jedem Schritt führt sicher zu einem geprüft gesünderen Haus für Sie und Ihre Familie. Ich hoffe, Sie finden in unserem Buch Antworten auf Ihre Fragen und hilfreiche Hinweise für Ihr Traumhaus.

Peter Bachmann

1

GESUNDHEIT SCHÜTZEN AM WICHTIGSTEN ORT IM LEBEN

1.1 OHNE GESUNDHEIT IST ALLES NICHTS!

- Gesündere Gebäude durch technischen Fortschritt
- Gesellschaftliche Entwicklungen als Antrieb
- Ein Fertighausunternehmen macht sich auf den Weg

Sie wollen bauen, aus- oder umbauen? Sie denken, dass Häuser ihre Bewohner nicht krank machen sollen, sei doch selbstverständlich? Willkommen in der Welt des gesünderen Bauens und Wohnens! Warum also ein Buch über gesündere (Fertig-)Häuser im Besonderen und das gesündere Bauen und Wohnen im Allgemeinen? Es ist doch sowieso alles geregelt? Diese und andere Fragen werden Sie sich sicherlich stellen. Diese Haltung ist nachvollziehbar, schaut man sich Berichte und Werbung von Hausanbietern an. »Öko«, »Wellness«, »Vital« und »gesund« allerorten, schließlich ist Gesundheit ein Megatrend. Wer will nicht gesund sein und wer wünscht sich dies nicht auch für seine Familie und Freunde?

Doch Gebäude sind leider nicht automatisch gesund, selbst die teuersten und aufwendigsten nicht. Zu vielfältig sind die Einflussfaktoren und zu zahlreich sind mögliche Fehler, die von Baustoffherstellern, Planern, Bauunternehmen und Handwerkern gemacht werden können. Zu groß ist die Zahl der Bauprodukte, die in einem Haus zum Einsatz kommen, um als Bauausführender deren gesundheitliche Qualität selbst im Blick haben zu können. Bei einem üblichen Einfamilienhaus kommen im Schnitt rund 500 Produkte aus einer Gesamtzahl von mehreren 10.000 zum Einsatz. Nicht alle sind relevant für die gesundheitliche Qualität des Lebensraums. Aber bereits ein einziger, Schadstoffe abgebender Baustoff kann diese Qualität stark verringern oder gar zunichtemachen.

Genau zu erkennen, welche Produkte und Verfahrensschritte für einen gesünderen Lebensraum wichtig sind und welche nicht, ist also die Grundlage, um ein rundum gesünderes Haus zu bauen. Dass eine solche, sorgfältige Auswahl gesünderer Bauprodukte möglich ist und diese mit viel Know-How und Sorgfalt zu guten und gesünderen Häusern verarbeitet werden können, wird in diesem Buch aufgezeigt.

Damit folgen die Herausgeber und Autoren auch einer Forderung, die vom Umweltbundesamt gestellt wird. Im Zuge europarechtlicher Änderungen für die Baustoffzulassung spricht die oberste Behörde von einer Schutzlücke für die Verbraucher – in diesem Fall Bauherren, Mieter und Renovierer – durch möglicherweise schadstoffhaltige Bauprodukte.

Das eigene Haus ist Rückzugsort und Erholungsraum, da soll alles passen, auch in Sachen Gesundheit.

1.1 Ohne Gesundheit ist alles nichts!

ACHTEN SIE SEHR AUF IHRE GESUNDHEIT BZW. AUF GESUNDHEITLICHE THEMEN?

Kreuzauswertung nach Alter der Befragten

In der Altersgruppe zwischen 40 und 60 Jahren achten die Befragten stärker auf ihre Gesundheit als in jungen Jahren. Jenseits der 60 legten alle Befragten großen Wert auf ihre Gesundheit oder gesundheitliche Themen.

Quelle: Heinze GmbH / Sentinel Haus Institut

Sie fragen sich jetzt wahrscheinlich, warum hier nicht von »gesund« und »Gesundheit« die Rede ist, sondern von »gesünder« und zum Beispiel »Wohngesundheit«. Der Grund ist die Überzeugung, dass es eine absolute Gesundheit für alle Menschen nicht geben kann. Genau diesen Eindruck vermitteln aber Werbeaussagen, die Begriffe wie »gesund« oder »schadstofffrei« verwenden. Dies ist inhaltlich falsch und für die Anbieter juristisch riskant. Von daher bleibt dieses Buch auf der korrekten und sicheren Seite und nimmt die etwas ungewohnte Ausdrucksweise in Kauf.

Heute sind aufgrund strenger Vorgaben für den Wärmebedarf moderner Gebäude die Anforderungen an die Luftdichtigkeit der Gebäudehülle enorm hoch. Um richtigerweise Heizkosten und Umweltbelastungen zu senken, kommt durch Fugen und Ritzen kaum noch ein unkontrollierter Luftstrom ins Gebäude. Dies rückt ganz neue Gruppen von Schadstoffen in den Fokus, die in diesem Buch in ihrer Herkunft und Wirkung erklärt werden.

Eine luftdichte Gebäudehülle ist die Grundlage, um energiesparende, umweltschonende Häuser zu bauen. Und sie ist auch eine der Grundlagen für gesündere Häuser. Denn nur so lassen sich negative Einflussfaktoren wie unangenehmer Luftzug vermeiden und bauphysikalische Prozesse kontrollieren, etwa die Schimmelbewuchs fördernde Kondensation warmer und feuchter Raumluft in der Wand- oder Dachkonstruktion. Wo früher von Hand gelüftet wurde, übernehmen dies heute Lüftungsanlagen, die sogar einen Großteil der Raumwärme im Haus halten können und gleichzeitig wichtig für den hygienischen Austausch der Luft im Haus sind.

In der Wahrnehmung von Bauprofis stehen – in dieser Reihenfolge – die Themen Energieeffizienz, Nachhaltigkeit, Ressourcenschonung, Innenraumhygiene und Recyclingfähigkeit auf der Agenda. Alles Dinge, die wichtig sind. Allerdings fällt auf, dass politisch und wirtschaftlich stark forcierte Themen wie Energieeinsparung ganz oben stehen. Die direkten gesundheitlichen Belange kommen für zahlreiche Bauprofis also erst auf den hinteren Plätzen. Bei privaten Baufamilien kann das Ranking schon ganz anders

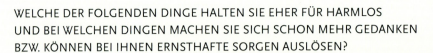

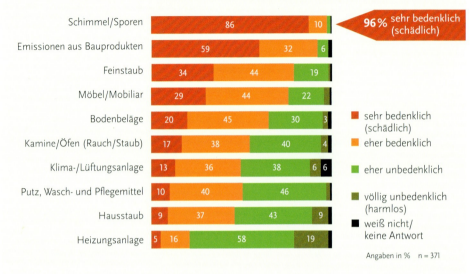

Über Schimmel und über Emissionen aus Bauprodukten machen sich private Bauherren am meisten Sorgen, wenn es um die Belastung der Raumluft geht.

ausfallen – vor allem, wenn eine Sensibilität aufgrund von Allergien etc. besteht. Diese sollte man gegenüber dem Anbieter oder Planer auch zum Ausdruck bringen. Dabei gibt es kein Entweder-oder, sondern vielmehr ein eindeutiges Sowohl-als-auch. Denn Energieeffizienz und geprüft gesünderes Bauen und Wohnen sind kein Widerspruch. Im Gegenteil: Zum Beispiel eine gut gedämmte, luftdichte Gebäudehülle hält nicht nur die Wärme im Haus, sondern erlaubt es auch, das Raumklima so zu steuern, dass auch bei Hitze wie auch bei Kälte im Haus ein früher nicht gekannter thermischer und raumklimatischer Komfort herrscht.

Das vorliegende Buch macht aus diesen Gründen gleich mehrere Angebote für die verschiedenen Beteiligten beim Bau von Gebäuden. Zum einen ist es Ratgeber und Informationsquelle für angehende Bauherren. Das Thema gesünderes Bauen und damit das gesündere Wohnen wird in seiner großen Breite aber auch mit der nötigen Tiefe behandelt. Natürlich gibt es zu den einzelnen Themen noch zahlreiche weitergehende Informationen. Diese würden aber den Rahmen dieses Buches sprengen. Wer mehr wissen will, findet bei den hilfreichen Adressen am Ende des Buches zusätzliche Informationen.

Ziel ist es, angehende Hausbesitzer in die Lage zu versetzen, einem Anbieter, sei es ein Architekt, ein Bauunternehmen oder ein Fertighaushersteller, die richtigen Fragen zu stellen. Welche Materialien werden verwendet? Wie werden diese auf ihre gesundheitlichen Eigenschaften geprüft und wer macht das nach welchen Prüfstandards? Welche Verfahren und Prozesse hat der Hausanbieter in sein Unternehmen und die Herstellung eines Hauses integriert, um dessen gesundheitliche Qualität zu sichern? Was wissen die Mitarbeiter und Handwerker auf der Baustelle über das gesündere Bauen? Welche Maßstäbe werden angesetzt und wie und wo werden diese von wem kontrolliert? Die Antworten auf diese Fragen beinhalten auch für Akteure der Baubranche sowie Lernende und Lehrende interessante und neue Erkenntnisse. Von daher ist das Buch auch als Impuls in die Branche gedacht, sich

Normgerechte Raumluftmessungen sind essentieller Bestandteil eines gesundheitlichen Qualitätsmanagements.

dem Thema Gesundheit noch stärker und noch gewissenhafter zu widmen. Auch um der stetig wachsenden Aufmerksamkeit der Kunden und deren Fragen mit überzeugenden und fundierten Antworten begegnen zu können.

Dieses Buch ist zugleich auch ein Reisebericht! Und zwar über den Weg, den das Unternehmen SchwörerHaus gegangen ist, um – aufbauend auf seiner jahrzehntelangen Erfahrung und einer qualitativ hochwertigen Bauweise – für sich und seine Kunden genau die Antworten zu finden, die die Bauherren erwarten. Wie jede Reise hat auch diese mit einem ersten Schritt begonnen: Angefangen bei der Messung eines einzelnen Musterhauses über die Laborprüfungen für eine Vielzahl von Baustoffen bis hin zu einem umfassenden Messprogramm in rund 650 individuellen Kundenhäusern dauert diese Reise mit Erscheinen dieses Buches nun bereits drei Jahre, und sie ist noch lange nicht zu Ende. Um Erkenntnisse, Ergebnisse und Erklärungen geht es in diesem Buch, aber auch um die Lernkurve, die ein so weitreichendes Projekt in einem solch großen Unternehmen.

SchwörerHaus unternimmt diese Reise nicht allein. Wichtige Partner sind das Sentinel Haus Institut (SHI) und TÜV Rheinland. SHI hat das Konzept und das Know-how für die Einführung und Umsetzung eines gesundheitlichen Qualitätsmanagements für Gebäude seit seiner Gründung im Jahr 2007 erfolgreich entwickelt und ausgebaut.

Wegbegleiter auf einer oder mehreren Etappen sind auch zahlreiche Experten und Unternehmen. Etwa Zulieferfirmen von SchwörerHaus, von denen einige ihr Wissen dankenswerterweise in dieses Buch einbringen. Oder Experten von Verbänden, die komplexe Sachverhalte leicht verständlich darlegen. Auch das Umweltbundesamt als höchste deutsche Umweltbehörde und wichtiger Akteur auf europäischer Ebene begleitet das Projekt. Denn die Ergebnisse bieten wertvolle, in diesem großen Umfang bisher nicht verfügbare Daten und Erkenntnisse, die der Entwicklung von gesünderen Gebäuden auf breiter Ebene dienen können. Last but not least sind es die Mitarbeiterinnen und Mitarbeiter von SchwörerHaus, die mit ihrer Überzeugung und ihrer Tatkraft zur Umsetzung und Weiterentwicklung des Projektes beigetragen haben und weiter beitragen. Denn trotz aller Technik und Wissenschaft werden Häuser von Menschen für Menschen gebaut. Und von deren Willen, Wissen und Wollen hängt es ab, ob in gesundheitlicher Hinsicht Gewissheit und Sicherheit herrschen oder, wie so oft, der Zufall.

▶▶ FAZIT

Das gemeinsame Forschungsprojekt von Sentinel Haus Institut und SchwörerHaus ist ein großer Schritt auf dem Weg zu sicher gesünderen Gebäuden. Wenn Bauherren ihre Wünsche und Anforderungen deutlich äußern, werden die nächsten Schritte rasch folgen.

1.2 CHEMIKALIENBELASTUNGEN IN GEBÄUDEN – BESONDERS KINDER LEIDEN DARUNTER

Prof. Dr. Irina Lehmann

- VOC führen zu Entzündungsreaktionen in der Lunge
- Vor allem Kinder sind dadurch besonders gefährdet
- VOC steigern das Allergierisiko

Baumaterialien, Farben, Lacke, Bodenbeläge oder Möbel können mit Gesundheitsrisiken verbunden sein, wenn sie z. B. mit Chemikalien belastet sind, die in die Raumluft abgegeben werden. Die Folgen einer solch ungesunden Raumluft sind vielfältig und individuell auch unterschiedlich, je nach persönlicher Veranlagung. Neben Kopfschmerzen, brennenden Augen, Müdigkeit und Konzentrationsstörungen können vor allem auch Entzündungsreaktionen in den Atemwegen oder Allergien auftreten, wobei insbesondere Kleinkinder betroffen sind.

Im Neubau, nach Sanierung oder Renovierung, können unter anderem flüchtige organische Verbindungen, auf englisch *Volatile Organic Compounds,* kurz VOC, in hohen Konzentrationen in der Raumluft auftauchen und ein Gesundheitsrisiko darstellen. Diese Chemikalien werden aus Baumaterialien, Farben, Lacken, Bodenbelägen oder auch Möbeln freigesetzt [1,2] und können bis zu 10-fach höhere Konzentrationen in Innenräumen im Vergleich zur Außenluft erreichen [3]. Vor allem bei Kindern, aber auch bei Erwachsenen [4,5] wurden im Zusammenhang mit hohen VOC-Konzentrationen in Räumen oder Gebäuden Gesundheitseffekte beobachtet. Bei Kleinkindern traten vor allem Reizungen der Atemwege bis hin zu einer Bronchitis oder Symptome einer pfeifenden Atmung auf [2,4]. Als besonders kritisch für Kleinkinder hat sich unter anderem das Verlegen und insbesondere Verkleben neuer Fußböden herausgestellt [4]. Häufiger wurden auch gesundheitsgefährdende VOC-Belastungen in Schulgebäuden festgestellt. Die betroffenen Schulkinder hatten ein erhöhtes Asthma-Risiko oder eine verstärkte Symptomatik eines bereits bestehenden Asthmas [6]. Was genau in der Lunge passiert, wenn solche flüchtigen Chemikalien eingeatmet werden, lässt sich im Labor nachstellen. Im Helmholtz-Zentrum für Umweltforschung in Leipzig wurden menschliche Lungenzellen VOC-belasteter Atemluft ausgesetzt. Die Lungenzellen antworteten mit einer Stressreaktion und produzierten Entzündungssignale [7–10]. In der Lunge würden diese Signale Immunzellen anlocken, sodass sich überall dort, wo VOCs mit den Lungenzellen in Kontakt gekommen sind, eine Entzündungsreaktion ent-

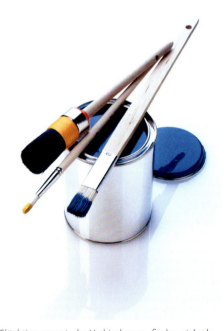

Flüchtige organische Verbindungen finden sich als Lösemittel unter anderem in Lacken.

wickelt. Bei einem Erwachsenen kann eine solche Entzündungsreaktion in der Lunge mehr oder weniger unbemerkt ablaufen. Kritisch wird es erst dann, wenn Bakterien oder Viren auf eine derart vorgeschädigte Lunge treffen. Die Immunzellen haben es dann schwerer, die Infektion zu bekämpfen; eine Bronchitis oder gar Lungenentzündung kann entstehen. Eine solche Lungenerkrankung kann sich auch entwickeln, wenn die eingeatmeten Chemikalienkonzentrationen so hoch sind, dass die Lunge stark geschädigt wird. Im häuslichen Umfeld kommt das allerdings kaum vor.

Kritischer ist die Situation bei Kleinkindern. Deren Lunge ist noch nicht voll ausgewachsen, also kleiner als bei Erwachsenen und die Atemwege dadurch viel enger. Entzünden sich diese, wird aufgrund der angeschwollenen Schleimhäute das Atmen schwer, pfeifende Geräusche beim Ein- und Ausatmen sind Zeichen dieser Atemnot. Deshalb sind Kleinkinder sehr viel gefährdeter durch Chemikalienbelastungen in der Atemluft und können auch auf geringe Konzentrationen reagieren, die für einen gesunden Erwachsenen völlig unkritisch sind.

Während Reizungen der Atemwege durch Chemikalienbelastungen in der Raumluft sehr schnell abklingen, wenn die Atemluft wieder sauber ist, und auch Infektionen der Lunge, wie zum Beispiel eine Bronchitis, meist nach kurzer Zeit wieder verschwinden, stellt sich im Fall von Asthma eine ganz andere Situation dar. Asthma ist, ebenso wie Heuschnupfen oder Neurodermitis, eine allergische Erkrankung. Allergien sind Überreaktionen des Immunsystems

Kleinkinder sind besonders anfällig für Raumluftbelastungen.

auf Stoffe, die es normalerweise ignorieren würde, die Allergene. Allergien entwickeln sich nach einem ersten Kontakt mit einem Allergen (z. B. Pollenallergen), bei dem bestimmte Immunzellen, die T-Lymphozyten, das Allergen erkennen und Botenstoffe aussenden, die B-Zellen zur Produktion von IgE-Antikörpern anregen. Diese IgE-Antikörper heften sich dann auf der Oberfläche von Mastzellen und eosinophilen Granulozyten an, Immunzellen, die man vor allem in Schleimhäuten, zum Beispiel der Nase oder der Lunge, findet. Diesen gesamten Prozess der Erkennung eines Allergens und Bildung von IgE bezeichnet man auch als allergische Sensibilisierung. Bei einem erneuten Kontakt mit dem gleichen Allergen bindet dieses an die auf Mastzellen und eosinophilen Granulozyten sitzenden IgE-Antikörper und löst damit eine Freisetzung von Histamin und anderen an der allergischen Entzündung beteiligten Molekülen aus diesen Zellen aus [11]. Die Folge sind die bekannten allergischen Beschwerden, wie geschwollene Schleimhäute, tränende Augen, eine laufende Nase, oder Atemnot im Fall von Asthma. Das Problem bei diesen allergischen Reaktionen – und eben auch bei Asthma – ist, dass diese nicht von allein verschwinden. Hat einmal eine Sensibilisierung auf ein bestimmtes Allergen stattgefunden, bilden die Immunzellen unseres Körpers dafür ein Gedächtnis aus und bei jedem neuen Kontakt mit dem Allergen kommt es wieder zu den beschriebenen Symptomen. Einmal ausgeprägt, kann eine allergische Erkrankung nicht nur ein Leben lang bestehen bleiben, in den meisten Fällen werden Allergien, wenn sie unbehandelt bleiben, über die Zeit sogar stärker. Wir wissen aus unseren Forschungen im Rahmen von Umwelt-Kinder-Studien, dass VOC und andere Chemikalien aus der Umwelt das Immunsystem so beeinflussen können, dass eine stärkere Neigung zu Entzündungsreaktionen oder auch eine erhöhte Bereitschaft zur Ausbildung von Allergien entsteht [12].

Was heißt das konkret? Die durch VOC und andere Umwelt-Chemikalien ausgelösten Entzündungsreaktionen scheinen nicht nur die Lunge zu beeinflussen, sie können auch im Sinne von sogenannten adjuvanten Effekten die Empfindlichkeit des Immunsystems gegenüber Allergenen und damit das Risiko für allergische Sensibilisierungen erhöhen. In der Pharmakologie versteht man unter Adjuvantien (von lateinisch adiuvare = unterstützen) Hilfsstoffe, die die Wirkung eines Arzneistoffes verstärken. Auch Umweltschadstoffe können derartige adjuvante Wirkungen vermitteln und z. B. die Reaktion des Immunsystems auf Allergene verstärken. Dabei spielen verschiedene Mechanismen eine Rolle: Einerseits erleichtern lokale Entzündungsreaktionen in der Lunge das Eindringen von Allergenen. Andererseits werden durch die von Lungenzellen freigesetzten Entzündungsmediatoren andere Immunzellen und unter anderem T-Lymphozyten angelockt, die die Allergene erkennen und dann B-Lymphozyten zur Produktion von IgE-Antikörpern gegen diese Allergene anregen [11]. Dass VOC tatsächlich auf diesem Weg Asthma auslösen können, haben Tierexperimente gezeigt. Werden Mäuse über mehrere Wochen in Käfigen mit neuen (VOC ausdünstenden) PVC-Belägen gehalten, dann entwickeln diese Mäuse eine Asthma ähnliche Reaktion mit verschlechterter Lungenfunktion und dem Auftreten von IgE-Antikörper gegen ein verabreichtes Allergen. Die gleichen Reaktionen werden auch ausgelöst, wenn die Atemluft der Tiere mit jenen VOC angereichert wird, die aus den PVC-Belägen ausdünsteten [13]. Diese Versuchsergebnisse zeigen ganz eindeutig, dass der von den Fußbodenbelägen ausgehende Asthma induzierende Effekt durch die freigesetzten flüchtigen Chemikalien, also die VOC, verursacht wird.

Nicht nur das Kinderzimmer sollte im Sinne der Kleinsten wohngesund ausgestattet sein, sondern die ganze Wohnung.

Besonders bedenklich ist, dass das Immunsystem eines Kindes bereits während der Schwangerschaft, also wenn es sich eigentlich noch geschützt im Mutterleib befindet, durch Chemikalien und andere Umweltschadstoffe beeinträchtigt werden kann. Sind Mütter während der Schwangerschaft VOC-Belastungen ausgesetzt, zum Beispiel wenn im Haus oder in der Wohnung renoviert oder saniert wurde oder sie gegenüber Tabakrauch exponiert waren, findet man im Nabelschnurblut ihrer Kinder auffällige Immunzellen, die bereits ein erhöhtes Allergierisiko anzeigen [14–16]. Während das Immunsystem während der embryonalen Entwicklungsphase offensichtlich sehr sensitiv auch auf geringe Konzentrationen dieser VOC reagiert, scheint das Immunsystem der werdenden Mütter auf die gleiche Belastung nicht anzusprechen – ein deutlicher Hinweis darauf, dass das Immunsystem von Kindern um den Geburtszeitpunkt herum sehr empfindlich auf äußere Einflüsse reagiert, während die Reaktionsschwelle bei Erwachsenen sehr viel höher ist [17] (siehe Literaturverzeichnis).

Bereits in der Schwangerschaft nehmen ungeborene Kinder Schadstoffe auf, denen die Mutter ausgesetzt ist.

Wer seinem Kind nicht nur ein schönes, sondern auch ein gesünderes Willkommen bieten will, achtet auf geprüft emissionsarme Produkte bei Renovierung und Ausbau der Wohnung.

▶▶ FAZIT

Aus den bisher bekannten Forschungsergebnissen muss die Schlussfolgerung gezogen werden, dass vor allem Kinder und werdende Mütter vor Chemikalien-Belastungen in Räumen und Gebäuden zu schützen sind. Konsequenterweise müssten für werdende Mütter und Kleinkinder auch sehr viel niedrigere Belastungs-Grenzwerte angesetzt werden als für Erwachsene.

REFERENZHAUS WILLBOLD – DAS GUTE GEFÜHL GIBT ES MIT DAZU

Familie Willbold fühlt sich rundum wohl in ihrem geprüft gesünderen Zuhause.

Das schmucke Einfamilienhaus war eines der ersten getesteten Kundenhäuser von SchwörerHaus.

Auf dem Weg vom ersten geprüften Musterhaus bis hin zur groß angelegten Messreihe gab es eine ganze Zahl von Zwischenstationen. Seit Frühjahr 2016 wurden die Raumluftmessungen im Praxistest an Kundenhäusern durchgeführt – eines der ersten war das von Familie Willbold. In ihrer Heimatgemeinde haben sich Martin und Isabella Willbold von SchwörerHaus ein geräumiges Satteldachhaus mit Studioausbau aus dem natürlichen Baustoff Holz bauen lassen. Dank Wintergarten und einem Zwerchgiebel fällt viel Tageslicht ins Haus. Denn helle Räume und natürliches Tageslicht waren ihnen wichtig für ihr Wohlbefinden und ihre Gesundheit.

Die Prüfbescheinigung bestätigt die Messergebnisse schwarz auf weiß.

Bei einer Werksbesichtigung konnte sich die Familie eindrucksvoll von der hochmodernen Holzverarbeitung und der ökologischen Herstellung ohne chemischen Holzschutz überzeugen. »Man merkt, dass bei SchwörerHaus viel über Wohngesundheit nachgedacht wird«, bestätigt der Bauherr. Als weiteres wichtiges Argument war die kontrollierte Lüftung mit Wärmerückgewinnung, die bei SchwörerHaus im Standard inklusive ist. Isabella Willbold hat Heuschnupfen und auch Martin Willbold reagiert auf manche Gräser. »Wir können bei gutem Gewissen die Fenster geschlossen lassen und haben trotzdem stets frische Luft im Haus. Die Pollen bleiben draußen.«

Das Wohlfühlklima im geprüft gesünderen Zuhause sorgt für gute Laune.

Einen positiven Effekt spürten die beiden bereits kurze Zeit nach dem Einzug, der mitten in der Pollenzeit Frühling stattfand. Auch wurde das Haus der Familie Willbold der individuellen Schadstoffprüfung nach den strengen Kriterien des Sentinel Haus Instituts durch den TÜV Rheinland unterzogen. Martin Willbold empfindet es als beruhigend, dass sein Haus geprüft wurde: »Jeder Hersteller kann sagen, dass er mit wohngesunden Materialien arbeitet, aber bei SchwörerHaus ist es belegt – nicht an irgendeinem Musterhaus, sondern an meinem Haus.« Die Prüfbescheinigung von TÜV Rheinland und Sentinel Haus Institut attestiert der Baufamilie eine gesundheitlich unbedenkliche Raumluftqualität in ihrem neuen Haus. »Die Prüfbescheinigung belegt die Qualität unseres Hauses und bestätigt uns, dass wir den richtigen Baupartner gewählt haben«, ergänzt die Bauherrin. »Denn ein Haus ist eine Lebensinvestition. Je länger man sich mit der Hausplanung beschäftigt, desto mehr Wert legt man auf Qualität und die Sicherheit – und möchte immer weniger Abstriche machen.«

Damit die gesundheitliche Sicherheit auch in der Zukunft gewährleistet ist, unterstützt die Onlineplattform »Bauverzeichnis Gesündere Gebäude« (www.bauverzeichnis.gesündere-gebäude.de) die Bauherren. Dort finden sie geprüfte Renovierungs- und Ausbaumaterialien sowie Pflege- und Reinigungsprodukte und können passende Produkte nachschlagen.

Die Raumluftmessung fand auch im Kinderzimmer statt.

1.3 WORÜBER REDEN WIR? BEGRIFFE KRITISCH DURCHLEUCHTET

Peter Bachmann

- Was ist mit Begriffen wie »nachhaltig« gemeint?
- Öko ist nicht automatisch gesund.
- Halten Zertifikate, was sie versprechen, und geben sie wirklich Sicherheit?
- Genau hinschauen lohnt sich.

Als Baufamilie trifft man viele hundert Entscheidungen. Dabei geht es um viel, auch finanziell. Und oft entpuppen sich unscheinbare Details als besonders wichtig. Dabei muss man sich auf Aussagen von Produktherstellern, Bauunternehmen, Handwerkern und Architekten verlassen. Gleichzeitig »treffen« sich in einem Gebäude hunderte von Einzelmaterialien und gehen dabei zum Teil chemische Verbindungen ein, welche durchaus von gesundheitlicher Bedeutung sein können. Bei genauerem Hinsehen fällt auf, dass häufig Begriffe wie »nachhaltig«, »biologisch« oder »ökologisch« verwendet werden. Schaut man genauer hin, wird deutlich, dass diese Begriffe nicht genau definiert sind oder auch missverständlich oder sogar missbräuchlich verwendet werden. Das ist verwirrend: Bei einer Stichprobe des Sentinel Haus Instituts in einem Baustoffhandel wurden 17 Zertifikate auf Produkten gezählt. Bei genauerer Betrachtung waren nur drei tatsächlich für die gesundheitliche Sicherheit des Verarbeiters und Bewohners brauchbar. Das liegt auch daran, dass viele Anbieter im Markt lediglich über Halbwissen verfügen, sich auf Aussagen in Prospekten verlassen und die Modewörter einfach nacherzählen. Zum Teil entsteht der Eindruck, dass bewusst getäuscht wird. Natürlich gibt es viele ernstzunehmende Bauprofis, die wissen, wovon sie reden.

Aber auch in den Medien werden die Begriffe oft vermischt. So wird »ökologisch« häufig mit »gesund« gleichgesetzt. Das kann sein, muss aber nicht. Denn auch in der Natur kommen Stoffe vor, die unsere Gesundheit negativ beeinträchtigen können. Zum Beispiel durch allergieauslösende Stoffe, sogenannte Allergene. Auch der Befall mit Schimmelpilzen ist ökologisch, gesund ist er aber nicht.

Es ist für viele Baufamilien und Bauentscheider nahezu unvorstellbar, dass es in Deutschland Bauprodukte und auch Bauarten gibt, deren gesundheitliche Qualität ungenügend ist. Vielmehr entsteht der Eindruck, dass alles irgendwie »öko«, »gesund« oder »nachhaltig« ist. Eine große Herausforderung ist der zeitliche und emotionale Druck, unter dem Bauherren stehen. Ein dringendes Bedürfnis nach einfachen und nachvollziehbaren Lösungen begleitet uns durch die Bauphase. Denn Gesundheit und ökologisches Bewusstsein ist für viele Menschen wichtig und beeinflusst die Kaufentscheidung. Deshalb werden diese Aspekte durch Werbung

Was steckt drin und was wird versprochen? Nicht nur beim Essen lohnt sich ein kritischer Blick.

und das Marketing von Herstellern und Bauunternehmen aufgegriffen. Als Konsequenz leiten Bauherren aus diesen Marketingaussagen eine Qualität ab, welche häufig nicht die Erwartungen erfüllt.

Ökologie und Biologie: Ökologische und biologische (Bau-)Produkte sind grundsätzlich zu begrüßen. Jedoch muss man genau hinschauen, welches Leistungsversprechen tatsächlich geliefert wird. Womöglich muss man zwischen humanökologisch, also den Menschen betreffend, und umweltökologisch, die gesamte Umwelt betreffend, unterscheiden. Wesentlich ist letztlich der Wunsch der Bauherren. Soll es gesund und ökologisch sein?

Holz ist ein hervorragender Baustoff. Seine Eigenschaften sollten trotzdem für den jeweiligen Einsatzzweck geprüft werden.

Es gibt viele ökologische Produkte, welche Allergien auslösen und weitere gesundheitliche Auswirkungen haben können. Auch ökologische Produkte können Allergene, Formaldehyd und Lösemittel abgeben, welche messbar zu einer ungesunden Raumluft führen können, etwa, wenn Massivhölzer vor Ort mit Öl oder Wachs behandelt werden. Ökologische Bodenbeläge, Farben, Kleister und viele andere Produkte mit einer solchen Qualitätsaussage können es sogar unmöglich machen, dass das Gebäude durch das Sentinel Haus Institut, unter anderem nach den Kriterien des Umweltbundesamtes, zertifiziert wird. In der Vergangenheit gab es eine ganze Reihe von Projekten, die zwar »öko«, aber eben nicht gesund waren. Bei Menschen, die mit ökologischen Reinigungsmitteln putzen, könnten eventuell Hautschäden und Atemwegsreizungen auftreten.

Jedoch gibt es glücklicherweise auch viele Produkte, welche ökologisch und gesundheitlich sehr gut für einen Innenraum geeignet sind. Als Leitplanke dienen hier die Kriterien von natureplus oder dem Eco Institut (siehe Kapitel 1.4), um ökologische und schadstoffgeprüfte Materialien zu identifizieren. Auf keinen Fall sollte man vergessen, dass die intelligentesten Gifte aus der Natur kommen und rein biologisch sind.

Nachhaltigkeit: Mit Sorge kann man die vielfältigen Aussagen zu Nachhaltigkeit von Produkten, Leistungen und Immobilien verfolgen. Was ist eigentlich genau mit Nachhaltigkeit gemeint? Woher stammen die Zahlen, Daten und Fakten? Sind die Quellen und Aussagen wirklich verifiziert? Ist ein nachhaltiges Produkt eine Garantie für eine hohe gesundheitliche Qualität? Wenn man es für sein Gebäude oder Bauprodukt genauer wissen möchte, muss man sehr genau hinsehen. Grundsätzlich muss man konstatieren, dass nur wenige Produkte und Gebäude über eine nachweisbare »nachhaltige« Qualität verfügen. Mit den richtigen Fragen und Prioritäten kommt man hier als Baufamilie weiter, dafür einige Beispiele:

- **Energieverbrauch** ist sicher ein bekanntes Kriterium der Nachhaltigkeit. Die Qualität kann messbar nachgewiesen werden.
- **Gesundheitliche Qualität** kann durch Messzeugnisse nachgewiesen werden.
- **Ressourcenverbrauch** für die Bau- und Betriebsphase ist nur sehr aufwendig fassbar. Es gibt zwar Berechnungsprogramme, aber immer wieder kommt die Frage auf, wo die Systemgrenze der Betrachtung gezogen werden soll.
- **Umbaufähigkeit, Wiederverwertung und Recyclingfähigkeit** sind Kriterien der Nachhaltigkeit und können durch eine intelligente Planung zuverlässig umgesetzt werden, sodass auch nachfolgende Generationen keine Probleme bekommen.
- **Dauerhaftigkeit** ist ein Punkt, der in der Diskussion oft vergessen wird. Gerade ein Haus soll Generationen überdauern, ohne dass die Grundsubstanz unter Wind und Wetter oder anderen Umwelteinflüssen leidet.
- **Nachhaltigkeit** beim Baustoff Holz; dieser gilt als ein natürlicher, nachwachsender Rohstoff, aber auch hier muss auf die entsprechenden Anbau- und Erntekriterien geachtet werden. Denn niemand will beispielsweise Plantagenholz, für das zuvor wertvoller Regenwald abgeholzt wurde. Zertifikate mit transparenten Kriterien geben hier Sicherheit.
- **Reinigungsmittel und Pflegemittel**, die genutzt werden, sind im Sinne der Nachhaltigkeit und Gesundheit von elementarer Bedeutung.
- **Renovierungsmöglichkeit von Bauteilen** wie Treppenstufen aus Holz. Ist ein Ausbau und neue Oberflächenapplikation leicht möglich?

Das Sentinel Haus Institut orientiert sich bei der Produktauswahl zuallererst an den Wünschen der Baufamilie. Wenn Aspekte der Nachhaltigkeit umgesetzt werden sollen, wird auf anerkannte Zertifikate wie natureplus oder Cradle-to-Cradle (C2C) für Produkte zurückgegriffen.

Eine Reihe von Dokumenten zur Nachhaltigkeit liefern zwar viele Informationen, lassen jedoch die wesentlichen Aspekte der Bauherrschaft, wie eben die gesundheitliche Sicherung, häufig außer Acht. So fehlen in solchen Dokumenten in der Regel Angaben zu Schadstoffemissionen. Auch viele große Unternehmen erstellen inzwischen Nachhaltigkeitsberichte. Es lohnt sich allerdings, als Konsument genau hinzuschauen, ob darin stichhaltige Argumente und Fakten zu finden sind oder ob konkrete Inhalte zur gesundheitlichen Bewertung fehlen. Als Bauherrschaft muss man sich daher die Arbeit machen, seine konkreten Erwartungen und Anforderungen an das Gebäude und die verwendeten Bauprodukte zu formulieren und diese Wünsche dann unbedingt vertraglich durch den Hausanbieter oder den Hersteller des Bauproduktes bestätigen zu lassen. Auf dieser Grundlage hat man eine klare Forderung und Nachbesserungsrecht an den Leistungserbringer, also das Bauunternehmen, den Architekten oder das Fertighausunternehmen.

> ▶▶ **NUTZER-TIPP**
>
> Zu diesem Thema gibt es auch eine kurze Zusammenfassung in bewegten Bildern. Sie finden diese unter www.youtube.com/user/sentinelhausinstitut/videos

Baubiologie: Ähnlich wie bei der Begriffsbetrachtung von biologisch und ökologisch ist es bei der Baubiologie. Auch hier liegt es an der Baufamilie, konkret ihre individuellen Wünsche zu definieren. Es gibt viele exzellente Baubiologen und baubiologische Konzepte, jedoch muss man auch stets konkrete Zahlen, Daten und Fakten anfordern, um eine greifbare Sicherheit für die tatsächliche Qualität zu erhalten. Zudem sind im Markt Begriffe wie »wohnmedizinisch empfohlen«, »schadstofffrei« oder »allergikergerecht« zu finden. Häufig fehlt allerdings der transparente Nachweis über die Art und Weise, wie ein solches »Prüfzeichen« zustande kommt und wie das Prüfinstitut arbeitet. Hier sind Fragen bedeutsam:

— Wer hat untersucht? Ist das Labor akkreditiert?

— Wann wurde untersucht? Ist der Bericht noch gültig?

— Welche Kriterien wurden betrachtet? (Lösemittel, Formaldehyd, Weichmacher etc.)

— Übernimmt der Zeichenverwender eine Haftung für die Qualität?

Ob Produkt oder Gebäude, es geht immer wieder darum, zuverlässige Prüfzeugnisse und Datenbanken zu erfragen, welche die tatsächliche gesundheitliche Qualität beweisen und juristisch haftungssicher machen. Hier hat sich in der Baubranche in den letzten Jahren einiges bewegt: Immer mehr Hersteller lassen ihre Produkte prüfen und zertifizieren. Getrieben wird diese Entwicklung auch durch staatliche Regulierungen. So hat zum Beispiel Frankreich ein transparentes und verpflichtendes Bewertungssystem für flüchtige organische Verbindungen (VOC) eingeführt.

Der Baustoffhandel, aber auch große Baumarktketten können hier neben den Bauunternehmen eine zentrale Rolle einnehmen. Der Kunde/Bauherr braucht schnelle Orientierung zu bezahlbaren und geprüften Produkten. Nach dem Bau ist vor der Modernisierung und ein gesünderer Lebensraum braucht viel Pflege und Wartung. Hierfür braucht es Reinigungsmittel, Pflegemittel und Renovierungsmaterialien, welche die Gesundheit von Bewohnern, Nutzern und Verarbeitern nicht schädigen!

Ein Haus besteht aus vielen hundert Baustoffen. Da kommt es häufig auf Details an.

▶▶ FAZIT

Die Begrifflichkeiten rund um Gesundheit, Nachhaltigkeit und Ökologie exakt zu definieren und gegeneinander abzugrenzen, bleibt eine Daueraufgabe. Im Sinne der Kunden und der Anbieter lohnt der Aufwand.

1.4 GUTE ZEICHEN FÜR GUTE BAUPRODUKTE – DIE BAUSTOFFLABEL

- Label und Gütezeichen vereinfachen den Überblick über Produktqualitäten
- Transparenz und Wissenschaftlichkeit sind wichtig, aber nicht generell gegeben
- Der genaue Blick bleibt den Konsumenten nicht erspart

Wer sich in Prospekten oder im Internet informiert, stößt auf eine Vielzahl von Labeln und Zeichen, die häufig eine Aussage über die gesundheitliche Qualität eines Bauproduktes treffen sollen. Auch im Baumarkt oder an der Theke im Baustofffachhandel sollen entsprechende Zeichen eine Orientierung bieten. Aber was steckt dahinter? Und was sagt das Zeichen überhaupt aus? Im Wirrwarr der vielen tausend Baustoffe den Überblick zu behalten, ist sogar für Profis schwierig. Mehr als irgendwie »öko« sollte aber schon dahinterstecken.

Welche Eigenschaften haben eine Farbe, der Dämmstoff oder das Parkett? Ist das Zeichen vertrauenswürdig oder hat sich das der Hersteller nur ausgedacht? Viele Bauherren und die, die es werden wollen, stehen vor dem nahezu unüberschaubaren Angebot wie der sprichwörtliche »Ochs vorm Berg«. Auch der Preis ist kein Garant für gute Qualität. Denn nicht selten schneiden in unabhängigen Tests teure Produkte schlechter ab als günstigere. Auch die vielfach verwendeten Modebegriffe »öko«, »eco« oder »nachhaltig« lassen bei näherem Hinschauen jede Menge Interpretationsspielraum.

In diesem Dilemma können Gütezeichen oder Label helfen. Müssen sie aber nicht. Denn viele Zeichen sind weder unabhängig noch transparent oder wissenschaftlich begründet. All diese Kategorien sind aber Grundvoraussetzung für ein wirklich hilfreiches Zeichen. Ein Label, das die Label überwacht, gibt es leider nicht. Sprich, jeder sogenannte Zeichengeber kann sein eigenes Zeichen entwerfen. Ob das dann aussagekräftig ist oder ausschließlich eine Werbeaussage darstellt, muss und sollte der Kunde selbst herausfinden – König ist er dabei nicht.

Nachfolgend sind einige empfehlenswerte Baustofflabel vorgestellt, die sich mit den Bereichen Umweltschutz, Nachhaltigkeit und Gesundheit befassen. Einen Anspruch auf Vollständigkeit hat die Auswahl nicht, genauso wie die Label selbst. Denn auch darüber sollte man sich informieren: Was wird denn überhaupt testiert? Nach welchen Kriterien? Decken sich diese mit den offiziellen Anforderungen und Normen? Genaues Hinschauen lohnt sich, zum Beispiel nach dem folgenden Muster:

Wer vergibt das Zeichen? Ist der Zeichengeber unabhängig? Sind die Vergabebedingungen im Internet öffentlich einsehbar? Wenn nicht, ist von dem Zeichen nicht viel zu halten. Entsprechen die Prüfmethoden und die Grenzwerte offiziellen Vorgaben? In Deutschland sind dies unter anderem das Schema des Ausschuss zur gesundheitlichen Bewertung von Baustoffen AgBB. Für Emissionsmessungen ist die Normenreihe DIN ISO 16 000 maßgeblich. Sind die Zertifikate für die Zeichen zeitlich begrenzt? Zum Beispiel, dass nach drei Jahren eine Nachprüfung erfolgen muss. Nachfolgend Kurzporträts empfehlenswerter Zeichen.

Baurechtlich zugelassen müssen alle Baustoffe sein.

1.4 Gute Zeichen für gute Bauprodukte – die Baustofflabel

TÜV schadstoffgeprüft – Kooperation mit Sentinel Haus Institut

Das Prüfzeugnis des TÜV Rheinland in Kooperation mit dem Sentinel Haus Institut bezieht sich auf die gesundheitliche Wirkung des Baustoffs. Die strengen Richtlinien orientieren sich hinsichtlich Grenzwerten und Prüfverfahren an allgemeingültigen Vorgaben. Die Prüfung erfolgt in akkreditierten Laboren des Prüfdienstleisters und entsprechenden aktuellen Anforderungen an gesundheitlich gute Produkte. Mit dem Zeichen versehene sowie andere geprüft emissionsarme Bauprodukte finden sich in der Datenbank.
www.bauverzeichnis.gesündere-gebäude.de

Blauer Engel

Der Zeichengeber für dieses, in Deutschland bekannteste und am meisten verbreitete Umweltzeichen ist das Umweltbundesamt. Doch aufgepasst: Die öffentlich zugänglichen Prüfbedingungen beziehen sich jeweils auf eine Aussage. Zum Beispiel »schützt die Gesundheit – weil emissionsarm«. Oder »schützt die Ressourcen«, weil aus Recyclingpapier. Weitere »Engel« beziehen sich eher auf den Umweltschutz. Genaues hinschauen lohnt sich also, denn den einen »Blauen Engel« gibt es nicht. Die Breite der Prüfbedingungen wurde in den letzten Jahren allerdings deutlich erweitert, auch »Umweltengel« enthalten jetzt Grenzwerte für Schadstoffe. Nicht für jede Produktgruppe sind diese die strengsten, werden aber kontinuierlich überarbeitet. Tipp: Je neuer die Vergabebedingungen sind, umso strenger ist das Label meistens.
www.blauer-engel.de

eco tested product

Das Zeichen des privaten eco-Instituts in Köln gibt es für unterschiedliche Produktgruppen, etwa für emissionsarme Bauprodukte, aber auch für Möbel und Einrichtungsgegenstände. Auch hier beziehen sich die exakt dokumentierten Prüfbedingungen vor allem auf niedrige Emissionen von Schadstoffen während der Nutzungsphase.
www.eco-institut-label.de

natureplus

Das von dem gleichnamigen, in zahlreichen europäischen Ländern vertretenen, unabhängigen Verein vergebene Qualitätszeichen gilt als besonders streng und umfassend hinsichtlich Umweltschutz, Nachhaltigkeit und Wohngesundheit. Die Kriterien reichen von der Gewinnung der Rohstoffe über soziale Arbeitsbedingungen bis hin zu geringen Schadstoffemissionen im Betrieb. Auch das Recycling und die Entsorgung werden bewertet. Insgesamt stellt es qualitativ hohe Ansprüche. Ausgezeichnet werden ausschließlich Produkte, die vorwiegend aus nachwachsenden oder mineralischen Rohstoffen bestehen. Eine Produktdatenbank gibt zudem viele zusätzliche Informationen.
www.natureplus.org

Eurofins Indoor Air Comfort Gold

Die private Eurofins-Gruppe vergibt ein Zeichen für (Bau-)Produkte, die über geringe Schadstoffemissionen verfügen. Die Prüfbedingungen sind öffentlich. In seiner Gold-Ausführung genügt das hohen Ansprüchen.
www.eurofins.de

GUT geprüft

Umwelt- und gesundheitsfreundliche Teppichböden findet man mit dem Label der Gemeinschaft umweltfreundlicher Teppichboden e. V. Hier gibt es auch weitere Informationen zu Qualitätskriterien textiler Bodenbeläge. Nicht zuletzt hat das Zeichen strenge Emissionskriterien.
www.gut-ev.de

GEV-Emicode

Bodenkleber und sogenannte Verlegewerkstoffe sind mit dem Emicode-Prüfzeichen des von Herstellern getragenen Vereins GEV – Gemeinschaft Emissionskontrollierte Verlegewerkstoffe ausgezeichnet. Die emissionsärmsten Produkte tragen das Zeichen EC1plus. Individuelle Emissionsprotokolle sind allerdings nicht erhältlich.
www.emicode.de

Cradle-to-Cradle

Von der »Wiege bis zu Wiege« heißt das mit C2C abgekürzte Label auf Deutsch: Das Nachhaltigkeits-Label zeichnet dementsprechend Produkte aus, deren Designkonzept auf einem geschlossenen Rohstoffkreislauf beruht und nicht nur eine einfache Recyclinglösung anbietet. Angaben zur gesundheitlichen Qualität der zertifizierten Produkte macht das Label nicht.
www.c2c-ev.de

FSC

Das Forest Stewardship Council (kurz FSC) wurde 1994 von Umweltverbänden, Wirtschaftsunternehmen und Gewerkschaften gegründet, um international durch einheitliche Standards eine nachhaltige Forstwirtschaft zu gewährleisten. In Deutschland trugen über eine Millionen Hektar Wald das FSC-Siegel, etwa zehn Prozent der Waldfläche.
www.fsc-deutschland.de

PEFC

Das PEFC-Siegel (Programme for the Endorsement of Forest Certification Schemes) wurde 1998 von skandinavischen, französischen, österreichischen und deutschen Waldeigentümern gegründet, mit dem Ziel, unter Berücksichtigung der ökologischen, ökonomischen und sozialen Aspekte eine nachhaltige Waldwirtschaft zu gewährleisten. Laut PEFC sind rund zwei Drittel der Waldfläche Deutschlands mit dem PEFC-Siegel ausgezeichnet. Eine ausführliche Darstellung der Vergabebedingungen finden Sie im Kapitel 4.2.2.
www.pefc.de

RAL

Die RAL Gütezeichen kennt man vom gleichnamigen Farbsystem. Im Baubereich geben die Qualitätszeichen Mindeststandards vor, die in Zusammenarbeit mit Gütegemeinschaften aus qualitätsbewussten Herstellern und Dienstleistern entwickelt werden. Zeichengeber ist das RAL Deutsches Institut für Gütesicherung und Kennzeichnung e. V. Das Institut ist auch für die Produktprüfung im Rahmen des Blauen Engels zuständig.
www.ral.de

▶▶ FAZIT

Die hier vorgestellten Label sind gute Wegweiser durch den Produktdschungel. Allerdings sollte man auf die jeweilige Aussage achten – nur wenige Zeichen decken mehrere Bereiche ab.

1.5 ZEICHEN FÜR GESÜNDERE GEBÄUDE – DIE GEBÄUDELABEL

- Label für Häuser haben unterschiedliche Aussagen
- Nicht alle Label sind empfehlenswert
- Basiskritien sind Transparenz und Unabhängigkeit

Es könnte ganz einfach sein: Jedes neu gebaute Haus wird auf seine Eigenschaften hin geprüft, bevor es an die neuen Eigentümer übergeben wird. Doch leider funktioniert Bauen so nur in besonderen Fällen. Vielmehr sehen sich die Bauherren normalerweise einer Baubeschreibung gegenüber, die vieles erläutert, manches aber auch nicht. Das betrifft unter anderem die gesundheitlichen Eigenschaften.

Das können Prüfzeichen oder neudeutsch Label, die den Bauherren bescheinigen, dass gesundheitlich und qualitativ mit ihrem Haus alles in Ordnung ist. Allerdings decken die meisten Zeichen nur gewisse Teilbereiche ab.

Wie bei den Baustofflabeln sollte man sich anschauen, was genau wie geprüft wird. Denn auch hier kommt es durchaus vor, dass sich Hersteller mit selbst erfundenen oder kaum aussagekräftigen Zeichen schmücken.

Nicht selten werben Anbieter mit einem Label für einen einzigen Baustoff, zum Beispiel einem Dämmstoff, dessen positive Eigenschaften implizit auf das ganze Haus übertragen werden. Dabei kommen in einem Einfamilienhaus etwa 500 unterschiedliche Produkte zum Einsatz. Wichtig ist auch, wie viele Häuser aus einer Produktion geprüft werden. Ist es nur ein Haus aus der gesamten Jahresproduktion, das auch noch im Werk und nicht vor Ort beim Bauherrn untersucht wird, oder wird individuell vor Ort die Raumluftqualität gemessen.

Auf folgende Grundkriterien sollte man achten:

- **Transparenz:** Ein Label, dessen Vergabekriterien nicht öffentlich (im Internet) verfügbar sind, hat so gut wie keinen Wert. Die Bewertungsgrundlagen müssen ersichtlich sein, sonst kann die Aussage nicht überprüft werden.

- **Unabhängigkeit:** Ein Zeichen, das sich ein Hersteller selbst verleiht, sollte man sehr kritisch betrachten. Auch solche, bei denen Hersteller über den Prüfungsumfang mitbestimmen, sind kritisch zu hinterfragen.

- **Individuelle Prüfung:** Bei einem Label für Häuser sollte klar sein, wann, wo und vor allem wie oft geprüft wird. Ein Label, bei dem nur eines von mehreren hundert Häusern im Werk des Herstellers untersucht wird, bietet nur einen bedingten Schutz vor gesundheitlichen Beeinträchtigungen. Denn jedes Haus ist anders und wird individuell nach Kundenwunsch ausgestattet. Auch kommen vor Ort zahlreiche Baustoffe hinzu, die eine Basis wieder kaputt machen.

- **Aktualität:** Die Prüfungen sollten nach aktuellen und offiziellen Normen erfolgen. Sonst können Kunden die Ergebnisse nicht vergleichen. Auch die Labore, die die Messungen auswerten, sollten akkreditiert sein, das heißt, dass sie genormte Verfahren anwenden, in sogenannten Ringversuchen ihre Arbeit auf den Prüfstand stellen und ihr Personal regelmäßig fortbilden.

1.5 Zeichen für gesündere Gebäude – die Gebäudelabel

Die großen Zertifikate für die Nachhaltigkeit von Gebäuden wie DGNB, LEED, BREEAM, BNB und andere sind hier übrigens nicht erwähnt. In der überwiegenden Mehrzahl kommen diese Gebäudezertifizierungen bei großen Immobilienprojekten zum Einsatz. Für Einfamilienhäuser gibt es praktikablere Label.

TÜV-Rheinland/Sentinel Haus Institut schadstoffgeprüft

Zeichengeber: Der TÜV Rheinland in Kooperation mit dem Sentinel Haus Institut in der gemeinsamen Initiative »Gesündere Gebäude«. Die Verteilung der Zuständigkeiten ist klar geregelt: Das Sentinel Haus Institut berät, schult und gibt die Grenzwerte vor, TÜV Rheinland führt die Raumluftmessungen durch und wertet diese aus. Am Ende stellen beide gemeinsam eine Prüfbescheinigung für die Bauherren mit dem gemeinsamen Zeichen aus.

Was wird bescheinigt? Bescheinigt wird individuell für jedes Haus die entsprechende Innenraumluftqualität. Als Maßstab gelten die Empfehlungen des Umweltbundesamtes, der Weltgesundheitsorganisation WHO und anderer Institutionen. Diese müssen eingehalten oder unterschritten werden. Dabei gelten 1.000 Mikrogramm je Kubikmeter Raumluft (µg/m³) TVOC (Summe der flüchtigen organischen Verbindungen) und 60 µg/m³ Formaldehyd als Grenzwerte – gemessen laut Definition 28 Tage nach Fertigstellung. Zudem darf es keine Überschreitung von Einzelwerten bei VOC geben.

Transparenz: Die Kriterien dafür sind im Internet ausführlich dokumentiert und öffentlich zugänglich.

Was bekommt man? Verbunden mit der Zeichenvergabe ist ein umfassender Prozess, den das Bauunternehmen, die Architekten und die Handwerker mit Schulungen durchlaufen. Zusätzlich werden vor dem Bau oder der Sanierung eines Gebäudes die für die innenraumrelevanten Bereiche verwendeten Bauprodukte anhand von verlässlichen Prüfzeugnissen auf ihre Schadstoffemissionen hin gecheckt. Gibt es für ein Produkt kein Prüfzeugnis, schlägt das Sentinel Haus Institut andere, emissionsarme Produkte vor. Die Handwerker bekommen dann verbindliche Listen, welche Produkte sie verwenden dürfen. Bei Großprojekten wird ein externer Fachmann zur Überprüfung der Vorgaben eingeschaltet, bei Einfamilienhäusern übernimmt das ein geschulter Bauleiter oder Architekt. Hausbaufirmen bieten diese Leistung als Inklusivleistung oder Zusatzleistung an – auf jeden Fall nachfragen und ein entsprechendes Angebot einholen.

Gesundheitlicher Schutz: Für Menschen, die gesund bleiben wollen, passen die Vorsorgewerte. Wer sehr empfindlich gegenüber bestimmten Stoffen ist oder an bestimmten Allergien leidet, kann individuelle Schadstoffwerte vereinbaren. Dann ist allerdings die Umsetzung aufwendiger. Als Bauherr kann man die Kriterien mit seinem Bauunternehmen oder Architekten vertraglich vereinbaren. Ist die Innenraumluft dann stärker mit Schadstoffen belastet, kann man seinen Anspruch belegen.

Bewertungssystem Nachhaltiger Kleinwohnungsbau

Zeichengeber: Das Bundesbauministerium, sogenannter Systemgeber ist das private BiRN-Institut.

Was wird bescheinigt? Der Kriterienkatalog gilt für Ein- bis Fünffamilienhäuser, ist sehr umfangreich und umfasst 19 Kapitel. Diese decken sowohl Nachhaltigskeitsaspekte als auch Kriterien für die Wohngesundheit ab. Abgeleitet ist er von den mehr als 60 Kapiteln des Bewertungssystems Nachhaltiges Bauen BNB, das die Bundesrepublik für ihre Gebäude entwickelt hat.

Transparenz: Die Kriterien sind als sogenannte Steckbriefe im Internet veröffentlicht.

Was bekommt man? Die Bauunterlagen werden von einem Auditor geprüft und nach einem Punktesystem bewertet, dann kann man eventuell einzelne Bereiche nachbessern. Dabei muss eine Mindestpunktzahl erreicht werden. Zum Schluss erhält das Gebäude ein Zertifikat. Die Baubegleitung wird staatlich gefördert im Rahmen des KfW-Programms 431. 50 Prozent der Kosten werden übernommen, maximal 4.000 Euro. Die Gesamtkosten (ohne Förderung) betragen nach Auskunft des Systemgebers zirka 2.500 bis 3.000 Euro.

Gesundheitlicher Schutz: Die Kriterien sind okay und entsprechen den offiziellen Vorsorgewerten für flüchtige organische Verbindungen VOC und Formaldehyd. Je niedriger die Werte, umso mehr Punkte bekommt das Gebäude. Die volle Punktzahl wird erreicht, wenn weniger als 300 Mikrogramm VOC, 30 Mikorgramm Formaldehyd gemessen werden und alle Einzelwerte unter dem Vorsorgewert des Umweltbundesamtes liegen. Voraussetzung ist, dass alle innenraumnahen Baustoffe angegeben werden. Allerdings reicht das schon aus, um die Mindestpunktzahl zu erreichen. Auch für eine Lüftungsanlage oder die Erstellung eines Lüftungskonzeptes gibt es Punkte.

TÜV Rheinland – für Allergiker geeignet

Zeichengeber: Der TÜV Rheinland

Was wird bescheinigt? Zusätzlich zu dem oben genannten Zeichen »Schadstoffgeprüft« werden hier Eigenschaften von Häusern und Fertighäusern überprüft, die besonders für Allergiker wichtig sind. Ein mit dem Zertifikat ausgezeichnetes Haus oder ein Haustyp muss über eine Lüftungsanlage mit hochwertigen Filtern verfügen. Damit soll die Staub- und Pollenbelastung im Haus gesenkt werden. Verboten sind auch Nickel, Kobalt und Chrom-VI-Verbindungen in Türklinken, Armaturen und Handläufen. Auf die Liste dieser Kontaktallergene kommt ein Stoff, wenn er vom Bundesinstitut für Risikobewertung als »wichtiger allergener Stoff in verbrauchernahen Produkten« bezeichnet wird. Erlaubt sind zudem in der Raumluft maximal bei Keimen wie Schimmel 1.000 koloniebildende Einheiten pro Kubikmeter Raumluft. Außerdem muss die Raumluft mindestens 30 Prozent weniger Staub enthalten als die Außenluft.

Transparenz: Die Kriterien dafür sind im Internet ausführlich dokumentiert und öffentlich zugänglich.

Was bekommt man? Die Prüfung wird einmal jährlich an einem Musterhaus des Herstellers durchgeführt. Die Prüfbedingungen und Grenzwerte entsprechen geltenden Normen und Empfehlungen.

Gesundheitlicher Schutz: Menschen mit einer Pollen- oder Hausstauballergie oder einer Kontaktallergie auf die geprüften Stoffe können von dem Zeichen profitieren. Da es aber sehr vielfältige Auslöser und Verstärker für eine Allergie gibt, sollte man bei Bedarf mit seinem Allergologen überprüfen, ob die Kriterien individuell passen, und kontrollieren, ob diese im eigenen Haus auch vollumfänglich umgesetzt werden.

Qualitätsgemeinschaft Deutscher Fertigbau

Zeichengeber: Der Bundesverband Deutscher Fertigbau

Was wird bescheinigt? Das Zeichen ist eine Selbstverpflichtung der in der Qualitätsgemeinschaft zusammengeschlossenen Fertighaushersteller. Enthalten sind sowohl allgemeine Grundlagen als auch Dinge, die über die gesetzlichen Anforderungen hinausgehen. So muss die Außenwanddämmung 10 Prozent besser sein, als in der Energieeinsparverordnung vorgeschrieben.

Transparenz: Die Anforderungen sind auf der Website des Bundesverbands veröffentlicht.

Was bekommt man? Mit dem Zeichen lassen sich für Fertighäuser aus Holzwerkstoffen bessere von schlechteren Herstellern unterscheiden. So gibt es zum Beispiel eine Positivliste für Holzprodukte als Qualitätssicherungsmaßnahme, die halbjährlich aktualisiert wird. Es gibt eine jährliche Qualitätsprüfung im Werk und auf der Baustelle. Die Formaldehydkonzentration im fertigen Haus wird alle zwei Jahre in einem Kundenhaus gemessen, dabei wird von externen Prüfern darauf geachtet, ob die vorgegebenen Grenzwerte eingehalten sind. Flüchtige organische Verbindungen (VOC) werden bisher nicht regelmäßig gemessen, eventuell in Stichproben. Für die Klärung offener Fragen mit Mitgliedsunternehmen unterhält der Verband eine Ombudsstelle.

Gesundheitlicher Schutz: Da es sich um ein umfassendes Qualitätssiegel handelt, ist die Bewertung der Wohngesundheit nur eines der Kriterien.

Alökha: Allergiker-geeignetes Öko-Haus

Zeichengeber: Das private Institut für Umwelt und Gesundheit

Was wird bescheinigt? Dass die Häuser von Fertighausherstellern, im Einzelfall aber auch individuell gebaute Häuser, Grenzwerten entsprechen, die sich an den Vorgaben der Arbeitsgemeinschaft ökologischer Forschungsinstitute orientieren.

Transparenz: Die Anforderungen sind auf der Internetseite des Instituts teilweise, aber nicht komplett veröffentlicht.

Was bekommt man: Das Institut prüft und misst zahlreiche Werte hinsichtlich Innenraumklima, Schadstoffen in Baumaterialien, Einrichtungsgegenständen und Haustechnik. Der Schwerpunkt liegt auf potenziell allergenen Stoffen, zum Beispiel auch die Emissionsprüfung bei Nadelhölzern und Oberflächenbeschichtungen aus Holz. Auch ein Pollenschutz sowie die Vermeidung von Schimmel werden überprüft.

Gesundheitlicher Schutz: Ein generell für Allergiker gerechtes Haus zu gewährleisten, ist ein hoher Anspruch. Denn Allergien können sehr viele Auslöser oder Verstärker haben. Werden Häuser nicht individuell, sondern nur anhand von Unterlagen eines einzigen Hauses geprüft, kann das Label durchaus eine Hilfe sein für Allergiker oder auch von multipler Chemikaliensensitivität betroffene Menschen.

▶▶ FAZIT

Das Zeichen, das alle Anforderungen abdeckt, gibt es nicht. Bauherren sollten genau prüfen, welche Qualitätsversprechen mit einem Zeichen verbunden sind, und auf Transparenz und Beweisbarkeit achten. Nur eine Prüfung des eigenen Hauses gibt absolute Sicherheit.

2

WER BESCHEID WEISS, WOHNT UND LEBT GESÜNDER

2.1 HERAUSFORDERUNG: SCHADSTOFFE IN INNENRÄUMEN

Wenn man bedenkt, dass wir uns im Durchschnitt 90 Prozent des Tages in Innenräumen aufhalten – also in Häusern, sollte ein gesundes, besser gesagt ein gesünderes Haus eigentlich eine Selbstverständlichkeit sein. Wo, wenn nicht hier, kann man sich erholen, auftanken und dem Körper Ruhe gönnen. Aber leider gelingt das nicht immer.

Denn in unserem Lebensraum tummeln sich eine ganze Reihe von Substanzen, die in höheren Konzentrationen unser Wohlbefinden und unsere Gesundheit sowie die unserer Familie beeinträchtigen können. Dazu gehören beispielsweise Formaldehyd, Lösemittel, Weichmacher, Schimmel, Radon, und Kohlendioxid. In diesem Kapitel finden Sie genauere Informationen zu den einzelnen Stoffen, ihrer Herkunft und ihren gesundheitlichen Wirkungen.

Nicht selten wird damit geworben, dass ein Produkt oder ein Haus frei von einem bestimmten Schadstoff ist. In den allermeisten Fällen ist das falsch. So kann ein Holzwerkstoff zwar mit einem formaldhydfreien Kleber verleimt sein. Im Holz selbst steckt aber sehr wohl Formaldehyd, das dort natürlich vorkommt, wenn auch in geringsten Mengen. Es kommt auch nicht darauf an, dass die Luft, die wir atmen, zu 100 Prozent schadstofffrei ist, selbst, wenn das möglich wäre. Vielmehr sollen die Konzentrationen von Schadstoffen unter bestimmten Messwerten liegen, die sicherstellen, dass wir auch bei dauerhaftem Aufenthalt nicht krank werden. Diese Werte sind verfügbar, in Deutschland vor allem entwickelt vom Ausschuss für Innenraum-Richtwerte beim Umweltbundesamt. Zudem hat die Arbeitsgemeinschaft ökologischer Forschungsinstitute AGÖF hier über Jahre und Jahrzehnte Wissen zusammengetragen und erteilt entsprechende Empfehlungen. Diese Empfehlungen sind keine Grenzwerte, bei deren Überschreitung staatliche Behörden zwangsläufig einschreiten. Sondern Richt- oder Empfehlungswerte, die auf wissenschaftlicher Basis ermittelt und berechnet wurden und so angelegt sind, dass auch bei einem langfristigen Aufenthalt über Jahre ein gesunder Mensch nicht krank oder in seinem Wohlbefinden beeinträchtigt wird.

Sich wohl und sicher fühlen in den eigenen vier Wänden ist ein selbstverständlicher Wunsch, der hinsichtlich der Gesundheit überprüft werden muss. Aber auch der Einfluss von Möblierung, Heimtextilien etc. und das Verhalten der Bewohner spielen eine wichtige Rolle.

Das Immunsystem von Kindern ist noch nicht ausgeprägt. Deshalb brauchen besonders sie eine gute Raumluftqualität.

Ähnlich sieht es mit dem absolut klingenden Begriff »Allergiker geeignet« aus. Auch hier muss man ganz genau hinschauen, was damit gemeint ist und welche Qualität zugesichert wird. Eine absolute Eignung für jede Art von allergischer Erkrankung, wie es der Begriff suggeriert, ist unrealistisch. Denn es gibt unzählige Allergien, sehr individuelle Empfindlichkeiten und viele hundert Auslöser oder Verstärker dafür. Eine Garantie, dass all diese Ursachen und Zusammenhänge ausgeschlossen werden, kann niemand geben. Zusammenfassend kann man festhalten, dass viele Begriffe, wenn sie nicht klar definiert und verwendet werden, zu schwerwiegenden Missverständnissen führen können. Auch deshalb ist es gut zu wissen, was sich hinter einzelnen Bezeichnungen von Schadstoffen verbirgt, welches die Empfehlungswerte sind und auf welche Quellen man achten sollte.

2.1.1 KOHLENDIOXID: NICHT NUR FÜRS WELTKLIMA ENTSCHEIDEND

— Ein an sich harmloser Stoff beeinflusst unser Wohlbefinden

— Konzentrationsmängel und Müdigkeit vorbeugen

— Guter Schlaf durch gutes Lüften

Die meisten kennen Kohlendioxid CO_2 aus der Diskussion um den zusätzlichen, von uns Menschen verursachten Treibhauseffekt und geforderte Reduzierung unseres Verbrauchs an fossilen Energieträgern. Aber nicht nur weltweit, sondern auch im direkten Lebensumfeld spielt CO_2 eine wichtige Rolle für die Gesundheit und das Wohlbefinden. Jeder kennt Situationen, in denen in einem Raum »dicke Luft« herrscht. Und zwar nicht stimmungsmäßig, sondern im direkten Wortsinn. Diese unangenehmen und belastenden raumklimatischen Verhältnisse sind in aller Regel auf einen zu hohen CO_2-Gehalt zurückzuführen. Meistens sind einfach zu viele Menschen in einem zu kleinen oder zu schlecht gelüfteten Raum. Auch im Einfamilienhaus gibt es Situationen, in denen zu viel Kohlendioxid unsere Gesundheit beeinträchtigt.

Waren unsere Häuser früher zugige Energieschleudern, sind sie heute extrem sparsam, aber eben auch nahezu luftdicht. Im Gegenzug heißt das, dass kontinuierlich gelüftet werden muss, vor allem in der Heizperiode, wenn Fenster und Türen geschlossen bleiben. Kritikern einer Lüftungsanlage, die das Problem mit einer sogenannten atmenden Wand lösen wollen, widerspricht bereits ein Artikel des Bundes der Energieverbraucher mit dem Titel »Können Wände wirklich atmen?« aus dem Jahr 1997.

Die Hauptquelle für eine hohe CO_2-Konzentration in Innenräumen ist die menschliche Atmung. Auch offene Flammen von Kaminen, Ethanolbrennstellen und anderem können die CO_2-Konzentration deutlich ansteigen lassen. Gemessen wird Kohlendioxid in Parts per Million also Teile CO_2 auf eine Million Teile Luft, abgekürzt ppm. Allein schon dieses Verhältnis zeigt, welch geringe Menge CO_2 ausreicht, um unsere Gesundheit zu beeinträchtigen. Kohlendioxid ist zugleich fester Bestandteil der Luft mit etwa 400 ppm in der Außenluft, in Städten kann dieser Wert auf bis zu 500 ppm ansteigen.

Viele Leute in einem Raum bedeutet hohe CO_2-Werte. Gut, wenn die Lüftungsanlage automatisch reagiert oder manuell hochgeregelt werden kann.

2.1.1 Kohlendioxid: Nicht nur fürs Weltklima entscheidend

CO_2-Konzentration in ppm	Hygienische Bewertung	Empfehlung
< 1.000	Hygienisch unbedenklich	Keine weiteren Maßnahmen
1.000 – 2.000	Hygienisch auffällig	Lüftung intensivieren, Lüftungsverhalten dauerhaft überprüfen und verbessern
> 2.000	Hygienisch unakzeptabel	Belüftbarkeit des Raumes und ggf. weitergehende Maßnahmen prüfen

Kohlendioxid-Konzentration   Quelle: Sentinel Haus Institut

Für Kohlendioxid gibt es schon lange Empfehlungswerte. Bereits 1858 sagte der Mediziner und Forscher Max von Pettenkofer:

»Ich bin auf das lebendigste überzeugt, daß wir die Gesundheit unserer Jugend wesentlich stärken würden, wenn wir in den Schulhäusern, in denen sie durchschnittlich fast den fünften Theil des Tages verbringt, die Luft stets so gut und so rein erhalten würden, dass ihr Kohlensäuregehalt nie über 1 pro mille anwachsen könnte.«

Bei dieser Einschätzung ist es im Prinzip geblieben. Denn 1 pro mille sind 1.000 ppm. Der Ausschuss für Innenraumrichtwerte gibt denn auch folgende Empfehlungen, die in der Tabelle zu sehen sind.

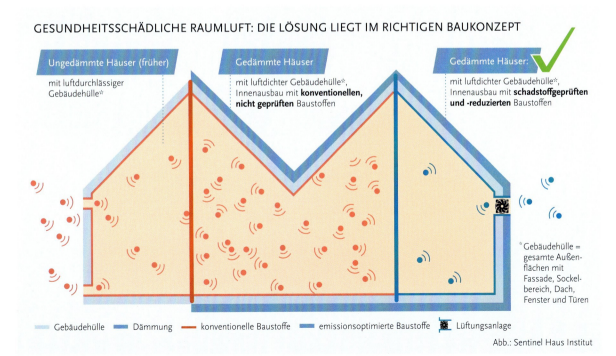

Heute sind Gebäude nahezu luftdicht. Emissionsarme Baustoffe sind daher besonders wichtig.

Messungen zeigen, dass 2.000 ppm und mehr rasch erreicht werden, vor allem in Räumen, in denen sich viele Menschen aufhalten. Wer es genau wissen will, kann sich eine CO_2-Ampel beschaffen. Schon nach kurzer Zeit springt diese von Grün auf Gelb, um dann zu Rot zu wechseln. Spätestens dann ist es Zeit zu lüften. Aber auch in privaten Schlafräumen werden vor allem nachts hohe Werte gemessen. Denn geschlossene Fenster und ein relativ kleiner Raum führen bei zwei Schlafenden rasch zu einem Anstieg der CO_2-Konzentration, die die Schlafqualität negativ beeinflusst. Und nichts beeinträchtigt unseren normalen Alltag und unsere Gesundheit so sehr wie mangelhafter Schlaf. Die Luftqualität im Schlafzimmer spielt also eine wichtige Rolle. Denn etwa ein Drittel der Zeit halten wir uns im Schlafzimmer auf, die meiste Zeit schlafend. Hier regenerieren sich Körper und Geist. Ausreichend viel und tiefer Schlaf ist entscheidend. Nicht nur, wie konzentriert und fit wir uns fühlen, sondern auch wie anfällig wir für Krankheiten und Infekte sind. Wer dauerhaft schlecht schläft, wird leichter krank. Und zwar unabhängig davon, ob konventionell über die Fenster oder mechanisch mit einer Lüftungsanlage gelüftet wird. Diese wichtige Tatsache wird durch die österreichische Studie »Lüftung 3.0 – Luftqualität in neu errichteten energieeffizienten Wohnhäusern« ausführlich belegt. Hier wurden in 60 Passivhäusern und 60 konventionellen Häusern ohne Lüftungsanlage umfangreiche Raumluftmessungen durchgeführt.

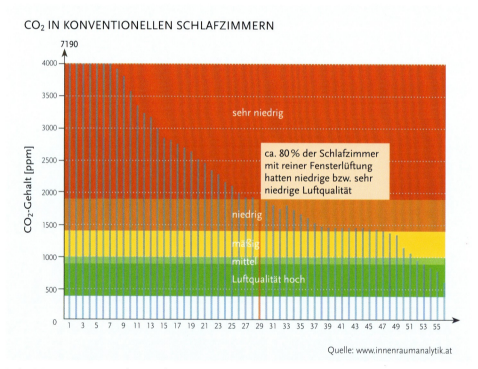

Hohe CO_2-Konzentrationen beeinträchtigen massiv die Schlafqualität und damit die wichtige Regeneration in der Nacht.

Ausgeruht und fit für den Tag: Eine gute Lüftung im Schlafzimmer ist eine wichtige Voraussetzung dafür.

Das Ergebnis: In 80 Prozent der konventionellen Einfamilienhäuser ohne Lüftungsanlage herrschte nachts im Schlafzimmer eine niedrige oder sehr niedrige Luftqualität. Aber auch in den mechanisch belüfteten Passivhäusern war der genannten Studie zufolge die Luftqualität in immerhin 44 Prozent der Fälle nach den Maßstäben der Autoren niedrig (mehr als 1.500 ppm) oder sehr niedrig (mehr als 2.000 ppm). Der Anteil der Häuser mit zu viel Kohlendioxid im Schlafzimmer ist mit mechanischer Lüftung deutlich niedriger, trotzdem wurden bei fast der Hälfte der Häuser die angestrebten Werte überschritten.

Die Konsequenz ist, dass alle Baubeteiligten hier auf eine individuelle Justierung der Lüftungsanlage Wert legen und Bauherren dies gegenüber ihrem Hausanbieter ansprechen sollten. Hierbei gilt es, auch auf die Geräuschentwicklung zu achten, die Lüftungsanlagen mit sich bringen können. Bei gut geplanten Anlagen ist dies kein Thema. SchwörerHaus beispielsweise baut bereits seit 1985 eigene Lüftungsanlagen – die Funktion und die Geräuschentwicklung kann man in jedem der über 50 Musterhäuser überprüfen.

▶▶ FAZIT

Kohlendioxid ist zwar nicht direkt giftig, aber schon geringe Konzentrationen in der Raumluft beeinträchtigen stark unser Wohlbefinden und unsere Konzentration. Die gute Nachricht: Konsequent lüften hilft!

2.1.2 SCHIMMEL: DER GEFÄHRLICHE MITBEWOHNER

- Schimmel wird als Krankheitsursache unterschätzt
- Feuchtigkeit im Haus lässt Schimmel wachsen
- Gut gedämmte Gebäude mit Lüftungsanlage schützen vor Schimmel

Stockflecken auf Tapeten, schwarze Flecken auf Wandoberflächen, Fugen, Fußboden oder ein muffiger Geruch sind häufige Warnzeichen für Schimmelpilzvorkommen in Gebäuden. Davon betroffen sind nicht nur ältere Gebäude. Gerade neue oder renovierte Gebäude sind heutzutage durchaus von Schimmelpilzbefall betroffen – auch durch ihre dichte Bauweise. Häufigste Ursache für das Wachstum von Schimmelpilzen in Gebäuden ist erhöhte Feuchtigkeit, die aufgrund hoher Restfeuchte aus der Bau- oder Renovierungszeit im Innenbereich stammt, durch Baumängel entsteht oder durch falsches Lüften verursacht wird.

Es ist aber keinesfalls so, dass moderne, gut gedämmte Häuser grundsätzlich ein Schimmelproblem haben, im Gegenteil! Es kommt beim »System Haus« vor allem darauf an, dass alle Komponenten zueinanderpassen und das Haus entsprechend »bedient« wird. Aufgrund der stetig steigenden gesetzlichen Anforderungen an die Energieeffizienz eines Gebäudes wurde in den letzten Jahren die Verbesserung der Dichtigkeit der Gebäudehülle als häufigste Energieeinsparmaßnahme durchgeführt. Bei einem luftdichten Gebäude wird, ohne weitere Maßnahmen, die einmal ins Gebäude eingebrachte Feuchtigkeit kaum mehr nach außen abtransportiert. Als Konsequenz muss umso mehr Sorgfalt darauf verwendet werden, damit keine Bereiche entstehen, die durch erhöhte Feuchte das Wachstum von Schimmelpilzen und anderen Mikroorganismen begünstigen oder sogar fördern.

Schimmelpilze sind enorm vielseitig, einige sind gefährlich.

Schimmelpilze sind ein weit verbreiteter Bestandteil unserer natürlichen Umgebung. Ihre Sporen sind nahezu überall in der freien Natur und auch in Innenräumen anzutreffen. Bis heute sind über 100.000 Schimmelpilzarten beschrieben. Wie groß die Bandbreite dieser Arten ist, zeigen einige Beispiele. Fähigkeiten und Eigenschaften der Schimmelpilze können durchaus positiv sein, etwa bei der Herstellung von Lebensmitteln. So werden Schimmelpilze einerseits bei der Herstellung der Weichkäsesorten Roquefort (*Penicillium roqueforti*) und Camembert (*Penicillium camemberti*) eingesetzt und sind da völlig unbedenklich. Andererseits können Gesundheitsrisiken für den Menschen entstehen durch den Verzehr von schimmelpilzbefallenen Lebensmitteln, die Giftstoffe, sogenannte Mykotoxine, erzeugen. So kann der Schimmelpilz Aspergillus flavus, der oft Nüsse und Gewürze befällt, Aflatoxin B1 erzeugen. Dieser Giftstoff kann Leberkrebs verursachen und ist einer der stärksten krebserregenden Stoffe überhaupt.

Schimmelpilze bilden typischerweise Pilzfäden und Sporen. Sie bestehen im Wesentlichen aus dem Mycel, einem Geflecht der einzelnen Pilzfäden, den sogenannten Hyphen. Das Mycel ist meist farblos und daher vom Augenschein her kaum zu erkennen. Trotzdem stellt es in der Regel den weitaus größten mengen- und auch volumenmäßigen Anteil des gesamten Schimmelpilzbewuchses dar. Daneben bestehen die Schimmelpilze aus den Sporenträgern und den oft gefärbten und damit optisch erkennbaren Sporen. Das, was wir an einer feuchten Kellerwand als Schimmelpilz identifizieren, sind häufig lediglich die kräftig gefärbten Sporenpakete. Das ist auch ein Grund dafür, dass vom Augenschein her nicht zu erkennen ist, welcher Bereich, z. B. eines Wandputzes, tatsächlich mit Schimmelpilz bewachsen ist und ggf. bei einer Sanierung entfernt werden muss.

Durch ihre Stoffwechselprozesse produzieren Schimmelpilze eine Reihe von flüchtigen chemischen Substanzen *(MVOC, Microbial Volatile Organic Compounds)*. Diese Verbindungen sind häufig für den typischen, oft modrigen Geruch verantwortlich, den man in Räumen mit Schimmelpilzwachstum feststellen kann. Mit Messungen der MVOC-Konzentrationen in der Raumluft kann man Hinweise auf verdeckte, optisch nicht erkennbare Schimmelpilzvorkommen erhalten, zum Beispiel, wenn sich der Schimmelpilzbefall hinter Tapeten oder hinter Schränken befindet. Eine Gesundheitsgefährdung stellen die typischen MVOC-Belastungen in der Regel nicht dar.

Beim Kochen entsteht viel feuchte Luft. Diese sollte direkt am Herd abgesaugt werden, um Schimmel die Grundlage zu entziehen. Auch Gerüche und Fettablagerungen haben dann keine Chance.

Dafür liegen die Konzentrationen, die in Innenräumen üblicherweise ermittelt werden, mit 1 µg/m³ und weniger zu niedrig. Im Vergleich zu den MVOC liegen Belastungen von ähnlichen flüchtigen Stoffen, die durch Emissionen von Baustoffen hervorgerufen werden, zum Beispiel von Lösemittelbelastungen aus Klebern, häufig um mehrere Größenordnungen darüber.

Insgesamt hängt von der Art des Pilzes, der Intensität des Befalls und der Empfindlichkeit der betroffenen Person ab, welche gesundheitlichen Probleme Schimmelpilze verursachen können. Generelle Aussagen sind schwierig, andererseits sollte man gerade bei unspezifischen Beschwerden oder anhaltenden Problemen eine Belastung durch Schimmelpilze in Betracht ziehen. Hier eine kurze Auflistung möglicher Beeinträchtigungen.

Schimmel im Haus kann die Atemwege angreifen und allergische Reaktionen hervorrufen.

Atemwegserkrankungen: Aus verschiedenen Studien (siehe Literaturverzeichnis) ist bekannt, dass Menschen, die sich über eine längere Zeit in schimmelbelasteten Räumen aufhalten, ein erhöhtes Risiko für unterschiedliche Atemwegserkrankungen wie Husten, keuchende Atemgeräusche und Atemnot haben. Auch die Symptome von bereits bestehendem Asthma können sich verschlimmern. Es gibt Hinweise, dass auch Bronchitis und allergische Rhinitis (Heuschnupfen) in schimmelbelasteten Räumen häufiger auftreten, allerdings sind diese Hinweise noch nicht eindeutig belegt. Denn bis heute gibt es noch keine abgesicherten Aussagen, die belegen, von welcher Schimmelpilzbelastung welches Risiko ausgeht. Bekannt ist aber, dass schon ein längerfristiger Aufenthalt in feuchten Innenräumen auch ohne erkennbares Schimmelpilzvorkommen zu einem erhöhten Risiko für Erkrankungen der Atmungsorgane, einer Atemwegsinfektion oder einer Verstärkung vorhandener Asthmaerkrankungen beiträgt. Das bedeutet, dass zum Beispiel das Schlafen in nicht ausreichend gedämmten und feuchten (Keller-)Räumen auf Dauer ein Risiko für die genannten gesundheitlichen Beeinträchtigungen mit sich bringt.

Unspezifische Symptome: Häufig klagen Raumnutzer in von Schimmelpilz befallenen Innenräumen auch über unspezifische Symptome. Etwa Reizungen der Augenbindehaut-, Hals- und Nasenschleimhaut sowie Husten, Kopfschmerzen oder Müdigkeit. Treten diese Probleme gehäuft in einem Gebäude auf, ist häufig vom Sick-Building-Syndrom die Rede. Dieser Überbegriff wird verwendet, wenn vermehrt Menschen über die beschriebenen unspezifischen Symptome klagen. Oft ist auch eine Kombination mehrerer Faktoren die Ursache.

Sensibilisierung und allergische Reaktionen: Sowohl Schimmelpilzsporen wie auch Bruchstücke von abgestorbenen Schimmelpilzen sind bei sensibilisierten Personen in der Lage, allergische und reizende Wirkungen hervorzurufen. Da für Allergietests bis heute nur eine unzureichende Anzahl von geeigneten Testallergenen zur Verfügung stehen, wird die Schimmelpilzbelastung häufig bei medizinischen Untersuchungen nicht als Auslöser für eine Allergie identifiziert. In einer umfangreichen Darstellung der Kommission »Methoden und Qualitätssicherung in der Umweltmedizin« wird angegeben, dass die Häufigkeit von Allergien, die durch Schimmelpilze in der Außen- und der Innenraumluft hervorgerufen werden, in der Gesamtbevölkerung zwischen drei und zehn Prozent liegt. Das Umweltbundesamt berichtet in seiner Publikation zum Kinder-Umwelt-Survey von 2003 bis 2006, dass rund 6 Prozent der 1.790 getesteten Kinder im Alter zwischen drei und 14 Jahren Antikörper gegenüber mindestens einem der getesteten Innenraumschimmelpilze aufwies.

Infektionskrankheiten: Wenn auch nur selten, so sind Schimmelpilze doch in der Lage, bei immungeschwächten Personen Infektionskrankheiten (systemische Mykosen) durch Befall innerer Organe zu verursachen. Dabei werden die Schimmelpilzsporen über die Atmung aufgenommen und im Körper verteilt, bevor sie in einem oder mehreren Organen zu Erkrankungen führen. Die Lunge ist bei dieser Erkrankungsform das am häufigsten betroffene Organ. Betroffen sein können Menschen nach einer schweren Operation, nach einer Chemotherapie oder nach einer Transplantation.

Schimmel vermeiden: Ohne Feuchtigkeit kein Schimmel! Wer diesen Grundsatz berücksichtigt, hat schon den wichtigsten Schritt getan, um einen übermäßigen Schimmelbefall im Haus zu vermeiden. Um die Zusammenhänge zu verstehen, muss man etwas in die Bauphysik eintauchen. Denn es ist ein Märchen, dass besonders gut gedämmte Gebäude besonders anfällig für Schimmelbewuchs sind. Vielmehr tritt Schimmel bei schlecht gedämmten Häusern dort auf, wo besonders kalte Stellen, sogenannte Wärmebrücken, existieren. Das

2.1.2 Schimmel: Der gefährliche Mitbewohner

sind zum Beispiel Fensterlaibungen, Raumecken an Wänden und Decken, Anschlüsse von Balkonen, Heizkörpernischen, Wände hinter großen (Einbau-)Schränken und andere Stellen. Bei kalten Außentemperaturen und/oder bei schlecht geheizten Räumen kann sich an diesen Stellen Feuchtigkeit aus der Raumluft niederschlagen. Geschieht dies dauerhaft, finden die Schimmelpilze hier die wichtigste Grundlage, um zu wachsen. Im Umkehrschluss heißt das, an warmen, gut gedämmten Wänden ohne Wärmebrücken schlägt sich Feuchtigkeit viel seltener dauerhaft nieder, also wächst hier auch kein Schimmel.

Problematisch ist allerdings eine dauerhaft hohe Luftfeuchtigkeit, die zum Beispiel beim Baden und Duschen, in der Küche oder auch durch das Trocknen von Wäsche im Haus entsteht. Wird dann nicht ausreichend gelüftet, steigt der Feuchtegehalt in der Raumluft stark an und kann zu dem oben genannten Effekt des Feuchtigkeitsniederschlags führen. Auch hier gilt der Umkehrschluss: Häuser mit einer gut dimensionierten, korrekt geregelten und regelmäßig gewarteten Lüftungsanlage sind durch den kontrollierten Luftaustausch sehr gut gegen Schimmelbefall geschützt. Auch eine ausreichende Lufttemperatur gehört zur Schimmelprophylaxe. Wer zum Beispiel in einem kalten Zimmer schläft, läuft Gefahr, dass sich durch die ausgeatmete Feuchtigkeit Schimmel bilden kann. Auch kalte, ungeheizte Zimmer, die durch offenstehende Türen »mitgeheizt« werden, sind anfällig für Schimmelpilzbewuchs.

Eine schnelle, trockene Bauweise, zum Beispiel Holztafelbauweise mit einem hohen Vorfertigungsgrad, ist eine wichtige Komponente für ein schimmelfreies Haus. Denn bei Massivbaustoffen kommen teilweise durch das Mauerwerk selbst, den Mörtel und Betonbauteile wie Decken oder Treppen viele hundert Liter Wasser in den Rohbau, die über Wochen und Monate umständlich abgelüftet werden müssen (daher auch der Begriff des Trockenwohnens). Gerade im Winter ist dies eine Herausforderung, der nicht jedes Bauunternehmen gewachsen ist. Auch wird heute konventionell wesentlich schneller gebaut, sprich der Rohbau kann nicht mehr austrocknen, etwa, weil die Fenster bereits kurz nach dessen Fertigstellung eingesetzt werden. Wird dann nicht konsequent gelüftet beziehungsweise mit elektrischen Trocknern nachgeholfen, zieht man als Baufamilie in ein nasses Haus ein mit einer entsprechend hohen Chance, auch schon in einem Neubau Schimmelbefall zu haben.

▶▶ FAZIT

Schimmel ist überall, aber nicht generell gesundheitsschädlich. Ein Auge auf die richtige Luftfeuchtigkeit im Haus und ein bewusstes Lüftungsverhalten vermeiden die meisten Probleme.

2.1.3 ALLGEGENWÄRTIG: FLÜCHTIGE ORGANISCHE VERBINDUNGEN – VOC

— Warum man VOC im Blick haben muss

— Es gibt harmlose und hochgiftige VOC

— VOC dienen als Leitwert für gesündere Gebäude

Flüchtige organische Verbindungen, auf Englisch *Volatile Organic Compounds*, abgekürzt VOC, sind eine Gruppe von vielen hundert Einzelstoffen, die zum Teil natürlichen Ursprungs sind, aber auch künstlich hergestellt werden. Enthalten sind sie in vielen Dingen des täglichen Bedarfs, vom Deo bis hin zur Wandfarbe oder Klebstoff.

Zu diesen gas- und dampfförmig vorkommenden Stoffen gehören Kohlenwasserstoffe, Alkohole, Aldehyde und organische Säuren. Sie sind unter anderem in Lösemitteln enthalten, haben aber auch ihren Ursprung in biologischen Prozessen. Beim Bauen, Renovieren und Sanieren entweichen VOC zum Beispiel aus Fußboden-, Wand- und Deckenbelägen, Farben, Lacken, Dämmstoffen, Klebstoffen, Möbeln und anderen Einrichtungsgegenständen. Doch auch noch nach der Bauphase können VOC aus Bauprodukten ausgasen. Dazu kommen Pflege- und Kosmetikprodukte, Reinigungsmittel und Bastelutensilien. Eine bedeutende Quelle ist auch das Rauchen, aber auch das Kochen oder Braten von Speisen und nicht zuletzt der menschliche Stoffwechsel.

Besonders in Naturmaterialien, zum Beispiel in Holz, vor allem in den Nadelhölzern Douglasie, Kiefer, Lärche, sind vergleichsweise hohe Konzentrationen von Terpenen enthalten, die ebenfalls zu den VOC gehören und für den typischen Holzgeruch zuständig sind. Dadurch wird ersichtlich, dass nicht jeder der vielen hundert Stoffe automatisch (oder im selben Maße) gesundheitsschädlich ist. Andererseits gibt es einige Stoffe unter den VOC, die stark gesundheitsgefährdend sind. Ein Beispiel ist Toluol in Lösemitteln, ein aromatischer Kohlenwasserstoff, der Nerven-, Nieren- und möglicherweise auch Leberschäden verursacht und zudem fortpflanzungsgefährdend sowie schädigend für ungeborene Kinder ist. Darüber hinaus haben Toluoldämpfe eine narkotisierende Wirkung, reizen die Augen und Atmungsorgane schwer, nicht zuletzt sind allergische Reaktionen auf Toluol möglich.

Insgesamt hat sich die Konzentration von VOC in der Raumluft als sehr guter Indikator für die Qualität der Innenraumluft allgemein erwiesen. Deshalb dient der VOC-Wert als »Leitwert« für die Beurteilung, ob ein Raum oder ein Gebäude hohen gesundheitlichen Ansprüchen genügt. Auch bei Produkten, in diesem Fall Bauprodukten, ist der VOC-Wert mit das wichtigste Kriterium zur gesundheitlichen Beurteilung.

Hohe Konzentrationen von VOC können Unwohlsein, Kopfschmerzen und verringerte Leistungsfähigkeit zur Folge haben.

2.1.3 Allgegenwärtig: Flüchtige organische Verbindungen – VOC

Fachleute unterscheiden innerhalb der großen Gruppe von VOC einzelne Untergruppen, die jeweils nach ihrem Siedebereich zusammengefasst werden. Je höher der Siedebereich, umso langsamer werden die Stoffe an die Raumluft abgegeben. Das sind die sehr flüchtigen organischen Verbindungen (_Very Volatile Organic Compounds, VVOC_), also Stoffe, die sehr rasch freigesetzt werden. Einer von vielen Stoffen dieser Gruppe ist Formaldehyd. Genau umgekehrt verhält es sich bei den schwerflüchtigen organischen Verbindungen (_Semivolatile Organic Compounds, SVOC_). Diese gasen nur langsam aus und können so auch noch nach langer Zeit für Probleme sorgen. Beispiele sind Phthalate, sogenannte Weichmacher. Sie sind auch teilweise für das Fogging zuständig, also für hässliche schwarze Flecken an Zimmerdecken und -wänden. Die schmierigen Beläge entstehen durch Emissionen von SVOC, die in Lacken, Dispersionswandfarben, Vinyltapeten und in PVC-Fußbodenbelägen sowie Fußbodenklebern enthalten sein können. Dazwischen liegen die »normalen« VOC, zum Beispiel das krebserregende und giftige Benzol oder Terpene, die meist natürlichen Ursprungs sind.

Für die allgemeine Beurteilung wird ein Summenwert herangezogen, der je nach Auswertung aus mehreren hundert Messwerten von Einzelstoffen besteht. Angegeben wird er als TVOC-Wert (_Total Volatile Organic Compounds_). Die Abkürzung TVOC taucht deshalb auch in vielen Prüfzeugnissen oder Vergabebedingungen für Gütezeichen und Label auf. Neben diesem Summenwert werden bei der Raumluftprüfung eines Gebäudes auch immer die Einzelwerte untersucht. Kommt es zu einer deutlichen Überschreitung des Richtwerts für einen kritischen Stoff, ist dies gegebenenfalls ein Grund, die Zertifizierung des Gebäudes zu verweigern. Die Fachleute nehmen entsprechend auffällige Messwerte unter die Lupe und versuchen, daraus auf die Quelle zu schließen. Bei den vielen hundert Bauprodukten, die in einem Haus Verwendung finden, ist diese Ursachenforschung nicht immer einfach und erfordert Sorgfalt, Erfahrung und eine ausgefeilte Methodik.

Die gesundheitlichen Auswirkungen von VOC sind vielfältig und hängen auch von der individuellen Sensitivität ab. Es gibt Menschen, denen auch sehr hohe Konzentrationen zumindest kurzfristig nichts ausmachen, und Menschen, die rasch und stark schon auf geringe Mengen an VOC in der Raumluft reagieren, zum Beispiel mit Kopfschmerzen, Augenreizungen, Reizungen der Schleimhäute und anderes mehr. Auch sogenannte unspezifische Reaktionen, die nicht unmittelbar einer Ursache zugeordnet werden können, werden auf hohe und dauerhafte Konzentrationen von VOC zurückgeführt: Müdigkeit, Schwindel, Kopfschmerzen oder allgemeines Unwohlsein wurden als akute Wirkungen auf Menschen beschrieben. Diese Effekte will niemand in seiner direkten Umgebung haben und von daher müssen sie so weit wie möglich vermieden werden. VOC können auch die Ursache von chronischen Wirkungen sein, die Wissenschaftlerinnen und Wissenschaftler aus toxikologischen Beurteilungen abgeleitet haben. Dazu gehören insbesondere krebserzeugende, erbgutverändernde und

Beschichtungen, zum Beispiel Holzöle, Lacke oder Wachse, enthalten Lösemittel und dadurch auch VOC.

fortpflanzungsgefährdende Wirkungen, wie oben am Beispiel Toluol geschildert. Rückschlüsse von Krankheiten auf entsprechende Ursachen sind allerdings schwer herzustellen. Deshalb folgt das Konzept des Sentinel Haus Instituts einem Minimierungsgebot, das sich wiederum an den Empfehlungen des Ausschusses für Innenraumrichtwerte (AIR) beim Umweltbundesamt orientiert. Dabei geht es nicht darum, VOC völlig aus dem Lebensraum zu verbannen. Das wäre technisch nicht möglich und ist gesundheitlich auch nicht nötig.

Werbung mit »schadstofffreien« Gebäuden oder Bauprodukten mit Bezug auf VOC sind deshalb auch Unsinn und zeugen von Unkenntnis oder gar Verbrauchertäuschung, denn solche Produkte oder Gebäude gibt es nicht. Denn durch die Empfindlichkeit von Gaschromatographen sind auch sehr, sehr geringe Mengen von VOC und anderen Stoffen in der Raumluft messbar. Wie »feinfühlig« die Geräte sind, lässt sich erahnen, wenn man weiß, dass VOC meistens in Mikrogramm je Kubikmeter Raumluft angegeben werden. Ein Mikrogramm, abgekürzt µg, entspricht dabei einem Millionstel Gramm. Die nächst höhere Einheit Milligramm, abgekürzt mg, wird ebenfalls verwendet und bezeichnet ein Tausendstel Gramm. Von daher ist eine Konzentration zum Beispiel 3.500 µg/m³ VOC das Gleiche wie 3,5 mg/m³. Genau hinzuschauen lohnt sich also, um nicht durch besonders hohe Zahlen unnötig verängstigt oder durch vermeintlich niedrige Angaben getäuscht zu werden.

Da VOC für die Bewertung einer gesünderen Innenraumluft so wichtig sind und es zahlreiche Schadensfälle durch hohe und sehr hohe Konzentrationen von VOC in der Innenraumluft gibt, hat der Ausschuss für Innenraumrichtwerte (AIR) Empfehlungswerte veröffentlicht, mit denen die Luftqualität beurteilt werden kann. Dies zeigt die unten stehende Abbildung. Unterhalb von 1.000 Mikrogramm je Kubikmeter Raumluft (µg/m³) geht man von einem guten Ergebnis aus. Langfristig sollte sich der VOC-Wert ohne Möbel und andere Einrichtungsgegenstände nach Empfehlung der Experten bei 300 µg/m³ einpendeln. Dabei ist zu beachten, dass der Wert normalerweise bis zu 28 Tage nach der Fertigstellung eines

HYGIENISCHE BEWERTUNG UND EMPFEHLUNGEN BEI TVOC-BELASTUNGEN

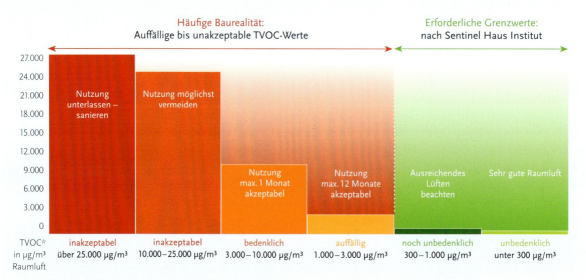

*Total Volatile Organic Compounds = Summe aller flüchtigen organischen Verbindungen

Abb.: Sentinel Haus Institut

2.1.3 Allgegenwärtig: Flüchtige organische Verbindungen – VOC

Gebäudes gemessen wird. Da VOC sich relativ rasch verflüchtigen und sich die Konzentration durch kontinuierliches Lüften reduzieren kann, ist immer auch der Messzeitpunkt entscheidend. Wenn zum Beispiel direkt am Tag der Abnahme eines Hauses gemessen wird, können die Werte durchaus höher als 1.000 µg/m³ sein. Denn es ist davon auszugehen, dass durch Lüften die Werte sinken. Darüber hinaus sind auch die Umgebungsbedingungen relevant. Denn bei kalten Temperaturen emittieren weniger VOC in die Raumluft als bei warmen oder gar sehr hohen Temperaturen. Deshalb erfolgen korrekte Raumluft- und Produktmessungen auch immer nach den Vorgaben der DIN EN ISO 16000 ff. Fehlt diese Angabe in den Messprotokollen, ist zumindest Vorsicht angesagt, was die Aussagekraft der VOC-Messungen betrifft. In der Konsequenz sollte man als Bauherr auf die Angabe der Umgebungsbedingungen achten und bestehen. Denn nur so ist eine Aussage über die wirkliche Schadstoffkonzentration belastbar und lässt sich zum Beispiel vor Gericht verwenden.

Die Empfehlungswerte des Ausschusses für Innenraumrichtwerte beim Umweltbundesamt dienen als Bewertungsmaßstab für die Belastung der Innenraumluft mit flüchtigen organischen Verbindungen VOC. Angegeben ist der Summenwert TVOC.

Beim Bau eines geprüft gesünderen Hauses stehen niedrige VOC-Emissionen im Mittelpunkt der Betrachtung. Aber nach Fertigstellung ist das Thema nicht vom Tisch. Denn im Alltag verwenden wir zahlreiche Produkte, die die Raumluft durch VOC belasten können. Eine der stärksten Quellen ist wie erwähnt das Rauchen, auch das von E-Zigaretten. Daneben sind Kosmetika, Duftstoffe, Putz- und Pflegemittel wichtige Quellen, die sich aber auch vermeiden oder minimieren lassen. Ausführliche Informationen dazu finden sich in Kapitel 4.3.

Eine häufige Quelle für VOC sind Produkte für Körperpflege, Hygiene und Kosmetik. Sparsam einsetzen und gut lüften verringert die Konzentration in der Raumluft.

▶▶ FAZIT

Flüchtige organische Verbindungen (VOC) sind die Stoffgruppe, die heute neben Schimmel die meisten gesundheitlichen Probleme macht. Sie kommen in fast allen Produkten vor und können sich in den heute luftdichten Häusern anreichern. Sie konsequent zu vermeiden ist eine lohnende Aufgabe. Zudem hilft auch hier konsequentes Lüften – am besten mit einer Lüftungsanlage.

2.1.4 FORMALDEHYD: VOM SORGENKIND ZUR RANDFIGUR?

- Auch formaldehydfrei verklebte Produkte können Formaldehyd enthalten
- Die durchschnittlichen Konzentrationen in der Raumluft gehen zurück
- Trotzdem gibt es zahlreiche Belastungen durch Formaldehyd, auch in alten Gebäuden

Geht es um das gesündere Bauen, Wohnen und Renovieren, fällt meistens schon in den ersten Absätzen der Begriff Formaldehyd, der exakte Name ist Methanal. Nicht selten wird der Stoff als typischer Vertreter für flüchtige organische Verbindungen VOC genannt, genauer betrachtet, gehört er aber als einer von vielen Stoffen zur Gruppe der leichter flüchtigen VVOC.

Schaut man in die Medien, ist Formaldehyd nach wie vor allgegenwärtig. Gerade Schulen und Kindergärten sind in den Focus geraten. Denn selbst seit Jahrzehnten verwendete Einbaumöbel oder Deckenverkleidungen können noch Formaldehyd abgeben. Besonders starke Emissionen können entstehen, wenn formaldehydhaltige Spanplatten nass werden. Dann kann die Belastung durch das reizende Gas stark ansteigen, obwohl die Quelle schon Jahrzehnte alt und damit aus dem Gedächtnis verschwunden ist. Dies ist auf die häufige Verwendung von Spanplatten für Möbel oder den Innenausbau zurückzuführen, die mit formaldehydhaltigem Kleber verleimt wurden. Der Stoff ist aber auch in Farben, Lacken sowie in manchen Textilien und Teppichmaterialien enthalten. Auch in Desinfektions- und Konservierungsmitteln findet man die Substanz, die unter anderem Reizungen der Schleimhäute und Augen, Kopfschmerzen und allergische Reaktionen hervorrufen kann. Auch Rauchen führt zu hohen Belastungen mit Formaldehyd. In hohen Konzentrationen ist Formaldehyd als krebserregend eingestuft, zudem kann er Konzentrationsfähigkeit und Schlaf beeinträchtigen.

Formaldehyd kommt auch in Massivhölzern vor, in Vollholz allerdings in sehr geringen Mengen. Trotzdem sind von daher Werbeaussagen, die »formaldehydfreie« Baustoffe aus Holz oder gar Häuser versprechen, sehr kritisch zu betrachten. Meistens ist gemeint, dass Holzwerkstoffe mit formaldehydfreien Klebern verleimt wurden. Das heißt aber nicht, dass überhaupt kein Formaldehyd nachgewiesen werden kann.

Die Richt- oder Grenzwerte sind unterschiedlich. Der Ausschuss für Innenraumrichtwerte beim Umweltbundesamt hat seinen Vorsorge-Richtwert im Jahr 2016 von 120 auf 100 µg/m³ gesenkt. Die Weltgesundheitsorganisation empfiehlt 60 µg/m³. Hier liegt auch der Grenzwert, den das Sentinel Haus Institut und der TÜV Rheinland für ihre Auszeichnung »schadstoffgeprüft« ansetzen.

Insgesamt ist die durchschnittliche Belastung durch Formaldehyd über die Jahrzehnte deutlich gesunken. So fand sich bei einer im Jahr 2008 veröffentlichten, für Deutsch-

SchwörerHaus verwendet für seine Wandkonstruktionen formaldehydfrei verleimte Holzwerkstoffe, die die gesetzlichen Grenzwerte weit unterschreiten.

2.1.4 Formaldehyd: Vom Sorgenkind zur Randfigur?

land repräsentativen Untersuchung der Innenraumluft (Kinder-Umwelt-Survey) von Kinderzimmern über sieben Tage üblicherweise (95. Perzentil) bis 50 µg Formaldehyd/m³ und damit etwa halb so hohe Konzentrationen wie 1985/86. In der Zwischenzeit dürften sich die Durchschnittswerte weiter verringert haben. Dieser Umstand darf aber nicht darüber hinwegtäuschen, dass Formaldehyd nach wie vor zu Schadensfällen führen kann. Deshalb ist eine Kontrolle nach wie vor wichtig.

Die zurückgehenden durchschnittlichen Konzentrationen haben auch damit zu tun, dass bei Holzwerkstoffen und Dämmstoffen formaldehydarme oder formaldehydfreie Klebstoffe eingesetzt werden. Diese sogenannten PMDI-Binder enthalten Isocyanate und sind in der Herstellung und Verarbeitung keinesfalls gesundheitlich unbedenklich. Im ausgehärteten Zustand im Produkt gibt es aber keine gravierenden gesundheitlichen Beeinträchtigungen, die über das normal notwendige Schutzniveau hinausgehen, weder im eingebauten Zustand noch bei der Bearbeitung. Dies haben unabhängig voneinander sowohl das Umweltbundesamt als auch der internationale Verein natureplus festgestellt.

So verwenden Fertighausunternehmen, die der Qualitätsgemeinschaft Deutscher Fertigbau QDF angehören (siehe QDF-Positivliste), für ihre Häuser in Holzbauweise heute entsprechende Produkte, deren Formaldehydemissionen 0,03 ppm *(part per million)* – gesetzlich erlaubt sind 0,1 ppm (0,1 ppm = 120 µg/m³) – nicht überschreiten. Die von SchwörerHaus verwendeten Spanplatten, aus denen die Wände und Decken bestehen, sind beispielsweise mit dem Blauen Engel ausgezeichnet. Sie sind vollständig formaldehydfrei verleimt und haben sehr ge-

Massives Holz setzt holzeigene Inhaltsstoffe frei, darunter sehr geringe, unbedenkliche Mengen Formaldehyd.

ringe Emissionswerte, welche sich vor allem auf den natürlichen Gehalt im Holz selbst zurückführen lassen. Siehe auch Kapitel 3.6.

Damit haben solche Holzwerkstoffe Vorteile gegenüber den häufig verwendeten Standard-OSB-Platten *(OSB – Oriented Strand Board)*. Diese bestehen aus groben, gepressten Holzschnitzeln, englisch Strands. Durch den hohen Druck und die hohen Temperaturen während der Herstellung können Schadstoffe entstehen. Das kann der Fall sein, wenn die Platte viel harzhaltiges Holz enthält, zum Beispiel Kiefernholz. Es gibt auch emissionsarme OSB-Platten, zum Beispiel aus Fichtenholz. Allerdings sind nur wenige dieser an sich ökologischen Produkte auf dem Markt, die über zugesicherte gesundheitliche Eigenschaften verfügen. Aktuell gibt es keine Standard-OSB-Platte, die eines der hochwertigen Label oder Gütezeichen für gesundheitlich geprüfte Bauprodukte trägt.

▶▶ **FAZIT**

Ein formaldehydarmer Holzbau ist heute möglich. Als Bauherr sollte man auf Angaben konkreter Raumluftwerte achten und Produkten mit geringen Emissionen, auch anderer Schadstoffe, den Vorzug geben.

2.1.5 RADON: DAS UNSICHTBARE GAS AUS DEM UNTERGRUND

Dr. Walter Dormagen

— Warum Radon gefährlich ist

— In welchen Regionen muss man besonders achtsam sein

— Es gibt einen neuen europäischen Referenzwert

Man sieht es nicht, man riecht es nicht, man kann es nicht schmecken. Trotzdem sterben in Deutschland jedes Jahr circa 1.900 Menschen durch Radon. Das sind mehr als die Hälfte aller Menschen, die im Straßenverkehr sterben. Dabei ist Radon in der Öffentlichkeit weitgehend unbekannt. Radon (Rn 222) ist ein radioaktives Gas, das durch den Zerfall von überall in der Erdkruste vorkommendem Uran entsteht. Es dringt an die Erdoberfläche und verteilt sich dort. Die Konzentration in der Außenluft ist dadurch relativ gering. Gemessen wird diese in Innenräumen in Becquerel je Kubikmeter Raumluft, abgekürzt Bq/m³. Mit der Atemluft wird Radon eingeatmet und gelangt in die Lunge. Das Gas hat eine Halbwertszeit von rund vier Tagen und wird zum größten Teil wieder ausgeatmet. Gefährlich ist nicht das Radon selbst, sondern vor allem die kurzlebigen, radioaktiven Zerfallsprodukte. Diese radioaktiven Isotope der Elemente Polonium, Wismut und Blei lagern sich den in der Luft befindlichen Schwebeteilchen (Aerosole) oder kleinsten Staubteilchen an, gelangen in den Atemtrakt und zerfallen dort vollständig. Dabei entsteht eine energiereiche, radioaktive Alphastrahlung, die auf die strahlenempfindlichen Lungenzellen (Bronchialepithel) wirkt. Die Strahlung kann das Erbgut der Zellen schädigen, die sich dann über Jahrzehnte zu Krebszellen entwickeln können. Besonders Raucher sind durch Radon gefährdet, da ihre Lunge bereits durch die vielen Schadstoffe im Tabakrauch geschädigt und so besonders anfällig ist. Nach Angaben des Bundesamts für Strahlensicherheit, der wichtigsten deutschen Behörde hinsichtlich Radioaktivität, liegt das Risiko, bis zum 75. Lebensjahr an Lungenkrebs zu erkranken, für Nichtraucher ohne Radonbelastung bei 4,1 Sterbefällen pro 1.000 Personen. Bei einer Radonbelastung von dauerhaft 800 Becquerel/m³ sterben statistisch 9,3 von 1.000 Nichtrauchern an Lungenkrebs. Bei Rauchern steigt die Zahl der Todesfälle durch Lungenkrebs im selben Alter von 101 je 1.000 Personen ohne Radonbelastung (null Becquerel) überproportional auf 216 Lungenkrebstote je 1.000 Raucher im langjährigen Durchschnitt.

Radon ist überall in unserer Umwelt messbar. Das Risiko ist aber nicht überall gleich: Denn der Anteil radioaktiven Gesteins und damit von Radon in der Bodenluft ist in einigen Regionen deutlich erhöht. Beispiele sind der Bayerische Wald, das Erzgebirge, das Voralpenland und die Region nördlich von München. Auch Teile des Thüringer Waldes, der südliche Schwarzwald sowie die Region um Kiel sind auffällig. Darüber hinaus gibt es noch regionale Hotspots. Auskunft erhält

Dichte Betonkeller sind in Regionen mit hoher Radonbelastung ein guter Schutz gegen das Eindringen des radioaktiven Gases, wie hier mit einer speziell zugelassenen Frischbeton-Verbundfolie ausgeführt.

2.1.5 Radon: Das unsichtbare Gas aus dem Untergrund

man auf Nachfrage beim jeweiligen Geologischen Landesamt oder der örtlichen Baubehörde. Einige Städte veröffentlichen auch detaillierte Karten mit der Radonbelastung in der Bodenluft. Allerdings erlauben solche Angaben lediglich eine Einschätzung, wie dringend eine Messung im eigenen Haus oder vor dem Hausbau ist. Denn nur eine solche Messung vor Ort stellt sicher, ob man Radon in erhöhten Konzentrationen im Boden oder im Haus hat.

Im April 2017 hat der Bundestag eine umfassende Neuordnung des Strahlenschutzrechts verabschiedet. Darin ist der Referenzwert für Innenräume von 300 Becquerel/m³ festgeschrieben. Das ist das laut EU-Verordnung minimale Schutzniveau. Ein niedrigerer Wert wäre laut EU ausdrücklich möglich gewesen. Zahlreiche Experten, etwa vom Bundesamt für Strahlenschutz und andere, hatten intensiv für einen Referenzwert von 100 Bq/m³ geworben. Doch einige Bundesländer scheuten die Konsequenzen. Denn der niedrigere Wert hätte die Zahl der Gebäude, die entsprechend saniert werden müssten, deutlich erhöht. Auch bei Neubauten wäre der Aufwand in den genannten Regionen höher, den Wert einzuhalten. Das betrifft sowohl öffentliche Gebäude, aber auch private.

Das Messen der Radonbelastung im Gebäude ist einfach und kann für den Anfang auch in Eigenregie gemacht werden. Dabei gilt: Je länger eine Radonmessung läuft, umso genauer sind die Ergebnisse. Eine erste Übersichtsmessung sollte mindestens vier Wochen dauern. Eine genauere Überprüfung dauert ein Jahr. Eine gute und preiswerte Möglichkeit für eine erste Einschätzung ist, ein Messgerät auszuleihen. Direkt nach dem Anschalten des Gerätes wird be-

RADON-VORKOMMEN IN DEUTSCHLAND

Radonkonzentration in der Bodenluft in kBq/m³
> 100 | 40–100 | 20–40 | < 20

Quelle: Bundesamt für Strahlenschutz

reits ein aktueller Wert angezeigt, über die gesamte Messdauer wird neben dem aktuellen Wert zudem ein Mittelwert angezeigt. Je länger die Messdauer, desto aussagekräftiger die Angabe des Mittelwertes. Es gibt auch private Anbieter, die Geräte verkaufen oder verleihen. Empfehlenswert ist es, in der Heizperiode zu messen, weil dann der Kamineffekt aus dem Keller am stärksten ist.

Bei diesem Effekt zieht warme Luft aus dem Wohnbereich kühlere Luft aus dem Keller nach, die dann wiederum durch radonhaltige Bodenluft ersetzt wird. Das Messgerät sollte fest an einem Platz in einem Raum aufgestellt werden, der regelmäßig benutzt wird. Am besten das Schlafzimmer oder das Wohnzimmer. Gut ist ein Ort, an dem es nicht zieht. Also nicht auf der Fensterbank oder neben einer Tür. Wichtig ist, auch bei Messungen von externen Gutachtern, dass das Gerät kalibriert ist. Die Kalibrierung soll nicht älter als zwei Jahre sein, zu erkennen ist dies an einem Aufkleber am Gerät.

Auch wenn erhöhte Radon-Werte ermittelt werden, ist das kein Grund zur Panik. Radon ist zwar gefährlich, entfaltet seine Wirkung in Wohnhäusern aber erst über Jahrzehnte. Als erste direkte Abhilfe kann man einfach häufiger und intensiver lüften. Das ist natürlich keine Dauerlösung. Als Nächstes kann man die Messungen fortsetzen und auf weitere Räume ausdehnen. Entscheidend ist der Jahresmittelwert, der in der Regel unter dem Kurzzeitwert liegt. Auch sollte man nicht übereilt teure Sanierungsmaßnahmen aus der Kurzzeitmessung ableiten oder sich von unseriösen Anbietern zu so etwas drängen lassen.

Bei Neubauten wie Fertighäusern versperren ein mit Bitumendichtmasse abgedichteter Fertigkeller aus Beton oder wasserundurchlässigem Beton, gasdichte Manschetten für die Durchführungen von Strom- und Datenkabeln sowie Gas- und (Ab-)Wasserrohren Radon den Weg ins Haus. Nur bei besonders hohen Belastungen vor Ort ist eine spezielle zugelassene Frischbeton-Verbundfolie notwendig, die die Radonbelastung verhindert. Eine weitere Variante ist eine Dränage mit elektrischem Ventilator.

Ältere Häuser mit gemauertem Keller oder Naturkellerboden sind eher gefährdet als Neubauten mit Betonkeller. Eine generelle Entwarnung gibt es hier nicht. Ergibt eine Messung vor Ort eine erhöhte Belastung, empfiehlt es sich, auch hier verstärkt zu lüften, eventuell mit elektrischen Lüftern. Danach sollte man Ritzen und Fugen in Kellerwand und -boden mit dauerelastischen Dichtmassen verschließen. Eine weitere Maßnahme ist, alle Möglichkeiten für den Luftaustausch zwischen Boden und Haus zu verhindern, uum Beispiel an Revisionsklappen für Öltanks oder Sickergruben, Öffnungen rund um Rohre oder Kabel oder an der Kellertüre. Bei hohen Belastungen kann man nach Planung durch einen Experten die radonhaltige Luft aktiv aus dem Keller beziehungsweise aus dem Erdreich unter dem Haus absaugen. Dies ist allerdings aufwendig und entsprechend teuer.

EINTRITTSWEGE VON RADON IN EIN GEBÄUDE

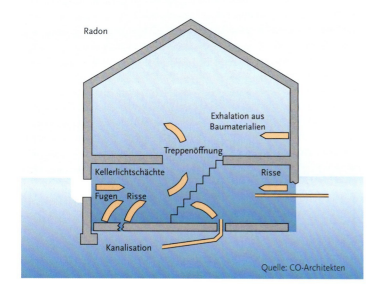

Quelle: CO-Architekten

▶▶ FAZIT

Das bei vielen Menschen noch unbekannte Krankheitsrisiko durch Radon in zahlreichen Regionen bekommt man durch genaue Untersuchungen und gutes Bauen und Sanieren in den Griff.

WAS TUN, WENN ES DAUERHAFT RIECHT?

Gerüche registriert unsere Nase sofort, ob wir wollen oder nicht. Schützen kann man sich davor nicht, es sei denn, man würde aufhören zu atmen. Dass Gerüche unser Wohlbefinden beeinflussen, ist naheliegend. Denn im Zuge der Evolution waren und sind Gerüche immer auch ein Warnsignal vor Gefahren.

Baustoffe, Einrichtungsgegenstände und Möbel verströmen oft intensive, unangenehme Gerüche. Diese weisen auf die Emission chemischer Substanzen hin, häufig handelt es sich um flüchtige organische Verbindungen (VOC), von denen manche als Schadstoffe negative Auswirkungen auf die Befindlichkeit haben. Das kann, muss aber nicht so sein. Denn manche Stoffe riechen auch in geringer Konzentration sehr intensiv, ohne dass der Stoff selbst gesundheitsschädlich ist.

Hier einige Beispiele für Gerüche aus Baustoffen:

Ein süßlicher Geruch kann aus PVC-Böden entweichen, hervorgerufen durch einen Weichmacher. OSB-Holzwerkstoffplatten können einen schweißigen Geruch verströmen, der durch Essigsäure entsteht. Teppiche mit einem Rücken aus Kunststoffschaum haben häufig einen stark stechenden Geruch, für den der Stoff Styrol-Butadien verantwortlich ist. Dazu kommen bauchemische Produkte, Farben und Lacke. Auch Naturprodukte riechen.

Regelmäßiges Lüften, per Hand oder automatisch durch eine Lüftungsanlage, hilft meistens gegen unangenehme Gerüche.

Der typische Holzgeruch entsteht durch holzeigene Terpene, die im Harz enthalten sind. Naturfarben können Zitrus- oder Orangenöle beigemischt sein. Linoleum verfügt über den produkttypischen Geruch, der durch Oxidationsprozesse des verwendeten Leinöls entsteht.

Gerüche werden sehr individuell wahrgenommen. Was für den einen wohltuend ist, ist für andere unerträglich. Andererseits gewöhnen wir uns schnell an Gerüche und die sogenannte Geruchsschwelle ist bei jedem Menschen unterschiedlich ausgeprägt. Seit wenigen Jahren gibt es mit der DIN EN ISO 16000-28 und der VDI-Richtlinie 4302 offizielle Bewertungsverfahren. Damit kann anhaltender Geruch auch vor Gericht als Mangel bewiesen werden. Deutlich einfacher ist es, bereits bei der Produktauswahl auf unangenehme Gerüche zu achten, schließlich haben wir das Messinstrument mitten im Gesicht.

2.2 WARUM EIN SCHADSTOFFARMES HAUS EIN GUTES HAUS IST

Prof. Dr. med. Gerhard A. Wiesmüller

— Aufnahme möglicher Schadstoffe aus Gebäuden

— Mögliche gesundheitliche Wirkungen von Gebäudeschadstoffen

— Welche Schadstoffe in einem schadstoffarmen Haus zu vermeiden sind

Bauprodukte können über die Emission (Freisetzung) von Schadstoffen zu entsprechenden Belastungen von Innenraumnutzern führen. Dazu gehören selbstverständlich auch Baufamilien. Die Zahl und Ausprägung von Schadstoffen ist enorm vielfältig. Manche kommen vor allem in Altbauten vor, einige sind aber nach wie vor auch in neu gebauten Häusern ein Thema. Abhängig von Bauteil, Baukonstruktion und technischer Einrichtung sind Asbest, künstliche Mineralfasern (KMF), Holzschutzmittel und andere Biozide (Substanzen und Produkte, die Schädlinge und Lästlinge wie Insekten, Mäuse oder Ratten, aber auch Algen, Pilze oder Bakterien bekämpfen), Polychlorierte Biphenyle (PCB), Polyzyklische Aromatische Kohlenwasserstoffe (PAK), Formaldehyd, flüchtige organische Verbindungen (engl. volatile organic compounds (VOC)), Schwer- und Halbmetalle zu nennen (siehe Tabelle Seite 59). Vor allem Baumaterialien, die großflächig in Innenräumen eingesetzt werden, wie z. B. Oberflächenbeschichtungen, Verklebungen, Bodenbeläge, können maßgeblich zu Innenraumbelastungen beitragen.

Eine mögliche Schadstoffbelastung der Innenraumnutzer findet überwiegend über das Medium Innenraumluft durch Einatmen statt, gegebenenfalls auch über das Trinken von Trinkwasser (z. B. Schwermetalle wie Blei aus alten bleihaltigen Wasserleitungen oder Blei, Nickel, Cadmium aus modernen Armaturen).

Solche Schadstoffbelastungen können in Abhängigkeit von Art, Konzentration und zeitlichem Verlauf der Freisetzung zunächst zu einer unerwünschten Belastung des Organismus und anschließend zu den folgenden gesundheitlichen Beeinträchtigungen führen:

— Befindlichkeitsstörungen (Einschränkung des körperlichen oder seelischen Wohlbefindens; typische Befindlichkeitsstörungen sind: Müdigkeit, Konzentrationsstörungen, Kopfschmerzen, Schwindelgefühl, Übelkeit)

— Gerüche und damit verbundene Belästigungsreaktionen

— Reizungen der Schleimhäute der Augen, der oberen und/oder unteren Atemwege

— Reizungen der Haut

— Stoffspezifische Reaktionen, wie z. B. Allergien, im seltenen, aber schlimmsten Fall Krebs

Wir halten uns 90 Prozent unserer Zeit in geschlossenen Räumen auf. Deren gesundheitliche Qualität ist entscheidend für unsere Gesundheit und unser Wohlbefinden.

Gebäudebereiche	Gebäudeteile	Mögliche Schadstoffe
Bauteile und Baukonstruktion	Gründungen, erdberührte Bauteile, Außenanlagen	Asbest, KMF, Holzschutzmittel und andere Biozide, PCB, PAK, VOC, Schwer- und Halbmetalle
	Bauteilfugen	Asbest, KMF, PCB, PAK, VOC
	Außenwände	Asbest (schwach gebunden), KMF, Holzschutzmittel und andere Biozide, PCB, PAK, Formaldehyd, Schwer- und Halbmetalle
	Fenster	Asbest (schwach gebunden), KMF, Holzschutzmittel und andere Biozide, PCB, PAK, VOC, Schwermetalle
	Türen und Tore	Asbest, KMF, Holzschutzmittel und andere Biozide, PCB, PAK, Formaldehyd, VOC
	Innenwände	Asbest, KMF, Holzschutzmittel und andere Biozide, PCB, PAK, Formaldehyd, VOC, Schwermetalle
	Decken	Asbest, KMF, Holzschutzmittel und andere Biozide, PCB, PAK, Formaldehyd, VOC, Schwermetalle
	Treppen, Schächte, Anschlussfugen	Asbest, PCB, Schwermetalle
	Balkone, Geländer, Brüstungen	Asbest, KMF, Holzschutzmittel und andere Biozide, PAK, Formaldehyd, VOC, Schwermetalle
	Böden, Bodenbeläge	Asbest, KMF, Holzschutzmittel und andere Biozide, PCB, PAK, Formaldehyd, VOC, Schwer- und Halbmetalle
	Dächer	Asbest, KMF, Holzschutzmittel und andere Biozide, PCB, PAK, Formaldehyd, VOC, Schwermetalle
	Schornsteine	Asbest, KMF, PAK
Technische Einrichtungen	Kaltwasserversorgungsanlagen und Abwasseranlagen	Asbest, KMF, PCB, PAK, Formaldehyd, VOC, Schwer- und Halbmetalle
	Gas- und Warmwasserversorgungsanlagen	Asbest, KMF, PCB, Formaldehyd, VOC, Schwermetalle
	Elektrische Anlagen	Asbest, KMF, Holzschutzmittel und andere Biozide, PCB, PAK, Formaldehyd, Schwermetalle
	Lufttechnische Anlagen	Asbest, KMF, Holzschutzmittel und andere Biozide, PAK, Formaldehyd, VOC, Schwermetalle
	Aufzüge	Asbest, KMF, Biozide, PCB, Schwermetalle
	Bühnenbau	Asbest
	Stahlbau	Asbest, KMF, PCB, PAK, Formaldehyd, VOC, Schwer- und Halbmetalle
Einrichtungs-, Gebrauchsgegenstände, Kleingeräte		Asbest, KMF, Holzschutzmittel und andere Biozide, PCB, PAK, Formaldehyd, VOC, Schwer- und Halbmetalle, Staub

KMF = künstliche Mineralfasern, PCP = Pentachlorphenol, PAK = polyzyklische Kohlenwasserstoffe,
PCB = Polychlorierte Biphenyle, VOC = volatile organic compounds = flüchtige organische Verbindungen.
Die Tabelle bezieht sich auf bestehende Gebäude. Für Neubauten gelten heute deutlich strengere Regeln.

Sind Baumaterialien, Bauteile über einen längeren Zeitraum ausreichend feucht, kann in oder auf den meisten Baumaterialien ein Wachstum von Schimmelpilzen und anderen Mikroorganismen, wie Bakterien, Hefen und Parasiten, auftreten. Feuchte und Schimmelbefall können ebenfalls zu gesundheitlichen Störungen führen; hierzu zählen:

— Befindlichkeitsstörungen

— Gerüche und damit verbundene Belästigungsreaktionen

— Toxische Wirkungen, v. a. Irritationen der Schleimhäute der Augen, der oberen und/oder unteren Atemwege, chronische Entzündungen der Atemwege

— Sensibilisierungen und Allergien

— Infektionen

Bei Schimmelbefall spielt jedoch die Empfänglichkeit der Nutzer und Bewohner die entscheidende Rolle. Besonders anfällig beziehungsweise zu schützen sind Personen mit schwerer Abwehrschwäche, Personen mit Mukoviszidose/Zystische Fibrose (nicht heilbare Erbkrankheit, die zu den Stoffwechselstörungen zählt und die Produktion eines zähen Schleims durch Drüsen, wie z. B. die Bronchialdrüsen in den Atemwegen, verursacht) und Personen mit Asthma.

Schadstoffarmes Haus. Für ein gutes Haus ist es wichtig, dass den zuvor dargestellten gesundheitlichen Nachteilen so gut wie möglich vorgebeugt wird. Dabei ist für den Innenraumnutzer nicht entscheidend, ob ein Haus **schadstoffarm** ist, sondern dass ein Haus so wenig wie möglich Schadstoffe freisetzt, also **emissionsarm** (freisetzungsarm an Schadstoffen) ist. Hierzu können natürlich schadstoffarme Bauprodukte einen wichtigen Beitrag leisten. Zudem stellen schadstoffarme im Gegensatz zu schadstoffreichen Bauprodukten im Regelfall eine geringere Gefährdung der Mitarbeiter bei Herstellung, Bau, Renovierung und Abriss dar und liefern somit einen wichtigen Beitrag zum Arbeitsschutz, d. h. zum Schutz der mit diesen Produkten arbeitenden Menschen. Darüber hinaus schonen schadstoffarme Produkte im Regelfall auch unsere Umwelt.

Baumaterialien sollten aber nicht nur emissionsarm sein, sondern auch möglichst lange gebrauchstauglich bleiben. Jede Verlängerung der Nutzungsdauer schiebt eine erneute bauliche Maßnahme oder Renovierung mit möglichen negativen Auswirkungen auf die Arbeiter, Innenraumnutzer und letztendlich auch die Umwelt hinaus.

Zudem sollten Baumaterialien nicht feucht sein, um einen Befall mit Schimmelpilzen und anderen Mikroorganismen vorzubeugen.

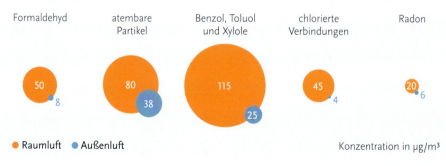

DURCHSCHNITTSKONZENTRATIONEN HÄUFIGER LUFTSCHADSTOFFE IN DER AUSSEN- UND INNENLUFT

Konzentration in µg/m³

Abb.: Sentinel Haus Institut

Entsprechend ausführlich ist die Liste der zu vermeidenden Schadstoffe: In erster Linie sollten krebserzeugende (cancerogene), das Erbgut verändernde (mutagene) und/oder fortpflanzungsgefährdende (reproduktionstoxische) Substanzen, sogenannte CMR-Stoffe, gar nicht oder so wenig wie technisch möglich in Bauprodukten enthalten sein. Gleiches gilt auch für Substanzen, die nur sehr langsam abgebaut werden, also sehr stabil sind und in der Umwelt sehr lange verbleiben können, das heißt persistent sind. Diese Stoffe werden persistente organische Schadstoffe, engl. persistent organic pollutants (POP) genannt. Diese Substanzen haben neben ihrer Persistenz über einen langen Zeitraum das Potenzial zum weiträumigen Transport, reichern sich in der Nahrungskette an und sind für Mensch und Tier giftig. Beispiele für POP sind Lindan und PCB.

Dauerduscher produzieren jede Menge feuchte Luft. Diese muss konsequent weggelüftet werden, sonst droht gerade in Altbauten erhöhte Schimmelgefahr.

Konkurrierende Schadstoffquellen: Bei der Betrachtung von Emissionen aus Baustoffen ist zu berücksichtigen, dass solche Schadstoffe auch aus Einrichtungs- und/oder Gebrauchsgegenständen, Reinigungsmitteln sowie von den Raumnutzern selbst an die Raumluft abgegeben werden können (Tabelle Seite 59). Da diese Schadstoffbelastungen im alltäglichen Leben sehr variabel sind, sollte die Grundbelastung durch das Gebäude so gering wie möglich sein, damit Zusatzbelastungen ausreichend Spielraum haben, bis die Belastungen in einen gesundheitsbeeinträchtigenden Bereich kommen.

Trinkwasserinstallation: Die Trinkwasserinstallation sollte den allgemein anerkannten Regeln der Technik entsprechen. Dann kann davon ausgegangen werden, dass es zu keiner nennenswerten Belastung des Trinkwassers und damit des das Trinkwasser trinkenden Menschen kommt.

Eine wichtige Rolle spielt auch der Luftaustausch, also das Lüften. Auch wenn ein Haus emissionsarm – selbst maximal möglichst emissionsarm – ist, entbindet dies nicht von der Pflicht, regelmäßig ausreichend zu lüften. Lüften ist notwendig, um Feuchte, zum Beispiel vom Kochen, Duschen oder Baden, sowie Schadstoffe und von uns Menschen selbst ausgeatmetes Kohlendioxid und produzierte Gerüche aus dem Lebensraum zu entfernen.

▶▶ FAZIT

Zusammenfassend kann also festgestellt werden, dass aus dem Blickwinkel von Gebäudeschadstoffen ein gutes Haus ein Haus ist, welches emissionsarm und nicht feucht ist sowie regelmäßig ausreichend gelüftet wird. Dies trägt maßgeblich zum Wohlbefinden der Nutzer bei und beugt möglichen gesundheitlichen Beeinträchtigungen vor. Zudem ist ein emissionsarmes, schadstoffarmes Haus auch gut für den Arbeitsschutz und unsere Umwelt.

2.3 RAUMKLIMA UND LUFTQUALITÄT ENTSCHEIDEN ÜBER BEHAGLICHKEIT

Dipl.-Ing. Peter Paul Thoma

— Nahezu luftdichte Gebäude erfordern eine gute Lüftungsstrategie

— Lüftungsanlagen steigern den Komfort und schützen die Gesundheit

— Bei Installation, Einstellung und Wartung sind Behaglichkeit und Hygiene besonders wichtig

Betrachtet man die Themen Luftqualität und Lüftungsverhalten, ist eine ganzheitliche Betrachtungsweise entscheidend. Nur den Aspekt Energie- und Heizkosteneinsparung in den Vordergrund zu stellen, führt nicht zum Ziel. Natürlich ist die Verringerung des Energieverbrauchs für die Raumtemperierung ein wichtiger Aspekt. Schließlich gelangt durch das bisher praktizierte Lüften von Hand während der Heizperiode viel vorher erwärmte Raumluft ins Freie. Ausgetauschte Luft muss wieder erwärmt werden. Dieser Luftwechsel kostet Geld, denn die Energie für die Temperatursteigerung kommt in diesem Fall durch die Heizung, die bei einer Wärmepumpe mit Strom, mit Gas, Heizöl oder Holzpellets betrieben wird.

Gleichzeitig reagieren wir Menschen sehr sensibel auf Änderungen von Lufttemperatur, Luftfeuchte und Luftgeschwindigkeit im Raum. Schon vergleichsweise geringe Luftbewegungen werden als unangenehm empfunden, genauso wie zu hohe oder zu niedrige Temperaturen oder Luftfeuchte. Angenehme und behagliche Räume bestimmen also wesentlich den Nutzen und den Komfort eines Gebäudes, gerade im privaten Wohnbereich. Auf einen Austausch der Raumluft zu verzichten, ist auch keine Lösung. Denn dann reichern sich Luftfeuchte, Schadstoffe und Kohlendioxid im Lebensraum an und führen auf Dauer zu gesundheitlichen Belastungen. Die Herausforderung ist also, Energieeffizienz, Komfort und Wohngesundheit unter einen Hut zu bekommen. Dafür müssen bau- und anlagentechnische Lösungen sinnvoll kombiniert werden.

Eine Voraussetzung, die Menge und den Weg der Luft im Haus kontrollieren zu können, ist eine nahezu luftdichte Gebäudehülle. Denn nur wenn es nicht unkontrol-

Wird die Luft in alten, unsanierten Häusern unkontrolliert bis zu sechs Mal pro Stunde ausgetauscht, sinkt die Luftwechselrate durch neue Konstruktionsweisen bei neuen Effizienz- und Passivhäusern auf sehr geringe Werte. Die Energieeinsparverordnung schreibt bei Gebäuden mit kontrollierter Wohnraumlüftung (KWL) für die Luftdichtigkeit einen Wert für den Luftwechsel von 1,5 l/h als Nachweis vor.

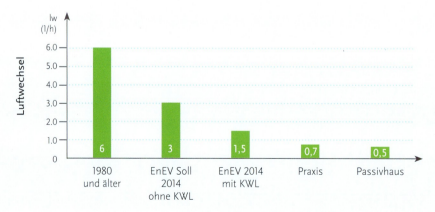

ENTWICKLUNG DER LUFTDICHTIGKEIT DER GEBÄUDEHÜLLE

Quelle: Bundesverband für Wohnungslüftung e. V. (Stand 01.07.2013).

liert durch Ritzen und Fugen zieht, kann man den Luftaustausch steuern. In den vergangenen Jahrzehnten wurden deshalb große Anstrengungen unternommen, die Gebäudehülle luftdicht zu konstruieren und auszuführen, um die Lüftungswärmeverluste einzudämmen (siehe Abb. Seite 62). Im Gegenzug erfordert ein nahezu luftdichtes Gebäude auch einen bewussten Umgang mit dem Thema Lüften.

Durch die Art, wie der Bewohner heizt und lüftet, beeinflusst er weitgehend selbst sein Innenraumklima und damit sein Wohlbefinden. Dazu gehört auch seine Auswahl von schadstoffarmen Innenbaustoffen wie Farben, Putze und Bodenbeläge sowie Einrichtungsgegenständen. Auch die Größe der Fenster für viel Tageslicht und eine geringe Geräuschbelastung von außen sind mitentscheidend für den Wohnkomfort und die Gesundheit.

Dabei ändert sich das Innenraumklima hauptsächlich während der Nutzung durch die Bewohner selbst. Ausschlaggebend sind das Lüftungsverhalten, wie viel Luftfeuchte durch Baden, Duschen, Kochen oder gar ein Aquarium im Innenraum ist und welche Stoffe zum Beispiel für Körperhygiene, Kosmetik oder Reinigungsmittel benutzt werden. Änderungen in der Luftqualität sind nicht unbedingt sofort bemerk- oder erkennbar. All diesen Parametern ist gemein, dass sie durch regelmäßiges Lüften in ein gesundes und angenehmes Gleichgewicht gebracht werden müssen.

Für ältere Menschen ist ein gesünderes Wohnumfeld besonders wichtig, da das Immunsystem sowie die Atemwege häufig stark angegriffen sind.

Geschieht das nicht, verschlechtert sich das Innenraumklima. Die Folgen können zum Beispiel sein:

— unangenehme Gerüche oder muffige Luft

— Kopfschmerzen, Müdigkeit durch erhöhten Kohlendioxidgehalt (CO_2)

— Zugerscheinungen durch eine zu hohe Luftgeschwindigkeit

— unkomfortable Bedingungen durch zu warme oder kalte Raumtemperatur

— Augen- und Schleimhautreizungen durch trockene Luft

— Schimmelpilzbefall durch zu hohe Luftfeuchtigkeit (siehe Kapitel 2.1.2)

— Atembeschwerden und Allergien durch belastete Luft (Feinstaub und Pollen)

BEHAGLICHKEITSKRITERIEN BEZOGEN AUF DIE LUFTTEMPERATUR IN INNENRÄUMEN

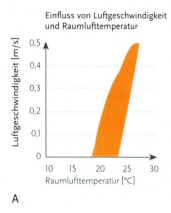

A

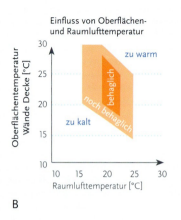

B

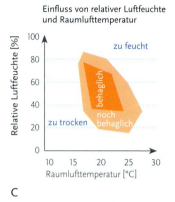

C

Quelle: HansBerhorst@web.de

Dabei ist das Behaglichkeitsempfinden und der gesundheitliche Bedarf von Mensch zu Mensch unterschiedlich. Was zum Beispiel dem einen zu kalt ist, ist dem anderem zu warm. Was als angenehm und komfortabel empfunden wird, hängt auch vom Geschlecht, dem Alter, der Art der Bekleidung und dem Aktivitätsgrad ab. Zugluft wird dann als unbehaglich empfunden, wenn im Aufenthaltsbereich zum Beispiel die Luftgeschwindigkeit von 0,2 Meter pro Sekunde bei 20 Grad Celsius Innenraumtemperatur überschritten wird.

Eine wichtige Rolle spielt auch die Temperatur von Wänden, Fensterflächen, Decke und Boden. In gut gedämmten Effizienz- und Passivhäusern sind diese im Vergleich zu alten Häusern relativ hoch, da der Wärmeverlust durch die Gebäudehülle gering ist. Im Sommer tritt der umgekehrte Effekt ein, die Wände sind relativ kühl im Vergleich zur Außenluft. Jeder weiß, wenn er vor einer kalten Wand oder Fensterfront sitzt, fühlt man sich nicht behaglich, auch wenn die Innenlufttemperatur 22 °C beträgt. Umgekehrt sind bei warmen Umschließungsflächen oft schon 20–21 °C Lufttemperatur ausreichend. Wie die Abbildung oben zeigt, kann dann das Behaglichkeitsfeld also mit niedrigeren Raumlufttemperaturen erreicht werden.

Nicht zuletzt ist die Luftfeuchte ein entscheidender Faktor. Zu trockene oder zu feuchte, schwüle Bedingungen werden rasch als unangenehm empfunden.

Angesichts der Lüftungsanforderungen durch eine luftdichte Gebäudehülle und heutige Tagesabläufe, bei denen oft über den ganzen Tag niemand zu Hause ist, ist ein Wohnungslüftungssystem eine komfortable und gute, nutzerunabhängige Unterstützung und Hilfe.

Die Auswahl, Planung, Installation und Einregulierung der Lüftungsstufen bzw. Inbetriebnahme des Lüftungssystems sollte nach der DIN 1946 T-6 erfolgen, damit Feuchteschutz, Luftwechsel, Zugerscheinungen, Hygiene etc. sicher erfüllt sind.

Je nach installiertem Gerätesystem stehen den Bewohnern bis zu vier in der Norm geregelte Lüftungsstufen zur Verfügung. Damit sind durch die Bewohner die Luftwechselraten von gering bis intensiv dem eigenen Bedarf entsprechend schaltbar. Bei Bedarf kann man durch Fensteröffnen verstärkend eingreifen.

DIE VIER LÜFTUNGSSTUFEN NACH DIN 1946-6

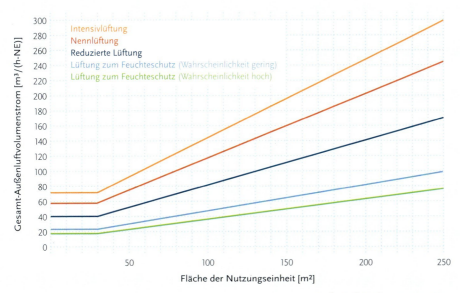

Die vier Lüftungsstufen nach DIN 1946-6 (2009) als Anhaltswert, bezogen auf die Wohnfläche und den Außenluftvolumenstrom

Lüftungsstufen nach DIN 1946-6 sind

- **Lüftung zum Feuchteschutz:** Notwendige Lüftung zur Sicherstellung des Bautenschutzes (Feuchteabfuhr) bei längerer Abwesenheit der Bewohner
- **Reduzierte Lüftung:** Notwendige Lüftung zur Sicherstellung der hygienischen Mindestanforderungen sowie des Bautenschutzes (Feuchte) bei teilweiser Abwesenheit einzelner Bewohner
- **Nennlüftung:** Notwendige Lüftung zur Sicherstellung der hygienischen Anforderungen sowie des Bautenschutzes bei Anwesenheit der Bewohner (Normalbetrieb)
- **Intensivlüftung:** Zeitweise notwendige Lüftung mit erhöhtem Luftvolumenstrom zum Abbau von hohen Innenluftbelastungen

Damit sind durch den Bewohner die Luftwechselraten von gering bis intensiv dem eigenen Bedarf entsprechend schaltbar bzw. kann er, bei Bedarf, durch Fensteröffnen verstärkend eingreifen.

▸▸ NUTZER-TIPP

Lüftungsanlagen, hier im Bild ein Modell mit Wärmerückgewinnung, gehören zur Basisausstattung aktueller Baustandards. Die Filter kann man in wenigen Minuten einfach selbst wechseln.

Ein Austausch je nach Belastung etwa alle zwei bis sechs Monate sichert die Hygiene und gewährleistet die gute Filterfunktion. Wie die Firma SchwörerHaus das Thema »Kontrollierte Wohnungslüftung« handhabt, lesen Sie in Kapitel 4.2.6.

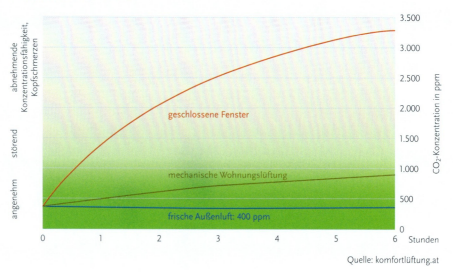

BEISPIELHAFTER ANSTIEG VON CO_2 IM SCHLAFZIMMER BEI GESCHLOSSENEN FENSTERN UND TÜREN

Quelle: komfortlüftung.at

Wie eine kontrollierte Wohnungslüftung zum Beispiel in einem Schlafzimmer wirkt, zeigt der idealtypische Verlauf der CO_2-Konzentration im Verlauf der Nacht (siehe Kapitel 2.1.1).

Bei der Übergabe des Hauses an den Besitzer/Bewohner ist eine Einweisung zur Handhabung des Lüftungssystems unbedingt notwendig.

Wichtig für den einwandfreien Betrieb einer Lüftungsanlage ist die regelmäßige Verschmutzungskontrolle der Filter. Eine starke Verschmutzung der Filter führt zu verringertem Luftvolumenstrom und erhöhtem Stromverbrauch. Dadurch werden die Vorgaben zur Einhaltung der Gesundheit und Behaglichkeit nicht mehr erreicht. Manche Anbieter von Lüftungsanlagen offerieren ihren Kunden auch Wartungsverträge des Lüftungssystems nach DIN 1946-6, die auch einen Filteraustausch miteinschließen. Durch den Wartungsvertrag ist die Einhaltung der technischen und gesundheitlichen Eigenschaften und der optimalen Anlagenfunktion sichergestellt.

Durch nachträgliches Anpassen der Filterqualitäten ist eine bessere Staub-, Pollenabscheidung und/oder das Herausfiltern von Gerüchen aus der angesaugten Außenluft möglich.

Wichtig ist ebenfalls eine regelmäßige Wartung des Lüftungssystems nach DIN 1946-6. Sie sichert die Einhaltung der technischen und gesundheitlichen Eigenschaften und der optimalen Funktion.

▶▶ FAZIT

Lüften in dichten Wohnungen kann nicht mehr dem Zufall und der Anwesenheit des Nutzers überlassen werden.
Im modernen Wohnungsbau müssen lüftungstechnisch Maßnahmen ergriffen werden zum Schutz der Gesundheit und dem Wohlbefinden in den Räumen.

2.4 DIE BEDEUTUNG UND PLANUNG VON TAGESLICHT IN INNENRÄUMEN

Dipl.-Ing. Architekt Christian Krüger

Der Mensch ist ein Lebewesen, das sich für ein Leben im Freien entwickelt hat. Wenn man in der Evolution zurückblickt, hat der Mensch in seiner Entwicklungsgeschichte über 99 % der Zeit ausschließlich Tageslicht als Lichtquelle genutzt. Das Tageslicht hat sich damit zu einem zentralen Aspekt des Lebens entwickelt: nicht nur das sichtbare, sondern auch das unsichtbare Spektrum des Tageslichts hat wesentliche Auswirkungen auf unseren Körper. Weil wir uns heute überwiegend in Gebäuden aufhalten, ist die ausreichende Versorgung von Innenräumen mit Tageslicht wichtig. Kennwerte, wie der Tageslichtquotient, geben Aufschluss über die Tageslichtverfügbarkeit in Räumen – und helfen bei der Entscheidungsfindung für eine optimale Belichtungslösung.

Der sichtbare Teil des Tageslichts ist zwischen der ultravioletten und der Infrarot-Strahlung sehr gleichmäßig verteilt, eine Qualität, die auch durch heutige Kunstlichtquellen nicht hergestellt werden kann.

Die sogenannte Spektralverteilung des Lichts hat eine direkte Auswirkung auf die Farbwahrnehmung von Oberflächen und Gegenständen, insbesondere bunte Farben können unter Tageslicht besser und exakter beurteilt werden.

Erst zu Beginn des 21. Jahrhunderts wurden auch non visuelle (nicht sichtbare, biologische) Effekte des Tageslichts nachgewiesen, die für den biologischen Rhythmus des Menschen wichtig sind. Diverse Studien belegen einen signifikanten Zusammenhang von guten Tageslichtbedingungen und der Leistungsfähigkeit in Schulen oder an Arbeitsplätzen. *(L. Heschong, 2002, Edwards u. Torcellini, 2002).*

- Tageslicht steuert unseren Bio-Rhythmus
- Nur natürliches Tageslicht sichert Gesundheit und Leistungsfähigkeit
- Mit dem Tageslichtquotienten lässt sich die nötige Lichtmenge berechnen und planen
- Gültige Normen geben viel zu geringe Werte vor

Viel natürliches Tageslicht hebt unsere Stimmung und beeinflusst unter anderem unseren Hormonhaushalt.

Die Verteilung der Fensterflächen sollte auch unter dem Aspekt der Tageslichtversorgung in den Aufenthaltsräumen geplant werden.

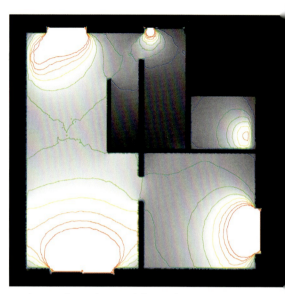

Mit der Simulation der Tageslichtverteilung anhand eines Beispielgrundrisses lassen sich unterversorgte Bereiche rasch lokalisieren.

Der sogenannte circadiane Rhythmus (von lat. *circa* »ringsum« und *dies* »Tag«) hilft dem Menschen, dem äußeren Einfluss des Tag-/Nacht-Wechsels zu folgen und somit im Einklang mit den Tageszeiten zu leben. Er steuert mehrere Körperfunktionen beim Menschen, wie Blutdruck, Herzfrequenz und den Schlaf-Wach-Rhythmus. Das Licht gilt dabei als wichtigster Aspekt, um diesen Rhythmus aufrechtzuerhalten beziehungsweise wieder ins Gleichgewicht zu bringen.

Dazu wird das Licht über besondere, nicht dem Sehen dienende Ganglienzellen auf der Netzhaut aufgenommen und weitergeleitet. In der Zirbeldrüse im Gehirn werden zwei gegenläufige Hormonspiegel gesteuert, das Melatonin (Schlafhormon) und das Cortisol (Stresshormon). Die Melatoninproduktion wird tagsüber durch Licht unterdrückt, sodass wir uns frischer fühlen und uns besser konzentrieren können. Die Zellen zur Aufnahme dieser biologisch wirksamen Lichtmenge sind über die gesamte Netzhaut verteilt, aber besonders sensibel im unteren Bereich. Aus diesem Grund ist die Richtung des Lichts von oben und eine großflächige Lichtquelle – wie die Situation unter freiem Himmel – prädestiniert, möglichst viele Ganglienzellen gleichzeitig zu stimulieren. Zusätzlich wichtig ist eine Ähnlichkeit in Farbe und Intensität des Tageslichts: morgens benötigt der Mensch hohe Beleuchtungsstärken und einen hohen Blauanteil zur Aktivierung, gegen Abend sorgt das typische abendliche Licht mit höherem Rotanteil dafür, dass das Melatonin ausgeschüttet wird und wir müde werden. Eine biologische Wirksamkeit wird also durch die Richtung (von oben), die Flächigkeit, die Intensität (>1.000 lux) und Farbe erreicht. All diese Faktoren stellt das Tageslicht kostenlos zur Verfügung.

Tageslichtferne Lichtfarben in gleichbleibender Intensität (wie zum Beispiel in Laboren oder Produktionshallen) sind nicht geeignet, uns die notwendige »Licht-Dosis« zu verschaffen. Wir ermüden daher in solchen Räumen schneller und verlieren das Zeitgefühl.

Die Menschen in Europa halten sich heutzutage durchschnittlich zu 90 Prozent des Tages, also mehr als 21,5 Stunden pro Tag, in Innenräumen auf. Um insbesondere in der Winterzeit das circadiane System aufrechtzuerhalten und am Tag leistungsfähig zu bleiben, müssen wir daher sicherstellen,

2.4 Die Bedeutung und Planung von Tageslicht in Innenräumen

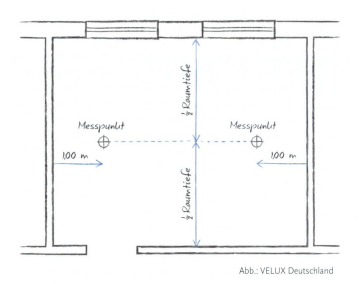

Messpunkte des Tageslichtquotienten nach DIN 5034-1

dass wir die notwendigen Lichtmengen auch in Innenräumen wie Schulen, Büros und Wohnungen etc. zur Verfügung stellen.

Um die Tageslichtversorgung in Innenräumen zu bewerten, hat sich der sogenannte Tageslichtquotient etabliert. Dieser beschreibt, wie viel von dem Tageslicht im Außenbereich einen Punkt im Rauminneren erreicht. Für die Berechnung des Quotienten wird angenommen, dass der Himmel vollständig bedeckt ist und dass das Tageslicht die Erdoberfläche nicht direkt, sondern durch die Wolkendecke reflektiert und gestreut, also aus allen Richtungen gleichmäßig, erreicht. So ein Himmel kommt in der Natur nicht vor, entspricht aber am ehesten einer »Schlecht-Wetter-Situation« und vereinfacht die Berechnung erheblich. Unter diesen äußeren Bedingungen misst man mit einem Messgerät die Beleuchtungsstärken E (in lux) außen und im Innenraum. Der Tageslichtquotient kann für beliebige Punkte im Raum bestimmt werden. Er ist dann für jeden Punkt konstant. Ändert sich also die Beleuchtungsstärke außen, zum Beispiel aufgrund der Tages- oder Jahreszeit, so ändert sich der Wert im Inneren gleichermaßen. Typischerweise ist der Tageslichtquotient in direkter Nähe des Fensters am höchsten, die hinteren Raumecken hingegen haben die niedrigsten Werte. Mittels Simulations-Software lässt sich auch der durchschnittliche Tageslichtquotient über die gesamte Raumfläche bestimmen.

In der deutschen DIN 5034-1 (Tageslicht in Innenräumen) sind Mindestwerte für zwei Punkte in der halben Raumtiefe mit je einem Meter Abstand von den Seitenwänden in einer Höhe von 0,85 m formuliert. An beiden Punkten muss ein Mindestwert von D = 0,75 % vorhanden sein, im Durchschnitt müssen beide Punkte mindestens 0,9 % aufweisen.

Bereits in der Planungsphase eines Gebäudes sollten die Anforderungen an die Tageslichtversorgung formuliert werden, um diese mit entsprechenden Fensteröffnungen bereits zu Beginn umsetzen zu können. Die vorhandenen Außenbeleuchtungsstärken variieren jedoch (bei gleicher Tages- und Jahreszeit) an unterschiedlichen Orten deutlich, sodass man für eine Analyse der Situation auf ortsspezifische Wetterdatensätze (z. B. vom Deutschen Wetterdienst) angewiesen ist.

WICHTIGE ASPEKTE FÜR EINE GUTE TAGESLICHTVERSORGUNG IN INNENRÄUMEN

Sorgfältige Fensterplanung:

Nach Möglichkeit sollten in Daueraufenthaltsräumen ausreichend große Fenster vorgesehen werden. Die Minimalforderung der Landesbauordnungen zu Fensterflächen (je nach Bundesland 10–12,5 Prozent der Grundfläche) reicht nicht aus.

Fenster in mehreren Wänden eines Raumes sind besser als eine einseitige Belichtung.

Je höher die Oberkante eines Fensters ist, desto mehr Tageslicht kommt in den Raum, insbesondere in die hinteren, vom Fenster entfernten Bereiche. Es gilt die Faustregel, dass ein um 10 Zentimeter nach oben vergrößertes Fenster denselben Effekt hat wie die Vergrößerung um 90 Zentimeter nach unten.

Dachfenster haben durch die günstige Neigung in Richtung des Himmels circa die doppelte Lichtausbeute wie senkrechte Fenster der gleichen Größe. Gauben bieten den Vorteil des zusätzlichen Raumgewinns bei geneigten Dachflächen, es wird jedoch viel Licht in den seitlichen Wangen geschluckt, welches dem Raum dann nicht mehr zur Verfügung steht.

Möglichst wenig Verbauung vor den Fenstern:

Lichtschluckende Elemente außerhalb des Gebäudes sollten vermieden werden. Dazu gehören Nachbargebäude und Vegetation. Bäume und Sträucher, die ihr Laub im Winter verlieren, sind aus Tageslicht-Sicht zu bevorzugen, da diese im Sommer eine gewünschte Verschattung gewährleisten, während sie den Einfall der Wintersonne weniger behindern.

Möglichst helle Oberflächen im Raum:

Das Tageslicht wird nach Eintritt durch das Fenster durch Böden, Wände und Decken mehrfach reflektiert. Diese Reflexionen sind abhängig von Farbe und Struktur der Oberflächen. Während dunkle Oberflächen nur ca. 30 Prozent des Lichtes reflektieren, ist der Anteil bei hellen Oberflächen mit ca. 70 Prozent deutlich höher, sodass das Licht im Raum weitergeleitet wird. Je rauer eine Oberfläche ist, desto ungerichteter erfolgen die Reflexionen, was zu einer geringeren, aber weicheren Lichtverteilung im Raum führt.

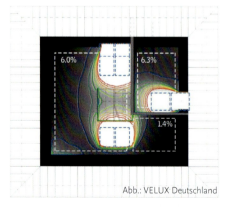

Abb.: VELUX Deutschland

Fachkundige Architekten und Handwerker können bereits in der Planungsphase hilfreich unterstützen, die optimale Lösung für die individuellen Wünsche und Bedürfnisse zu finden.

2.4 Die Bedeutung und Planung von Tageslicht in Innenräumen

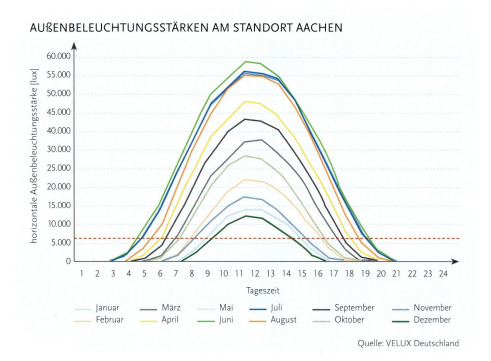

Quelle: VELUX Deutschland

Das folgende Beispiel verdeutlicht die Situation für den Standort Aachen. In der Abbildung oben sind die horizontalen Beleuchtungsstärken als gemittelte Monatswerte in Abhängigkeit von der Tageszeit abgebildet. Für südlichere Standorte sind höhere Beleuchtungsstärken zu erwarten, für nördlichere entsprechend geringere.

Es wird deutlich, dass insbesondere im Winterhalbjahr ein Tageslichtquotient von 0,9 Prozent bei Weitem nicht ausreicht, um Innenräume ausreichend mit Tageslicht zu versorgen. Eine gute Tageslichtversorgung wird erst durch mind. 5 Prozent Tageslichtquotient sichergestellt. Damit werden 300 lux innen schon bei 6.000 lux außen erreicht. Diese Außenbeleuchtungsstärke ist als horizontale rote Linie eingestrichelt, sie steht auch im Dezember in Aachen über circa fünf Stunden jedes Tages zur Verfügung.

Bei der sinnvollen Auslegung der Tageslichtversorgung auf den ungünstigen Winterzeitraum muss gleichzeitig auch das deutlich höhere Tageslichtangebot im Sommer in der Planung berücksichtigt werden. Damit erhalten effektive und komfortabel zu nutzende Sonnen- und Blendschutzsysteme eine größere Bedeutung.

Ein effektiver Sonnenschutz ist optimalerweise außen vor den Fenstern angeordnet oder gegebenenfalls als steuerbare, elektrochrome Beschichtung in die Verglasung integriert, um die Lichtenergie bereits außerhalb des Gebäudes zu reduzieren.

Eine komfortable automatische Steuerung des Sonnenschutzes ist zum Beispiel über Sensoren oder uhrzeitabhängige Programmierung möglich. Dies stellt sicher, dass der Sonnenschutz auch dann schließt, wenn der Nutzer sich nicht zu Hause aufhält, und so eine Überhitzung der Räume verhindert wird.

Auch in Arbeitsräumen wie der Küche wird viel Tageslicht benötigt.

▶▶ FAZIT

Natürliches Licht ist entscheidend für unsere Gesundheit. Große Fenster in allen wichtigen Räumen und eine helle Ausstattung sind ideal.

2.5 SCHALLSCHUTZ IST GESUNDHEITSSCHUTZ

Dipl.-Ing. (FH) Manfred Hölz

- Beim Hauskauf Aufmerksamkeit auf Schallschutz legen
- Gute Lösungen für Decken, Wände, Türen und Fenster sind verfügbar
- Auch die Grundrissgestaltung ist mitentscheidend

Zu viel und zu häufiger Lärm macht krank! Davon können Menschen an stark befahrenen Einfallstraßen, an Bahnlinien oder in Einflugschneisen ein trauriges Lied singen. Lärm stört nicht nur das subjektive Wohlempfinden – er kann auch krank machen. Siehe dazu z. B. die Studienauswertung im Forschungsverbund »Lärm & Gesundheit« im Auftrag der WHO. Ein beständig hoher Geräuschpegel ist ein Risikofaktor bei vielen Beschwerden: Unser Körper schüttet Stresshormone aus, der Blutdruck steigt, das Herz schlägt schneller. Die Folgen sind Konzentrationsmangel und Schlafstörungen bis hin zu Kreislauferkrankungen und einem Herzinfarkt. Aber nicht nur Lärm von außen stört, auch Lärm innerhalb des Hauses. Denn wo, wenn nicht hier, soll man sich von einem lebhaften bis stressigen Alltag erholen?

Um gegen unnötige Beeinträchtigungen konkret vorzugehen und als Bauherr das Thema ansprechen zu können, ist es hilfreich, die Zusammenhänge zu verstehen. So unterscheidet man beispielsweise zwischen Luftschall und Körperschall: Luftschall besteht aus Schwingungen, hervorgerufen z. B. durch Sprache, Musik oder Motoren. Körperschall, hervorgerufen durch Trittschall (Treppen und Decken) und Fließgeräusche (Sanitärinstallation) setzt sich in der Konstruktion eines Gebäudes fort. Die dabei entstehenden Geräuschemissionen werden subjektiv unterschiedlich stark wahrgenommen. Wer empfindlich reagiert, sollte sich mit dem Thema auseinandersetzen und gegebenenfalls zusätzliche Schallschutzmaßnahmen einplanen.

Auch wenn sich private Bauherren einen theoretischen Kenntnisstand erarbeitet haben, sollte man die Ausführung der richtigen Schallschutzmaßnahme den Profis überlassen. Zu kompliziert sind die technischen Zusammenhänge und zu verwirrend sind die Regelwerke. Wer allerdings sein Haus selbst ausbaut, sollte unbedingt vorher eine fachkundige Beratung einholen. Zum Beispiel, welcher Bodenbelag Schall stärker oder schwächer leitet. Oder welche Dämmunterlage am besten gegen Trittschall schützt. Oder wie man Installationen am besten isoliert, damit der Schall – vereinfacht gesprochen – nicht durchs ganze Haus wandert. Denn auch im eigenen Haus ist es lästig, wenn man bei jeder Runde, die die Kleinen im Obergeschoss mit dem Bobbycar drehen, im Wohnzimmer quasi live mit dabei ist.

Deshalb sollten Hauskäufer generell darauf achten, den Schallschutz zu bekommen, den sie wollen oder benötigen. Das sollte beim

Unbeschwert toben, ohne dass den Mitbewohnern der Kopf dröhnt: Bauweisen mit optimiertem Schallschutz machen es möglich.

Neubau eigentlich kein Problem sein, denn schließlich ist am Bau doch so ziemlich alles durch Normen geregelt, oder? Ganz so einfach ist es nicht, schaut man sich die technische Seite an: Grundlage für den Schallschutz in Gebäuden ist die DIN 4109. Diese stammt ursprünglich aus dem Jahr 1944, im Jahr 2016 wurde die Fassung aus dem Jahr 1989 aktualisiert. Diese regelt nach wie vor den Mindestschallschutz und stellt sozusagen den Standard dar, den Hausanbieter und Architekten einhalten müssen. Allerdings wurde das bisherige Beiblatt Nr. 2 zur DIN 4109, das Vorgaben für erhöhte Schallschutzanforderungen enthielt, ersatzlos gestrichen und durch individueller zu gestaltende Richtlinien und Empfehlungen ersetzt (siehe unten).

Für Kunden wichtig: Ein höheres Schallschutzniveau ist mit höheren Aufwendungen verbunden und daher in der Regel eine Zusatzausstattung, die auch zusätzliches Geld kostet. Experten empfehlen daher, sich vorab auf dem Baugrundstück einen Eindruck über die äußeren Einflüsse zu verschaffen, am besten zu unterschiedlichen Tages- und Wochenzeiten. Auch aus den familiären Gegebenheiten heraus, wie zum Beispiel der Nutzung eines Home-Office, der Lage der Kinderzimmer, das Spielen eines Musikinstruments etc., sollten Hauskäufer entscheiden, welcher Standard gewünscht ist. SchwörerHaus zum Beispiel bietet für diesen Zweck in den Musterhäusern und dem Bemusterungszentrum einen seriösen Hörtest an – im Fachjargon spricht man von einer Auralisation. Auralisation (»Hörbarmachung« von lat. *auris* = dt. ›Ohr‹ = *aurikular*) ist ein Verfahren zur künstlichen Hörbarmachung einer akustischen Situation), bei dem die von dem Unternehmen angebotenen Schallschutzmöglichkeiten erlebbar werden.

Je nachdem, ob der Schall von außen oder von innen kommt, sind unterschiedliche Maßnahmen für seine Reduzierung notwendig. Bei der Hausplanung sollten die persönlichen Bedürfnisse und die örtlichen Gegebenheiten berücksichtigt werden.

Abb.: SchwörerHaus / lichtecht GmbH

SCHALL IN ZAHLEN UND MAßEN

Wichtig: eine gute Schalldämmung reduziert den übertragenen Schall deutlich, das bedeutet jedoch nicht, dass man überhaupt nichts mehr hört.

Um Schall in Zahlen auszudrücken, wird dessen Intensität als Schalldruckpegel in Dezibel (dB(A)) angegeben. Ein raschelndes Blatt liegt bei 10 dB(A), unsere Schmerzschwelle ist bei circa 120 dB(A) erreicht. Eine Armbanduhr tickt mit 20 dB(A) und in einem ruhigen Wohnraum sind 40 dB(A) messbar.

Wichtig: Wir empfinden bereits eine Schallpegeländerung von 10 dB(A) als doppelt so laut, umgekehrt ist eine Reduktion von 10 dB(A) etwa halb so laut.

Wie gut ein Bauteil wie ein Fenster oder eine Wand den Schall dämpft, wird als »Bewertetes Schalldämm-Maß Rw« angegeben, ebenfalls in Dezibel. Je höher dieser Wert, umso besser die Luftschalldämmung. Ein zusätzliches kleines »p« gibt an, dass der Wert im Prüflabor ermittelt wurde.

Beim Körperschall ist der bewertete Standard-Trittschallpegel Lnw, gemessen in dB, relevant. Je niedriger dieser Wert, umso weniger leitet die Konstruktion Körper- beziehungsweise Trittschall weiter.

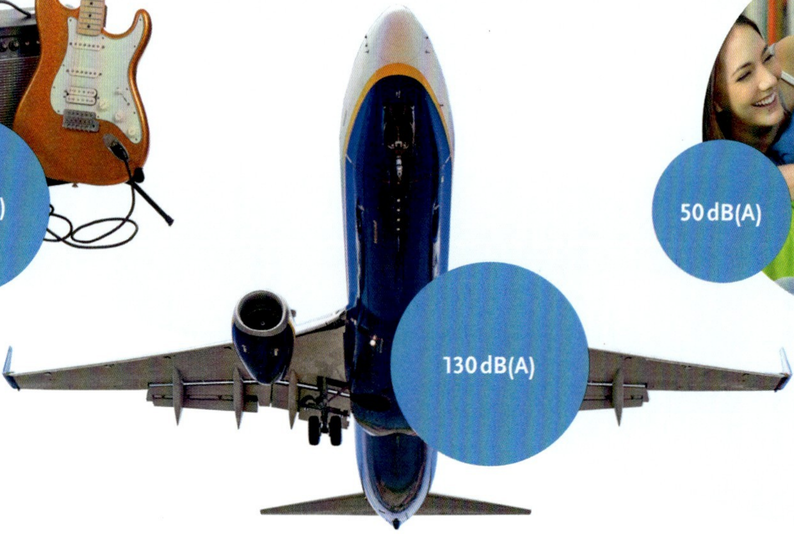

- 10 dB(A)
- 20 dB(A)
- 70 dB(A)
- 110 dB(A)
- 50 dB(A)
- 130 dB(A)

Bei von Architekten und Bauunternehmen frei geplanten Gebäuden sollte man Anforderungen an den erhöhten Schallschutz bei Außenbauteilen oder zu Nachbarwohnungen und an den Schallschutz innerhalb des eigenen Wohnbereichs im Kaufvertrag eines Hauses festschreiben. Referenzen hierfür sind die Richtlinie VDI 4100 : 2012 und auch die dega-Memoranden 103 und 104 der Deutschen Gesellschaft für Akustik. Achten sollte man darauf, dass die jeweils aktuellen Normen und Richtlinien zur Anwendung kommen. Zum Redaktionsschluss dieses Buches hatten noch nicht alle Bundesländer die neue DIN 4109 : 2016-07 in ihre Gesetzgebung aufgenommen. Und auch manche Baubeschreibungen verweisen noch auf die ältere Ausführung der VDI 4100 aus dem Jahr 2007.

Bei SchwörerHaus ist das Thema in guten Händen. Die Entwicklungen und Konstruktionen, die ein Hersteller von Häusern in Holzbauweise anbietet, sind aufwendiger und komplexer als bei der Massivbauweise – oft jedoch auch spezifischer an die Bauherrenwünsche angepasst. Schon in der Basisausstattung legt SchwörerHaus sehr viel Wert auf einen hohen Schallschutz gegen interne und externe Geräuschquellen. Dies wird mit Hilfe einer durchdachten Bauweise, schallschützenden Konstruktionen und hochwertigen Baustoffen realisiert. Ein Beispiel ist der zementgebundene Massivbaustoff Cospan, der sich in allen Außenwänden und Geschossdecken findet. Das von dem Unternehmen im Großformat entwickelte und im eigenen Werk nach einem von SchwörerHaus entwickelten Patent gefertigte Plattenmaterial besteht aus naturbelassenem Holz und Zement. Es weist aufgrund der besonderen Zusammensetzung einen sehr hohen inneren Dämpfungsgrad auf, der hervorragende Schalldämmwerte mit sich bringt.

Wer sehr großen Wert auf Ruhe im Haus legt, zum Beispiel, wenn in einem Haus mehrere Generationen leben, kann die Weiterleitung von Trittschall durch eine besondere Deckenkonstruktion zusätzlich eindämmen. Im Fall von SchwörerHaus verfügt die sogenannte Schallschutzdecke über im eigenen Werk entwickelte und patentierte »Crispan«-Schallschutzkissen – eine absolute Alleinstellung im Markt. Dafür werden Plattenreststücke der Massivbauplatte Cospan, die bei der Produktion eines SchwörerHauses anfallen, zu Schüttgut geschreddert – der Sekundärrohstoff Crispan entsteht. In einem kontrollierten Produktionsprozess wird das Crispan gleichmäßig in sogenannte Schallschutzkissen, im Fachjargon Trays, gefüllt, die auf der Baustelle unter dem Fußbodenaufbau verlegt werden. Das Ergebnis ist ein nochmals deutlich verbesserter Trittschallschutz. Zudem ist die Veredelung von Plattenabschnitten zu Sekundärrohstoff besonders nachhaltig.

Weitere Möglichkeiten, für Ruhe im Haus zu sorgen, sind hochwertige Türen. Während eine einfache Standard-Tür nur einen geringen Schalldämmwert hat, weisen Schallschutztüren eine gute bis sehr gute Dämpfung auf. Allerdings sind solche Türen, vor allem in höheren Schallschutzklassen, teurer als normale Türen. In vielen Zimmern sind sie nicht notwendig. Aber zum Beispiel bei Schlafzimmern oder im Homeoffice kann die Anschaffung das innerfamiliäre Konfliktpotenzial deutlich reduzieren.

Die Schallschutzdecke von SchwörerHaus nimmt auch sportlichen Betätigungen ihre belästigende Wirkung, auch wenn diese auf Dauer besser im Freien angesiedelt sind.

Da immer mehr Häuser auf einer Bodenplatte ohne Keller, mit einem ins Erdgeschoss integrierten Technikraum realisiert werden, sollten Baufamilien auch hier auf einen höheren Schallschutz achten und zum Beispiel Zwischenwände mit erhöhten Schallschutzwerten einbauen lassen. Während herkömmliche Innenwände in Holztafelbauweise einen Wert von circa $R_{w,p}$ = 40 dB haben, weist die schalltechnische Qualität sogenannter Schallschutz-Innenwände mit Werten von 56 oder gar 66 dB eine hohe bis sehr hohe beruhigende Wirkung auf. Bei Sanitärinstallationen ist es empfehlenswert, auch im Einfamilienhaus die besseren Werte für Zwei- und Mehrfamilienhäuser einzuhalten. Danach sollte der Installationsschallpegel L_{in} weniger als 30 dB betragen.

Natürlich hängt die Weiterleitung von Schall im Ein- und Zweifamilienhaus auch von der Grundrissgestaltung ab. Die architektonisch interessanten Galerielösungen mit Luftraum zum Beispiel über dem Wohnzimmer und eine offene Treppenlösung bieten deutlich weniger Ruhe als getrennte Geschosse und ein separates Treppenhaus.

Lärm von außen dringt meistens durch die Fenster. Denn diese verfügen in der Regel über einen wesentlich geringeren Schallschutz als die Außenwände und das Dach. Liegt das Haus an einer vielbefahrenen Straße, an einer Bahnlinie oder in der Nähe eines Flughafens, sind Schallschutzfenster, die es auch als Dachfenster gibt, eine gute Investition. Der Aufbau der Scheiben mit unterschiedlich starken Gläsern oder auf das Glas geklebte Folien dämpfen durch unterschiedliches Schwingungsverhalten die Weiterleitung von Schall. Auch sind die heute beinahe zum Standard gewordenen Fenster mit einer Dreischeibenverglasung nicht nur beim Wärmeschutz deutlich besser, sondern auch hinsichtlich des Schallschutzes. Vergessen sollte man nicht den Rollladenkasten und die Einbindung des Fensters in die Wand. Denn das beste Fenster oder eine besonders schalldämmende Außenwand nützen wenig, wenn ein einfacher Rollladenkasten zur Ausführung kommt und damit der Schall fast ungehindert ins Haus gelangt. Bei einer sehr lauten Umgebung kann es notwendig werden, auf einen Rollladen zu verzichten. Hier können Vorbau-Raffstoren die Verschattung übernehmen. Außerdem ist auf eine optimale Ausführung der Anschlüsse von der Außenwand zum Fenster zu achten, damit der Spalt zwischen Fenster und Außenwand nicht zu groß und vor allem fachgerecht abgedichtet ist. Fertighausunternehmen haben hier mit ihrer millimetergenauen, computergesteuerten Fertigung der Wandtafeln Vorteile in Sachen Präzision. Auch werden zum Beispiel bei Schwörer-Haus die Fenster im Werk passgenau in die Wände eingebaut.

Wer zu Hause Musik macht, freut sich über Ruhe – die Mitbewohner auch. Auf Wunsch sind besonders schallschützende Wand- und Deckenkonstruktionen sowie Türen verfügbar.

▶▶ FAZIT

Lösungen für einen guten Schallschutz sind vorhanden. Die müssen aber in der Planung und der Bemusterung festgelegt werden. Denn Nachrüsten ist aufwendig und teuer.

REFERENZHAUS WEIMPER – DAS ERSTE SCHWÖRER HEALTHY HOME

Christine und Norbert Weimper berichten von ihrem neuen Eigenheim

Mag sein, dass uns die modebewussten italienischen Autofahrer wegen unserer Birkenstocks nur belächelt, statt mitgenommen haben, als wir in den 1980er Jahren durch die Toskana Richtung Rom trampten. Auch kann es sein, dass wir seltener zum Essen eingeladen wurden, weil wir in den 1990er Jahren anfingen, schrumpeligem Gemüse aus kleinen Bio-Läden und -Gärtnereien den Vorzug zu geben, und in den Hochzeiten von BSE zeitweise ganz auf Fleisch verzichteten.

Obwohl wir, als dann unsere beiden Jungs geboren waren, schon ausschließlich teure Bioprodukte von Bioland und Demeter kauften, zwängte sich das Thema Allergien fies in unser kleines Familienglück – und mit Schrecken erinnern wir uns heute noch daran, wie wir morgens um drei bei Eiseskälte wegen Pseudokrupp-Anfällen in die Kinderklinik rasten.

Es ist eine lange, sehr lange Geschichte, die uns 2017 ins erste Schwörer Healthy Home brachte. Genau 20 Jahre zuvor hatten wir unser erstes Haus gebaut. Mit Korkspritzmasse statt Montageschaum in den Fensterlaibungen (das war leider ein Flop, weil der Handwerker nicht damit umgehen konnte). Unbehandelte Korkböden mussten wir aufwendig von Hand schleifen, ölen und wachsen, die Türen haben wir reingeleimt, die dünnen Öko-Wandfarben sahen leider nicht so aus, wie erhofft. Volldeklaration für Öko- bzw. Bio-Produkte? Für die Hersteller damals offenbar noch ein Fremdwort. Und, ach ja, als wir nach dem Einzug einen Do-it-yourself-Raumlufttest machen wollten, hat das leider nicht funktioniert. Das war anno 1997.

Beim zweiten Haus sollte alles passen: Christine und Norbert Weimper vor dem ersten Schwörer Healthy Home.

Die Dachflächenfenster von Velux sorgen unterm Dach für eine besondere Wohnatmosphäre und verfügen über eine automatische Verschaltung.

Inzwischen ist »Öko« in der Mitte der Gesellschaft angekommen. Man lebt den coolen Öko-Lifestyle. Designer-Klamotten aus KbA-Baumwolle, das Gemüse aus dem Bio-Handel prall und schön, die Äpfel glatt und glänzend. Im Jahr 2015 waren meine Frau und ich dann sozusagen der Klassiker: Die Kinder (wegen des Studiums) »aus dem Haus«, wollten wir unser Familienhaus im Grünen gegen modernes Wohnen mit städtischer Infrastruktur tauschen.

Im Frühjahr 2016 dann der große Impuls! Als Baufachjournalist werde ich zu einer Tagung eingeladen, bei der Dachfensterhersteller Velux sein »Healthy Homes Barometer 2016« vorstellt. Ich bin begeistert. Der Bericht basiert auf einer europaweiten, repräsentativen Umfrage zum Thema Wohnen. Endlich waren mal Bewohner zu gesundem Wohnen befragt worden, und statt Bauphysikern widmeten sich Soziologen diesem wichtigen Thema. Weil die Studie natürlich nichts darüber aussagt, wie genau so ein Healthy Home aussieht, was drin und dran sein soll, haben wir uns ausgemalt, wie unser ganz persönliches, wohngesundes Eigenheim werden sollte.

Rasch hatten wir in SchwörerHaus ein passendes Fertighausunternehmen gefunden, das in Zusammenarbeit mit dem Freiburger Sentinel Haus Institut (SHI) in diesem Thema schon sehr weit war. Wir konnten 40 weitere Unternehmen aus der Bauwirtschaft für so einen Demo-Hausbau mit ganzheitlichem Ansatz gewinnen – und aus dem zunächst geplanten »Häuslebau für zwei« wurde das europaweit einzigartige »Schwörer Healthy Home Projekt, Mühlacker Deutschland«.

Inzwischen leben wir in unserem nachhaltigen Haus, dem das Sentinel Haus Institut die Wohngesundheit mit Brief und Siegel attestierte. Es ist kein Baumstamm-Blockhaus zweier Öko-Fundis, sondern ein innovatives Gebäude mit puristischer Architektur und hohem Wohnkomfort.

Die Familie genießt die angenehme Raumluft, auch bei geschlossenen Fenstern.

Die Küche bietet viel Platz und allen Komfort. Die Inselhaube beseitigt Kochdünste effektiv.

Das Haus ist komplett vernetzt. Viele Funktionen laufen automatisch, lassen sich aber jederzeit von Hand steuern.

Das erste Schwörer Healthy Home wurde vom Sentinel Haus Institut begleitet und für seine exzellente Raumluftqualität ausgezeichnet.

Und wie lebt es sich nun in dem Healthy Home? Wir könnten es kurz mit einem Wort sagen: prächtig! Doch natürlich wollen wir etwas mehr zu unserem wohngesunden, komfortablen Leben in dem Haus erzählen. Sommers lassen wir uns von der Sonne und dem Zwitschern der Vögel wecken, indem zur gewünschten Zeit die solargesteuerten(!) Rollläden ein Stück hochfahren und die Dachfenster automatisch öffnen. Den Weg ins Badezimmer erhellen 13 Dachfenster, weil viel Tageslicht im gesamten Healthy Home ein ganz wichtiger Aspekt ist; wenn die Sonne zu heiß brennt, sorgt eine sogenannte elektrochrome Verglasung für Verschattung und man sieht trotzdem noch raus. Die Dachfenster sind in ein Multifunktionsdach mit Photovoltaikanlage integriert, das – wie andere Innovationen verschiedener Hersteller – von Braas und Velux eigens für das Schwörer Healthy Home entwickelt wurde. Bei geschlossenen Fenstern sorgt eine Anlage zur kontrollierten Wohnraumlüftung für (pollengefilterte) Frischluft. Diese ist im Übrigen Standard in einem SchwörerHaus.

Für die wohngesunden Materialen im Haus steht beispielhaft der emissionsfreie Parkettboden im Dachgeschoss mit einzigartiger »B-Protect«-Oberflächenbehandlung von Bauwerk, der barfuß so angenehm ist. In der Küche angekommen, freuen wir uns über die Haustechnik, die ohne unser Zutun weitestgehend selbstständig arbeitet. Beispielsweise öffnen morgens alle Rollläden und schließen abends wieder. Die vorrangig mit eigenem Sonnenstrom betriebene Wärmepumpenheizung wird optimal geregelt, indem sie auch mit den Daten von Sonnensensoren gefüttert wird. Ansonsten übernimmt unser intelligenter Solarstromspeicher (wie die Heizung von Vaillant) das Energie- und Heizmanagement. Immer wieder stehen wir fasziniert vor dem Display und verfolgen, wie viel Sonnenstrom wir erzeugen, wie viel davon in den Speicher »fließt« und wie wenig Strom wir von den Stadtwerken beziehen. Alle anderen Funktionen der Gebäudeautomation bis hin zum elektronischen Einbruchschutz steuert in unserem Smart Home ein Funkbus namens Tahoma von Somfy, der sogar Sprachsteuerung kann. Übrigens: Mit dem quasi »solarbetriebenen« KfW-Effizienzhaus 55, das gerade mal 300 Euro Heizkosten im Jahr verursacht, haben wir den Energiesparwahn ganz bewusst nicht auf die Spitze getrieben.

Und die Abende und die Tage in kalter Jahreszeit im Schwörer Healthy Home? Ebenfalls überaus angenehm! Dank perfekt gedämmter Gebäudehülle und durchgängiger Fußbodenheizung gibt es keinerlei Zugscheinungen im Haus. Die Lüftungsanlage arbeitet mit über 80 Prozent Wärmerückgewinnung, und das LED-Lichtkonzept von Brumberg bewährt sich ausgezeichnet; auch ums Haus herum haben wir komplett LED-Lampen vom Außenspezialisten Heibi.

Seitenweise könnten wir jetzt noch weiterschreiben, was unser Leben im Healthy Home insgesamt ausmacht. Stattdessen möchten wir gerne auf unseren Bau-Blog (bau-blogger.de) verweisen, in dem wir ausführlich auf viele weitere Dinge eingehen. Beispiele: bionische Fassadenfarbe (Sto), formaldehydfreie Holzwerkstoffplatten (Pfleiderer), emissionsarme Bodenprodukte (Sopro), stylische »Beton«-Fliesen (Steuler), berührungslose Spülplatten (Viega), wassersparende Armaturen (Grohe), Dusch-WC (Geberit) und ergonomische Badmöbel (Keramag). Hierbei haben wir kein ökodogmatisches Sendungsbewusstsein, sondern möchten den geneigten Leser einfach inspirieren und informieren.

Kompakt, energieeffizient, komfortabel für zwei und zukunftssicher präsentiert sich das Schwörer Healthy Home in Mühlacker.

2.6 DAS RECHT AUF EINEN GESÜNDEREN LEBENSRAUM

— Die Luftqualität in privaten Innenräumen ist nicht geregelt

— Übergeordnete Regeln haben keine Gesetzeskraft

— Wer gesünder wohnen will, muss sich selbst kümmern

Wer denkt, dass ein Haus oder ein Gebäude, das in Deutschland gebaut oder saniert wird, automatisch gesund sein muss, argumentiert logisch und nachvollziehbar. Denn gerade der private Lebensraum soll ja ein Ort der Erholung und Regeneration sein. Und eigentlich darf man Menschen und Kunden ja nicht schädigen. Ganz sicher gibt es dafür ein Gesetz, denken wohl die meisten von uns.

Doch leider ist dem nicht so. Es gibt keine direkte Verordnung oder ein Gesetz für die Qualität der Innenraumluft in privaten Räumen. Übrigens im Gegensatz zur Außenluft. Hier gibt die Technische Anleitung (TA) Luft die Mindeststandards vor. Zudem gibt es für die Luft im Freien auf EU-Ebene eine Vielzahl von Vorgaben, etwa die aktuell intensiv diskutierten Grenzwerte für Stickoxide oder Feinstäube. Warum gibt es also keine TA Innenraumluft für private Innenräume? Das liegt am verfassungsrechtlich garantierten Satz, dass der Eigentümer grundsätzlich mit seiner Sache nach Belieben verfahren darf. Hätte die Gesundheit generell Vorrang, müsste der Staat zum Beispiel seinen

Für private Baufamilien oft undurchsichtig: Die geltenden Regeln stecken in vielen verschiedenen Gesetzen, Verordnungen und Normen.

Die meisten Bauherren gehen davon aus, dass es selbstverständlich ein Gesetz für gesunde Häuser gibt.

2.6 Das Recht auf einen gesünderen Lebensraum

Bürgern zu Hause das Rauchen verbieten oder den übermäßigen Gebrauch von Nagellackentferner oder Deospray. Das geht natürlich nicht.

Es gibt aber eine Vielzahl von übergeordneten Bestimmungen in Gesetzen, EU-Richtlinien und deutschen Verordnungen. Dazu später mehr. Aber letztlich sollten alle – nicht nur die gesundheitsbewussten Verbraucher – die Qualität ihres Lebensraumes unter die Lupe nehmen. Die Motivation dafür ist natürlich zuerst das persönliche Wohlergehen und das der eigenen Familie. Es geht im Zweifelsfall aber auch um sehr viel Geld. Denn wenn ein Haus oder eine Wohnung nur eingeschränkt oder gar nicht benutzbar ist, weil Schadstoffe den Aufenthalt unerträglich machen, stellt sich die Frage, von wem man Abhilfe und Schadensersatz verlangen kann und ob derjenige auch solche Schäden ersetzt, die Folge der Schadstoffbelastung sind. Etwa Aufwendungen für die Anmietung von Ersatzraum während der Sanierung oder Mietausfallschäden, wenn ein Gebäude erst später als angedacht vermietet werden kann.

Wer ein Haus baut, schließt in der Regel viele Verträge ab. Vor allem bei vom Architekten geplanten Häusern sind das Kauf- und Werkverträge, insbesondere Bauwerkverträge, aber auch Dienstverträge und Beratungsverträge. Etwas anders sieht es aus, wenn man ein Fertighaus kauft oder vom Bauträger ein Haus erwirbt. Dann hat man in der Regel für den Bau selbst nur einen Vertragspartner. Prinzipiell ist es möglich, bestimmte gesundheitliche Standards im Vertrag oder Verträgen festzuschreiben. Ein Beispiel ist das Konzept des Sentinel Haus Instituts gemeinsam mit TÜV Rheinland, das für bestimmte Schadstoffgruppen wie flüchtige organische Verbindungen (VOC) und Formaldehyd konkrete Werte vorschreibt. Verpflichtet sich der Auftragnehmer dazu, muss er den Vertragsgegenstand, also zum Beispiel ein Haus oder eine Renovierungsarbeit, so lange nachbessern, bis die vertraglich vereinbarten Werte unterschritten werden.

Doch muss man überhaupt solche konkreten Festlegungen treffen, was ja oft mit Aufwand und Kosten verbunden ist? Oder gibt es nicht doch Bestimmungen, die die am Bau Beteiligten kraft des abgeschlossenen Vertrages auch ohne besondere Vereinbarung erfüllen müssen? In § 13 Abs. 1 der Vergabe- und Vertragsordnung für Bauleistungen (VOB/B) heißt es, dass die anerkannten

Regeln der Technik im Bauwerkvertrag Anwendung finden, auch wenn diese nicht ausdrücklich benannt sind. Die VOB gilt vor allem für Verträge unter Bauprofis. Doch auch für den Werkvertrag im privaten Bereich, dem die VOB/B nicht zugrunde gelegt ist, hat die Rechtsprechung entschieden, dass die anerkannten Regeln des Fachs des beauftragten Unternehmers immer Vertragsbestandteil werden.[1] Sogar für den Kaufvertrag sind mangels abweichender Vereinbarung die anerkannten Regeln der Technik als übliche Beschaffenheit anzusehen und somit stillschweigend mitvereinbart.[2] Würden also in Bezug auf das schadstoffarme Bauen technische Regelwerke existieren, die kraft des abgeschlossenen Kauf- oder Werkvertrages sowieso gelten, müssten konkrete vertragliche Vereinbarungen nicht getroffen werden. Aus juristischer Sicht zeigt sich jedoch, dass die Anerkennung als anerkannte Regeln der Technik noch in den Kinderschuhen stecken.

Hier ein Blick auf zwei grundlegende Leitlinien.

Die Richtwerte des Ausschusses für Innenraumrichtwerte (AIR) des Umweltbundesamtes für Schadstoffe in der Innenraumluft hat keinen geltenden Rechtscharakter, in der Gestalt, dass die dort genannten Maximalwerte zwingend automatisch Vertragsbestandteil würden. Die genannten Maximalwerte haben tatsächlich nur Richtliniencharakter, sie sind nicht verbindlich.

Auch die Europäische Bauproduktenverordnung normiert, dass Bauwerke nicht gesundheits- und umweltschädlich sein dürfen sowie hygienischen Anforderungen entsprechen müssen. Die Vorschriften im Wortlaut finden Sie im Kasten unten.

Europäische Bauproduktenverordnung
3. Hygiene, Gesundheit und Umweltschutz, Anhang I

Das Bauwerk muss derart entworfen und ausgeführt sein, dass es während seines gesamten Lebenszyklus weder die Hygiene noch die Gesundheit und Sicherheit von Arbeitnehmern, Bewohnern oder Anwohnern gefährdet und sich über seine gesamte Lebensdauer hinweg weder bei Errichtung noch bei Nutzung oder Abriss insbesondere durch folgende Einflüsse übermäßig stark auf die Umweltqualität oder das Klima auswirkt:

a) Freisetzung giftiger Gase;
b) Emission von gefährlichen Stoffen, flüchtigen organischen Verbindungen, Treibhausgasen oder gefährlichen Partikeln in die Innen- oder Außenluft;
c) Emission gefährlicher Strahlen;
d) Freisetzung gefährlicher Stoffe in Grundwasser, Meeresgewässer, Oberflächengewässer oder Boden;
e) Freisetzung gefährlicher Stoffe in das Trinkwasser oder von Stoffen, die sich auf andere Weise negativ auf das Trinkwasser auswirken;
f) unsachgemäße Ableitung von Abwasser, Emission von Abgasen oder unsachgemäße Beseitigung von festem oder flüssigem Abfall;
g) Feuchtigkeit in Teilen des Bauwerks und auf Oberflächen im Bauwerk.[3]

---

1 BGHZ 139, 16; BGH BB 1985, 1561.
2 Vgl. Faust, in: Bamberger/Roth, Kommentar zum BGB, C. H. Beck, 3. Aufl. 2012, § 434 Rn. 49.
3 Bauproduktenverordnung, Anhang I, 3.

2.6 Das Recht auf einen gesünderen Lebensraum

Die Verordnung gilt unmittelbar in den einzelnen Mitgliedsstaaten. Obwohl also auf europäischer Ebene ein gesetzgeberischer Vorstoß unternommen wurde, das gesündere Bauen zu normieren, bleibt es aber bei Grundsätzen, ohne exakte Detailregelung. Ab welchen Konzentrationen ein Stoff als gefährlich oder gar giftig einzustufen ist, wann er gesundheitsgefährdend oder umweltschädlich ist, bleibt trotz dieser übergeordneten Vorgaben offen. Es bleibt also insbesondere dem Geber technischer Normen, in unserem Fall der Bundesrepublik Deutschland und der EU, vorbehalten, Grenzwerte für Emissionen, Verwendungsverbote für Zusatzstoffe usw. vorzugeben. Bei einigen Bauprodukten, wie Wand- und einigen Bodenbelägen, war das auch der Fall. Das Deutsche Institut für Bautechnik (DIBt) prüfte die entsprechenden Baustoffe auf Emissionen von Schadstoffen. Doch das war nur bis Herbst 2016 der Fall. Dann wurde ein Urteil des Europäischen Gerichtshofs (C 100/13) aus dem Jahr 2014 umgesetzt, das es den Mitgliedsstaaten verbot, eigene Regeln für die Zulassung von Bauprodukten aufzustellen, wenn für diese eine europäische existiert. Der Grund ist die Behinderung des europäischen Wettbewerbs. Tatsächlich existieren für die allermeisten Innenausbauprodukte europäische Normen, sodass dieser Weg, Schadstoffe in Bauprodukten zu verbieten, versperrt ist. Zusätzlich findet sich in den Normen keinerlei Aussage zu Schadstoffemissionen. Zwar gibt die europäische Bauproduktenverordnung den Mitgliedsstaaten seit 2013 die Aufgabe und das Recht, die Normen zu verbessern. Doch passiert ist wenig. Das Umweltbundesamt spricht deshalb von einer Schutzlücke für die Verbraucher, die mindestens fünf Jahre, wenn nicht noch länger anhalten wird.

Will der Auftraggeber besondere Qualitätsmerkmale in punkto Gesundheit bei der Umsetzung seines Projektes sicherstellen, muss er die Beschaffenheit der Werkleistung oder der Kaufsache vertraglich vorgeben, insbesondere etwa die Schadstofffreiheit eines bestimmten Baustoffes oder die

Als Bauherr sollte man den gesundheitlichen Standard seines Hauses vertraglich vereinbaren. Dann wissen alle Beteiligten, welche Standards sie zu erfüllen haben.

Einhaltung eines bestimmten Zielwertes bei der Konzentration flüchtiger organischer Substanzen in der Innenraumluft. Wurde eine bestimmte Beschaffenheit vereinbart, wird deren Einhaltung geschuldet mit der Folge, dass bei Nichtvorliegen der Auftraggeber Mängelrechte geltend machen kann wie Nacherfüllung, Minderung, Schadensersatz usw., §§ 634, 437 BGB.

Es gibt natürlich auch Hausanbieter, Fertighaushersteller und Bauträger, die eine entsprechende Vereinbarung von sich aus anbieten. Das erspart langwierige Gespräche und aufwendige Verhandlungen, eventuell sogar mit der Hinzuziehung juristischer Kompetenz.

▶▶ **FAZIT**

Wer wirklich sicher sein will, ein geprüft gesünderes Haus oder Handwerker- und Planerleistungen mit entsprechender gesundheitlicher Qualität zu bekommen, sollte dies vertraglich vereinbaren oder einen Anbieter wählen, der dies bereits als Inklusivleistung anbietet.

3

SICHERE LÖSUNGEN FÜR GESÜNDERES BAUEN UND WOHNEN

3.1 GESUND UND GUT BAUEN ALS STRATEGIE

Peter Bachmann

— Die Baubranche kommt an gesundheitlichen Themen nicht vorbei

— Messbare Fakten sind wichtig

— Nachhaltigkeit und Gesundheit gehören fest zusammen

Die Bauwirtschaft brummt und die Deutschen investieren in Immobilien. Das ist gut so, da Deutschland durchaus Luft nach oben hat in Bezug auf privates Immobilieneigentum. Der Boom hat aber auch Schattenseiten: So muss man immer länger auf Handwerker oder gar den Bau eines Eigenheims warten. Sollte man deshalb auf seine Ansprüche an einen gesünderen Lebensraum verzichten? Auch für die Bauwirtschaft stellt sich die Frage, ob zusätzliche Anstrengungen in das gesündere Bauen und Wohnen sinnvoll sind.

Investition in Innovation zu Boomzeiten ist eine Möglichkeit, um künftige Umsätze zu sichern. Dazu gehört für die Bauwirtschaft auch das Thema »Gesünderes Bauen und Sanieren«. Es gibt dabei gleich mehrere Vorteile für das Unternehmen: Erstens eine starke Marktposition und gesicherte Umsätze bei abkühlender Baukonjunktur. Zweitens die gute Finanzlage, um in Innovationen zu investieren. Der Nachteil für Unternehmen: In Zeiten starker Nachfrage sind alle Mitarbeiter extrem beschäftigt, sodass diese keine Zeit haben, und andere personelle Ressourcen für neue Themen meist nicht zur Verfügung stehen.

Eine Integration von neuen Themen erfordert auf Managementebene und auf der operativen Ebene Zeit (Personalressourcen), Geld und Willen. Nur wenn das Management den operativ verantwortlichen Projektleitern den Rücken freihält und auch in den für Innovation typischen Holperstrecken die Geduld behält, haben die großen und innovativen Themen eine Chance, sich im Unternehmen zu entwickeln, und können den möglichen Zielen gerecht werden. Diese Ziele sind zum Beispiel:

— Umsätze von morgen sichern
— Kundenbeziehungen verstärken
— Neue Umsätze generieren

Dass der Wunsch nach einem gesünderen Leben ein Megatrend ist, zeigt ein Blick auf andere Branchen. Zum Beispiel bei der Ernährung ist Gesundheit in aller Munde. Hier wird auch deutlich, wie offensiv rhetorisch die Frage nach der persönlichen Gesundheit verwendet wird: Wer würde ernsthaft behaupten, nicht gesund sein zu wollen?

Bis zu 90 Prozent unserer Zeit verbringen wir in Innenräumen. Diese Innenräume nehmen direkten Einfluss auf unsere Gesundheit, Leistungsfähigkeit und Behaglichkeit. Dies beweisen umfassende Studien weltweit und aktivieren entsprechend Presse, Fachbehörden und Verbände. So urteilen auch Gerichte in der Regel im Sinne der Ver-

Sicher gesündere Gebäude sind planbar, machbar und bezahlbar. Das zeigt nicht zuletzt die Zusammenarbeit von Sentinel Haus Institut und Schwörer-Haus.

brauchergesundheit gegenüber Herstellern und Dienstleistern. Doch in wichtigen Bereichen des gesünderen Bauens und Wohnens fehlen diese staatlichen Regulierungen.

Als Bauherr steht man also zwischen seinem berechtigten Wunsch nach einem sicher gesünderen Zuhause und einer unübersichtlichen Gemengelage aus für Laien kompliziert nachzuvollziehenden Empfehlungen offizieller Institutionen und den schwer nachprüfbaren Versprechungen von Baustoffherstellern und Baufirmen. Auch die Medien greifen das Thema intensiv auf, dazu kommen Hinweise und Empfehlungen von Verbänden und staatlichen Institutionen.

Für die Bauwirtschaft entstehen unter diesen Vorzeichen gleich mehrere marktaktivierende Kräfte:
— Fehlende Regulierung
— Steigende Kommunikation zu Bedeutung durch Behörden, Institutionen und Presse
— Steigende Nachfrage und Bedarf an Orientierung seitens Bauherren, Nutzern und Bewohnern
— Umsatzpotenziale für Industrie, Handel, Dienstleister

Die Sorge vor zusätzlichen Kosten, zusätzlichem Zeitbedarf und neuen Regeln ist an der Tagesordnung und stetiges Mantra der betroffenen Verbände. Erschwerend kommt hinzu, dass Gesundheit und Bauen nach zusätzlicher Komplexität, hohen Kosten und erhöhtem Zeitbedarf klingt.

So entstehen in der Branche mehrere Lager: die der innovationsfreudigen Akteure und die der besorgten und zurückhaltenden Beobachter. Gleichzeitig steigt die Anspruchshaltung der Kunden. Denn Fragen wie »Beachten Sie meine Gesundheit bei Planung,

Die Bauwirtschaft steht in der Verantwortung, die berechtigten Erwartungen ihrer Kunden hinsichtlich deren Gesundheit zu erfüllen.

Verarbeitung und Bau von Immobilien?« oder »Sind Ihre Produkte gesundheitsschädlich?« will niemand abschlägig beantworten. Häufig flüchtet man sich hier in allgemeine Floskeln und ausweichende Formulierungen.

Die vorweg beschriebene Situation treibt nun sehr unterschiedliche und zum Teil besorgniserregende Blüten.

— Da gibt es die Akteure mit transparenten, belastbaren und nutzenstiftenden Lösungen.
— Zahlreiche Akteure agieren mit reinen Marketingaussagen, ohne tatsächlichen Nutzen für den Bewohner und Nutzer.
— Dann gibt es Akteure, welche die insgeheime Hoffnung haben, dass die Gesundheit als Trend in der Bauwirtschaft einfach wieder vorbeigeht.
— Zu beobachten sind aber auch Akteure in der Branche, die aktiv und vorsätzlich eine gesundheitliche Sicherheit für die Bauherren und Verbraucher zu vermeiden suchen.

Peter Bachmann vom Sentinel Haus Institut im Gesprcäh mit Familie Berwein

In diesem Buch wagen wir die Prognose, dass kein Akteur, kurzfristig oder mittelfristig, an dem strategischen Thema für gesündere Immobilien und allen damit verbundenen Themen wie Bauprodukten, Reinigungsmittel sowie Dienstleistungen vorbeikommen wird. Es stellt sich lediglich die Frage, zu welcher Gruppe von Akteuren man gehören will. First Mover oder Follower. Ich erinnere gern daran, dass es den Pionieren und First Movern zugutekommt, dass wir Menschen uns gerne an diese Pioniere erinnern, so hat Charles Lindbergh einen festen Platz in unserer Erinnerung als erster Pilot bei einer Alleinüberquerung des Atlantiks.

Eine Aussage zu meiner Empfehlung ist müßig, da ich sicherlich einer erheblichen Befangenheit unterliege. Jedoch kann schon heute eine direkte Auswirkung auf Umsatzrisiken und Verzicht oder Zurückhaltung zur gesundheitlichen Ausrichtung von Unternehmen anhand von schmerzhaften Beispielen belegt werden. Heute besteht noch die Situation, dass viele Konsumenten und Bauherren fest von einer geregelten gesundheitlichen Qualität der Immobilie oder von Bauprodukten ausgehen.

Für die Diskussion innerhalb der Baubranche sind aus meiner Sicht folgende Gedanken und Erfahrungen als Bestandteile einer unternehmenseigenen Strategie sinnvoll:

— Die Beschäftigung mit gesundheitlichen Themen ist für die Bauwirtschaft unumgänglich.
— Der Qualitätsanspruch sollte klar, messbar, transparent und eindeutig sein. Daran hat sich die Strategie und ihre Umsetzung zu orientieren.
— Die sehr gute Datengrundlage bei Fachbehörden, wie beispielsweise dem Umweltbundesamt, sollte unbedingt beachtet werden.
— Eine Zeit- und Kostenplanung kann durchaus modular erfolgen. So kann zuerst einmal ein Haus oder ein Produkt unter die Lupe genommen werden. Anhand dieser Erkenntnisse schaut man dann weiter.
— Schnellschüsse oder Marketingfeuerwerke ohne saubere technische Grundlagen und eine Beweisbarkeit der Aussagen verschwenden Zeit und Geld.
— Rechtliche Zusammenhänge sind unbedingt zu berücksichtigen. Denn die menschliche Gesundheit ist aus Sicht der Gerichte (zu Recht) ein sehr hohes Schutzgut. Dieser Grundsatz gilt für Verträge mit Lieferanten, Partnern, Kunden und im Rahmen der Kommunikation eines Unternehmens.
— Die Integration von professionellen Partnern sorgt wiederum für eine reibungslose Integration ins Unternehmen.
— Starke Partnerschaften verschiedener Akteure können Kosten, Fehlerrisiken und Fehlentwicklungen reduzieren, beispielsweise zwischen dem Handel mit Baustoffen und einem oder mehreren Bauunternehmen.

Aus meiner Sicht braucht es daher dringend eine Entwicklung in folgenden Bereichen:

— Der Verbraucher braucht eine klare Orientierung am Produkt selbst und im Geschäft (Point of Sale) zur gesundheitlichen Qualität von Produkten. Hier können qualitätsvolle Label helfen.
— Der Verbraucher, aber auch Planer oder Händler brauchen klare Hinweise zu gesundheitlichen Risiken. Zum Beispiel, wenn Bauprodukte falsch verarbeitet oder falsch genutzt werden. Dies gilt zum Beispiel auch für Reinigungsprodukte.
— Technische Lösungen zur Konservierung von Bauprodukten, etwa von Farben, müssen optimiert werden. Unter anderem, um das Risiko für Allergiker zu senken. Viele neue Produkte sind heute glücklicherweise lösemittelfrei, enthalten aber dafür Konservierungsmittel. Dies ist eine echte Herausforderung für Industrie und Handel, um Gesundheit und Produktqualität gleichzeitig zu gewährleisten.
— Gesundheitliche Themen müssen in die Ingenieurs- und Handwerksausbildung integriert werden.

- Eine vertragliche Berücksichtigung gesundheitlicher Qualitäten durch Architekten und Vergabestellen muss selbstverständlich sein.
- Es braucht mehr Anstrengungen in der Forschung mit einem starken Praxisbezug zur Baustelle und zur gebauten Realität.

SchwörerHaus ist Schritt für Schritt und – für ein familiengeführtes Unternehmen typisch – behutsam an das Thema Gesundheit in Gebäuden herangetreten. Seitdem sind hunderte von Häusern gebaut, gemessen und ausgewertet worden. Viele hundert Mitarbeiter wurden geschult und qualifiziert. Ein Prozess, der fest im Unternehmen verankert ist. Jetzt, nach drei Jahren Wegstrecke, können der Vertrieb und die Kundenberater Informationen rund um das Thema gesünderes Bauen und Wohnen umfassend belegbar und glaubwürdig kommunizieren und Interessenten qualifiziert informieren.

Als Sentinel Haus Institut sind wir sehr beeindruckt, wie das Unternehmen SchwörerHaus dieses Thema angeht: Gewissenhaft, konsequent und immer faktenorientiert beweisbar. Die hohe Zahl individueller Raumluftmessungen und deren Diskussion, zum Beispiel mit Experten des Umweltbundesamtes, ist ein Fortschritt für die ganze Branche. Es ist beeindruckend zu erkennen, was ein Pionier ausrichten kann. Baustoffhersteller entwickeln neue Produkte, Wettbewerber integrieren ebenfalls die Gesundheit in ihr Wirken und Handelsunternehmen kreieren »Grüne Regale« (Sortimente mit klaren gesundheitlichen Eigenschaften), welche dem Konsumenten und Verarbeiter Sicherheit und echte Orientierung bieten.

In den Kapiteln 1.4 und 1.5 werden die unterschiedlichen Zertifikate für Produkte und Gebäude beleuchtet. Dies zeigt die starken Qualitätsunterschiede und Herausforderungen für Bauherren, Konsumenten und Profis.

Vertrauen und eine offene Kommunikation sind wichtige Grundpfeiler für eine erfolgreiche Zusammenarbeit.

Nicht zuletzt ist die Integration gesundheitlicher Themen auch in die übergeordnete Diskussion einer nachhaltigen Wirtschaftsweise notwendig. Das bedeutet, dass der Bauherr, wenn er sich für eine hohe gesundheitliche Qualität entschieden hat, in der Regel auch entsprechende Produkte für den Betrieb, die Wartung und die Modernisierung erwartet.

Nachhaltigkeit und Gesundheit passen, nein sie gehören fest zusammen. Nur leider gibt es auch hier wieder (wie in Kapitel 1.4 beschrieben) Missverständnisse über die Qualität der Aussagen bei Produkten und Immobilien. Verbraucher und Profis sollten deshalb sehr genau nachfragen, was sich hinter Aussagen zur Gesundheit und Umweltfreundlichkeit eines Bauproduktes oder eines ganzen Hauses verbirgt.

▶▶ **FAZIT**

Mir ist sehr wohl bewusst, dass der Bauherr / Investor gerade in der stressigen Bau- oder Modernisierungsphase nach extrem einfachen Botschaften und Lösungen sucht. Doch Bauen, Modernisieren und Sanieren ist aufregend und komplex und es geht für die Käufer eines Hauses oder jemanden, der sein Haus umbauen oder renovieren lässt, in der Regel um sehr viel Geld. Umso mehr Verantwortung haben Bauunternehmen und die Hersteller von Baustoffen und Bauprodukten, diese Investition und die Gesundheit der darin lebenden Menschen zu schützen. Zudem muss auch der Bauherr / Investor Verantwortung für die gesundheitliche Qualität übernehmen.

3.2 STUDIE »GESUNDHEITLICHE QUALITÄT IM HOLZFERTIGBAU VON SENTINEL HAUS INSTITUT UND SCHWÖRERHAUS«

Dipl.-Geoökol. Helmut Köttner, Christin Busch (B. Sc.), Lorenz Reisel (B. Sc.)

- Einzigartige Reihenuntersuchung individueller Häuser
- Herausforderung Messbedingungen am Tag der Hausübergabe
- Wichtige Erkenntnisse für das serielle Bauen und die gesamte Branche

Anlass für dieses Buch und gleichzeitig ein zentraler Kern ist ein umfangreiches Forschungsvorhaben, das SchwörerHaus und das Sentinel Haus Institut über mehr als drei Jahre durchgeführt haben. Ziel der Studie »Gesundheitliche Qualität im Holzfertigbau 2015–2018« war und ist, herauszufinden, wie sich hohe, wissenschaftlich gesicherte Standards für gesündere Gebäude in einem großen Hausbauunternehmen individuell für jedes Kundenhaus umsetzen lassen (siehe auch Kapitel 4.2.4).

In der Vergangenheit hat das Sentinel Haus Institut Projekte in den unterschiedlichsten Bauweisen von den verschiedensten Bau- und Immobilienunternehmen begleitet. Allerdings waren dies meist einzelne Gebäude. Eine hohe gesundheitliche Qualität konsequent nach den Vorgaben des Umweltbundesamtes in einem Industrieunternehmen für seriell hergestellte Häuser umzusetzen, war absolutes Neuland. Da alle eingesetzten Bauprodukte und Verarbeitungsmethoden bekannt sind, konnten die Einflussfaktoren sehr gut herausgearbeitet werden, die für eine sicher wohngesunde Raumluftqualität nötig sind. Dies gilt sowohl für die Auswahl und die Verarbeitung der Materialien als auch für die Bedingungen, unter denen eine Raumluftmessung stattfinden sollte, damit die Ergebnisse untereinander und mit wissenschaftlichen Vorgaben vergleichbar sind.

Ein weiteres Ziel war, zu überprüfen, inwieweit sich die Vorgaben für Laborprüfungen, wo alle Einflüsse exakt festgelegt werden können, mit der täglichen Realität auf der Baustelle vertragen, und welche Konsequenzen dies hat. Im Folgenden sind die Methoden und die Ergebnisse des Projektes im Überblick dargestellt.

Bereits bei den ersten Überlegungen zum Forschungsprojekt wurde deutlich, dass bei der Umsetzung sehr umsichtig vorgegangen werden muss. Dies gilt vor allem für Entscheidungen, die sich auf die Kosten für das Unternehmen und die Kunden auswirken. Und dies betrifft fast alle Entscheidungen. Denn geprüft gesündere Gebäude sollen für den »Normalverdiener« bezahlbar bleiben. Es galt also, die Stellschrauben zu finden, die die gesundheitliche Qualität der Häuser optimieren und gleichzeitig die Kosten stabil halten.

Deutlich wurde auch, dass alle Unternehmensbereiche des Fertighausunternehmens am Prozess betroffen sind und konstruktiv beteiligt werden müssen. Denn jede Veränderung in den täglichen Abläufen, der Materialauswahl und der Produktionsplanung hat umfangreiche Konsequenzen für die Verarbeitung und Lieferzeiten, denn das Unternehmen schließt langfristige Lieferverträge, sowie für vorhandene Zulassungen. Nur wenn alle Unternehmensbereiche das Projekt positiv begleiten, kann es gelingen.

3.2 Studie »Gesundheitliche Qualität im Holzfertigbau«

MÖGLICHE SCHADSTOFFE IN BAUPRODUKTEN

1. Wandbeläge (Formaldehyd, Weichmacher)

2. Bodenbeläge (Formaldehyd, Weichmacher, Essigsäure, Terpene)

3. Farben, Innenputze (Glykole, Lösemittel, Konservierungsstoffe)

4. Öle und Wachse (Terpene, höhere Aldehyde, Aliphate)

5. Kleber (Isocyanate, Essigsäure, leicht flüchtige Lösemittel)

6. Dämmstoffe (Formaldehyd, Styrol)

7. Holzwerkstoffe (Terpene, höhere Aldehyde)

8. Trockenbaumaterialien (Terpene, höhere Aldehyde)

9. (Innen-)Türen, Fenster (Glykole, leicht flüchtige Lösemittel)

Abb.: Sentinel Haus Institut

Die Bauweise und die Ausstattung eines SchwörerHauses erfüllt gleich mehrere positive Voraussetzungen:

— Alle Häuser verfügen über eine kontrollierte Lüftung mit Wärmerückgewinnung. Dies wirkt sich positiv auf den Gehalt von CO_2, Lösemitteln und Formaldehyd in der Raumluft aus.

— Alle Häuser werden industriell in Fertigungshallen gefertigt und witterungssicher transportiert. Innerhalb weniger Tage sind sie regensicher montiert. Damit wird das Schimmelrisiko stark minimiert.

— Alle Häuser werden aus hochwertigem, technisch getrocknetem Holz gebaut. Das verwendete Fichtenholz ist hinsichtlich seiner natürlichen Inhaltsstoffe unproblematisch.

— Die Materialbeschaffung erfolgt zentral. Damit sind »zufällige« Materialien auf der Baustelle im Gegensatz zu anderen Bauweisen hier nicht relevant.

— Da es sich um eine industrielle Einzelfertigung handelt, werden immer dieselben Arbeitsschritte von den gleichen Facharbeitern durchgeführt.

— Durch die Mitgliedschaft in der Qualitätsgemeinschaft Deutscher Fertigbau (QDF) sind wesentliche Voraussetzungen für gesündere Gebäude bereits erfüllt.

HILFEN ZUR QUALITÄTSSICHERUNG »GESÜNDERE GEBÄUDE«

Sie als Handwerker sind die wichtigste Person zum Erreichen dieses Ziels – machen Sie mit!

Generell gilt:

— Nur ausdrücklich freigegebene Bau- und Bauhilfsstoffe verwenden!

— keine Verwendung bitumhaltiger Produkte in Innenräumen

— sofern nicht speziell freigegeben: Minimierungsgebot für Montageschäume

Im Gebäude bitte beachten:

— Staub, Rauch, Geruch entwickelnde Arbeiten im Außenbereich verrichten

— Staub durch Absaugen mit geeigneten Staubsaugern (HEPA oder HI) unverzüglich entfernen

— Entsorgung nur in bereitgestellte Container, Deckel schließen

— Darauf achten, dass über Bauöffnungen (Fenster/Türen) keine Problemstoffe ins Innere gelangen – z. B. Rauch oder Abgase

— Bauheizung: nur Geräte ohne Verbrennungsprozesse (Elektroheizung)

— Baustelle täglich aufräumen, nach staubintensiven Arbeiten saugen

— Regelmäßig lüften, insbesondere in der Woche vor der Abschlussmessung

 Feuer

 Rauchen

 Verbrennungsmotoren

 Verpackungen, Abfälle

 Hochdrehende Schneid- und Schleifwerkzeuge

 Fegen

 Stäube, Gase, Gerüche

 Materiallager

Abb.: Sentinel Haus Institut

Leicht verständliche Regeln für das Verhalten auf den Baustellen von SchwörerHaus erinnern die Mitarbeiter der Bautrupps an die gesundheitsbewusste Verarbeitung der Baumaterialien.

METHODIK UND PRÜFVERFAHREN

Zentrale Bedeutung haben für SchwörerHaus und das Sentinel Haus Institut die Vorgaben des Umweltbundesamtes (www.umweltbundesamt.de Suchworte: Richtwerte Innenraumluft). Diese liegen umfangreich vor und spielen bei der gesamten Projektentwicklung und Projektbegleitung eine maßgebliche Rolle. Hierzu fanden Besprechungen beim Umweltbundesamt und bei SchwörerHaus in Oberstetten statt.

Im Gegensatz zu Laboruntersuchungen und zu den bislang vom Sentinel Haus Institut begleiteten Bauprojekten wurde bei diesem Projekt als Messtermin für neue Häuser der sogenannte Tag 0, also der Tag der Übergabe an die Bauherren nach Fertigstellung der vertraglich definierten Leistungen gewählt. Der Grund: Die untersuchten Räume sollen bis zur Messung leer stehen, um die Messergebnisse nicht durch Reinigungsmittel, Möbel oder Ausstattungsgegenstände zu beeinflussen. Der zweite Grund: Kaum eine Baufamilie hat Zeit und Gelegenheit, 28 Tage lang einen Raum leer stehen zu lassen, bis die Messung erledigt ist.

Gemessen wurden flüchtige organische Verbindungen (VOC), Formaldehyd und Acetaldehyd. VOC werden dabei auf sogenannte Tenax-Adsorber analysiert, Formaldehyd und Acetaldehyd auf DNPH-Sammler. Generell muss bei beiden Verfahren auf einen sehr sorgsamen Umgang geachtet werden, zum Beispiel das Ablaufdatum der Messröhrchen, um die Messergebnisse nicht zu verfälschen. Gemessen wird durch eine aktive Probennahme. Das heißt, eine Pumpe saugt mit einem definierten Volumenstrom die Raumluft durch das Messröhrchen. Mit der Dauer der Probenahme wird das beprobte Luftvolumen festgelegt. Für die Messung von VOC ergibt sich eine Messzeit von einer Stunde für ein Volumen von 3 Litern. Die Messung von Formaldehyd und Acetaldehyd dauert 30 Minuten für ein Volumen von 30 Litern.

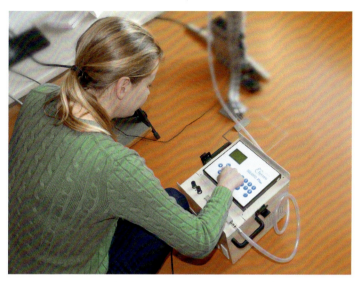

Die Messmethodik und das Messequipment entspricht offiziellen Normen und Richtlinien, um vergleichbare Ergebnisse zu erhalten.

Parallel zur Messung füllen die Bauleiter einen umfangreichen Fragebogen aus. Hier geht es um die Rahmenparameter des Bauprojekts. Wann und in welcher Ausstattung wurde ein Haus aufgebaut? Wo steht das Haus, z. B. an einer stark befahrenen Straße? Hat die Baufamilie Eigenleistungen übernommen? Welche Arbeiten wurden kurz vor der Messung durch die Bautrupps von Schwörer ausgeführt? Auch sonstige Auffälligkeiten und Besonderheiten werden notiert.

Festgehalten werden auch die Rahmenbedingungen während der Messung. Um korrekte Ergebnisse zu erhalten, sollten die Messbedingungen der sogenannten üblichen Nutzung des Raumes entsprechen. Die Temperatur sollte in dem für Innenräume üblichen Bereich von 19 bis 24 °C liegen. Um die Luft im Haus auszutauschen, ist im Idealfall die Lüftungsanlage schon einige Tage vor der Messung in Betrieb. Ist das nicht der Fall, sollte in den Tagen vor der Messung mehrmals täglich für 10–15 Minuten stoßgelüftet werden.

Die Messung selbst erfolgt dann nach einer sogenannten Gleichgewichtseinstellung, in der sich die klimatischen Bedingungen im Raum einpendeln. Dazu sollte der Raum mindestens 8 Stunden vor der Messung verschlossen sein. Während der Messung befinden sich im Normalfall außer dem Bauleiter keine weiteren Personen im untersuchten Raum. Auch ist möglichst darauf zu achten, dass kurz vor der Messung im Haus keine Bau-, Rest- oder Reinigungsarbeiten erledigt wurden. Gemessen wird üblicherweise im (Eltern-) Schlafzimmer. Vom Zeitpunkt der Messung bis zur Auswertung der Ergebnisse vergehen in der Regel circa zwei bis drei Wochen. Wie die Proben analysiert und ausgewertet werden, steht in Kapitel 4.2.4.

Bei den Messreihen wurde der Gehalt von VOC (Lösemittel) sowie Formaldehyd und Acetaldehyd untersucht. Andere Schadstoffe wurden aus den folgenden Gründen ausgeklammert:

Kohlendioxid (CO_2): Das Sentinel Haus Institut vertritt den Standpunkt, dass eine Lüftungsanlage ein absolutes Muss für eine gesündere Raumluft ist. Mit einer korrekt eingestellten Lüftungsanlage ist die CO_2-Konzentration im Privathaus kein Problem. Die Firma SchwörerHaus gehört zu den Pionieren der kontrollierten Wohnraumlüftung und baut diese serienmäßig in alle Häuser ein.

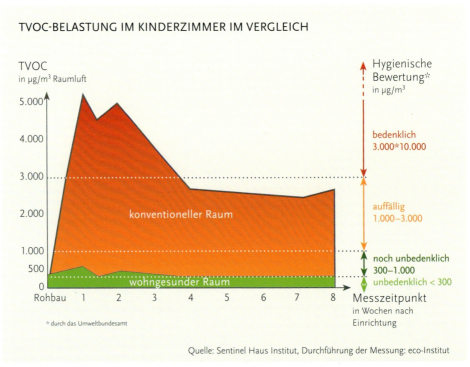

Die Forschungsergebnisse des Projektes »Wohngesundes Kinderzimmer« von 2011 zeigen die eklatanten Schadstoffbelastungen in dem Zimmer mit ungeprüften Bauprodukten. Die Belastungen sind kurz nach Abschluss der Bauphase besonders hoch und nehmen im Lauf der Zeit ab.

Das aus dem Boden austretende radioaktive Edelgas Radon ist ein wichtiges Thema (siehe Kapitel 2.1.5). Auch, weil seit 2018 ein EU-weiter Referenzwert gilt. Zum Zeitpunkt der Projektplanung waren diese Radon-Richtwerte noch nicht festgelegt. Zudem hätten weitere Messungen den organisatorischen und finanziellen Rahmen des Forschungsprojektes gesprengt.

Ähnlich sieht es bei den schwerflüchtigen SVOC aus. Das ist eine Stoffgruppe, zu der zum Beispiel Weichmacher gehören. Diese werden vor allem durch Untersuchungen des Hausstaubs analysiert. Eine Raumluftmessung ist also keine sinnvolle Methode. Laboruntersuchungen von Hausstaubproben auf SVOC sind dort sinnvoll, wo durch den Einsatz von weichgemachten Kunststoffen eine Belastung zu erwarten ist. Produkte mit solch problematischen Inhaltsstoffen sind allerdings nach den Kriterien des Sentinel Haus Instituts ausgeschlossen und werden daher von SchwörerHaus nicht verarbeitet.

Die Normen und Grenzwerte orientieren sich an offiziellen Empfehlungen. Alle Vorgaben zur Prüfkammermessung von Produkten im Labor sind in der internationalen Norm zur Ermittlung der Emissionen von Bauprodukten veröffentlicht (DIN EN ISO 16000-9). Die Ergebnisse dieser Untersuchungen können mit verschiedenen Kriterienkatalogen abgeglichen werden. Dazu gibt es in Deutschland die Empfehlungen des Ausschusses für gesundheitliche Bewertung von Bauprodukten (AgBB). Diese Gruppen von Experten der obersten Gesundheitsbehörden, des Umweltbundesamtes und zahlreicher weiterer Institutionen haben ein ausführliches Mess- und Bewertungsschema entwickelt. Beispielsweise gelten Grenzwerte, die nach 3 und nach 28 Tagen eingehalten werden müssen. Die Schwierigkeiten, dieses Schema von einem einzelnen Bauprodukt auf ein komplettes Haus zu übertragen, zeigt ein Beispiel: Nach AgBB erfüllt ein einzelnes Bauprodukt die Kriterien, wenn nach 28 Tagen ein Wert für die Summe aller VOC (TVOC) von weniger als 1000 Mikrogramm je Kubikmeter (µg/m³) festgestellt wird. Die Kriterien des Sentinel Haus Instituts sind mit einem TVOC-Grenzwert (nach 28 Tagen) von 300 µg/m³ deutlich strenger und bieten damit deutlich mehr Sicherheit für den praktischen Einsatz. Denn in realen Räumen beziehungsweise in einem kompletten Haus addieren sich die Raumluftbelastungen durch die Vielzahl der Bauteile sowie teilweise durch ein anderes Verhältnis von Rauminhalt und umgebenden Flächen, sodass in der Summe der gemessenen Konzentrationen der laut Umweltbundesamt noch akzeptable Bereich bis 1.000 µg/m³ TVOC je Kubikmeter Raumluft überschritten werden kann.

DIE EINZELNEN PROJEKTPHASEN

Der Weg zum Ziel der gesundheitlichen Qualitätssicherung in einem Fertighausunternehmen wurde in mehrere Etappen unterteilt. Von der Messung eines ersten Musterhauses, über die Überprüfung von Materialien die Messung von älteren und neu gebauten Musterhäusern bis hin zur Begleitung und Messung der aktuellen Produktion von Kundenhäusern. Insgesamt wurden 649 Häuser wissenschaftlich untersucht. Einzelne Teilbereiche wurden dabei parallel bearbeitet, um möglichst rasch Ergebnisse zu erhalten.

Zu Beginn des Projektes erfasste das Sentinel Haus Institut die von SchwörerHaus in der Fertigung und der Endmontage eingesetzten Baustoffe und identifizierte die für die Raumluft relevanten Materialien. Dies betrifft alle Gewerke, die sich mit dem Innenausbau befassen, aber auch Dämmstoffe und Wandaufbauten. Anschließend wurde die Qualität der Baustoffe im Hinblick auf ihr Emissionsverhalten anhand von Emissionsprüfungen der Hersteller beurteilt. Bei Einhalten der Prüfkriterien wurden die Materialien »freigegeben« und in die Datenbank »Gesündere Gebäude« aufgenommen.

Die Montagetrupps von SchwörerHaus werden für die einzelnen Bauprojekte mit den notwendigen Bau- und Bauhilfsstoffen zentral versorgt, sodass ein sehr guter Überblick über die verbauten Materialien gewährleistet ist. Bei unvorhergesehenen Engpässen auf der Baustelle sind die Montagetrupps aber darauf angewiesen, im Handel gleiche oder gleichwertige Produkte zu finden, die auch in gesundheitlicher Hinsicht unbedenklich sind. Hierzu haben sie die Möglichkeit, im Bauverzeichnis »Gesündere Gebäude« entsprechende Produkte online auszuwählen (www.bauverzeichnis.gesündere-gebäude.de).

Musterhäuser von SchwörerHaus entsprechen in Bauweise und Materialauswahl exakt den Häusern, die die Kunden erwerben. Allerdings gibt es hier zum Beispiel keine Einflüsse durch Eigenleistung und Reinigungsarbeiten kurz vor der Raumluftmessung. Auch waren mehrere Musterhäuser seit Jahren in Betrieb (hier wollte man stichprobenhaft die unterschiedlichen Baureihen überprüfen), einige Musterhäuser wurden während des Projektzeitraumes neu eröffnet. Insgesamt wurden zehn Musterhäuser gemessen.

Der weitaus größte Teil der gemessenen Häuser sind individuelle Kundenhäuser aus der laufenden Produktion. Die Häuser wurden in ganz Deutschland und auch in der Schweiz gebaut und umfassen alle Preisgruppen, Hausgrößen und Ausstattungen. In zahlreichen dieser Häuser wirkten die Bauherren durch Eigenleistungen mit. Im Vergleich mit schlüsselfertig erstellten Häusern steigt dadurch die Zahl der Einflussfaktoren enorm. So viel sei vorausgeschickt: Für die Baubetreuung und die Durchführung der Messung ist dies eine um ein Vielfaches größere Herausforderung.

12 Messungen wurden vom TÜV Rheinland als qualitätssichernde oder als Intensivmessungen durchgeführt. Darüber hinaus fanden Messungen zum Abklingverhalten von Schadstoffen nach 7, 14 und 28 sowie nach 30, 60 und 90 Tagen statt. Dabei wurde ermittelt, wie sich die Schadstoffkonzentration in der Raumluft über den jeweiligen Zeitpunkt verändert.

Abb.: Sentinel Haus Institut

DIE MESSERGEBNISSE

Die Ergebnisse zeigen sehr gut die besondere Herausforderung der Messung auf der Baustelle gegenüber reinen Labormessungen. Messungen unter Laborbedingungen, also zum Beispiel Produktprüfungen in Prüfkammern, sind künstlich geschaffene Situationen. Hier können Einflussfaktoren konstant gehalten oder nach Bedarf angepasst werden. Das ermöglicht eine hohe Vergleichbarkeit mit anderen Messungen, die unter denselben Bedingungen durchgeführt wurden. Im Fall einer Produktprüfung können zum Beispiel Produkte unterschiedlicher Hersteller leicht verglichen und bewertet werden. Die in solchen stark kontrollierter Prüfsituation ohne externe Einflüsse gewonnenen Erkenntnisse lassen sich allerdings nur eingeschränkt auf die Situation in realen Wohnräumen übertragen.

Wie bereits dargestellt, ist die Raumluftmessung bei einem Fertighausunternehmen realistisch gesehen nur unmittelbar nach Fertigstellung möglich, da anschließend sofort die Übergabe an die Kunden stattfindet.

Durch diese Messung am »Tag 0« ändern sich teilweise die Rahmenbedingungen. In der Praxis traten während des Projektes insbesondere folgende Situationen auf:

— In einem Großteil der Gebäude war die Lüftungsanlage noch nicht aktiv, damit ein Verschmutzen des Rohrleitungssystems verhindert wird. Außerdem sollten die Anlagen aus Sicherheitsgründen nicht mit Baustrom betrieben werden.

— Ausbesserungs- und Reinigungsarbeiten lassen sich in den Tagen direkt vor der Messung und zum Teil sogar am Tag der Messung nicht vollständig vermeiden. Ein Beispiel sind Reinigungsarbeiten mit einem naturgemäß sehr emissionsstarken Lackentferner oder Ausbesserungen mit Lack.

— Nach Rücksprache mit dem Bauleiter oder dem Bautrupp bringen viele Baufamilien bereits vor dem Übergabetermin ungeprüfte Materialien auf die Baustelle und verarbeiten diese in Eigenleistung.

Ein klar geregelter Bauablauf und definierte Lagerräume sind wichtige Bestandteile des wohngesunden Bauens.

Die Ergebnisse der Musterhäuser

Bei Musterhäusern sind die Messbedingungen nicht dieselben wie bei der Überprüfung von Kundenhäusern zum Zeitpunkt der Fertigstellung. Einige der gemessenen Musterhäuser sind seit Jahren im Normalbetrieb in Benutzung. Das heißt, sie sind möbliert, Lüftungsanlage und Heizung sind in Betrieb. Zudem fehlt der Faktor Eigenleistung bei allen Musterhäusern gänzlich.

Bei neu errichteten Musterhäusern herrscht weniger Zeitdruck als bei Kundenhäusern, die Messung kann häufiger zum bestmöglichen Zeitpunkt durchgeführt werden, nachdem alle Arbeiten abgeschlossen sind, die Baustelle aufgeräumt wurde und die Luftbelastungen der letzten Bauphase abgeklungen sind. Die Messbedingungen, einschließlich dem langzeitigen Betrieb der Lüftungsanlage, wurden eingehalten.

Die Musterhäuser weisen sehr niedrigere Schadstoffwerte auf (unter 300 µg/m³ VOC). Keiner der Richtwerte für Einzelstoffe wird überschritten. Die TVOC-Werte liegen im Durchschnitt bei 98 µg/m³ (Median). Dies lässt den Schluss zu, dass aus der Bausubstanz praktisch keine Stoffe mehr freigesetzt werden. Die bei anderen Häusern gemessenen Werte sind somit, auch noch nach mehr als 30 Tagen, auf die Bautätigkeit zurückzuführen.

Die Ergebnisse am Tag 0

Entsprechend der sehr unterschiedlichen Messbedingungen auf den Baustellen sind die Messwerte am Tag 0 der Hausübergabe differenziert zu betrachten. Der Median der TVOC-Werte liegt bei 1048 µg/m³, das arithmetische Mittel bei 1419 µg/m³. Die Werte variieren sehr stark. Die sogenannte Standardabweichung liegt bei 1467 µg/m³. Diese Schwankung zeigt die vielen Einflussgrößen, auf die nachfolgend noch detailliert eingegangen wird.

Neben der Summe der flüchtigen organischen Verbindungen (TVOC) wurden vierzehn Stoffe und Stoffgruppen auf Überschreitung der Einzelrichtwerte des Umweltbundesamtes nach Empfehlungen des Ausschusses für Innenraumrichtwerte (AIR) beim Umweltbundesamt untersucht.

> **MEDIAN**
>
> Die Mittelwerte werden hier als Median angegeben. Der Median teilt die der Größe nach geordneten Daten in zwei gleich große Hälften und gibt den Wert in der Mitte an. Bei 639 TVOC-Werten werden beispielsweise der 319. und 320. Wert addiert und durch zwei geteilt, um den Median zu erhalten. Eine zweite Möglichkeit, den Mittelwert anzugeben, ist das arithmetische Mittel. Hier werden alle Werte addiert und durch die Anzahl der Werte geteilt. Da Ausreißer das arithmetische Mittel stark beeinflussen können, konzentriert sich die Darstellung auf die Mediane.

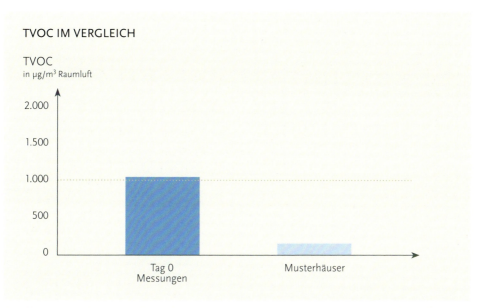

Die Messwerte für den Median der flüchtigen organischen Verbindungen der Musterhäuser liegen deutlich unter denen der gerade fertiggestellten Häuser auf einem sehr niedrigen Niveau. Aus Studie »Gesundheitliche Qualität im Holzfertigbau«.

Stoff	Richtwert nach 28 Tagen (in µg/m³)	Überschreitung am Tag 0 (in Prozent der gemessenen Häuser)
Aldehyde C_4 bis C_{11}	100	48,6 %
Acetaldehyd	60	31,0 %
Bicyclische Terpene	200	20,5 %
1,3-Dichlor-2-propanol	2	12,5 %
C_9-C_{14}-Alkane / Isoalkane	200	11,2 %
Benzol	2	10,2 %
Epichlorhydrin	2	8,4 %
2-Methoxyethylacetat	2	2,5 %
Benzaldehyd	20	2,4 %
Formaldehyd	60	2,4 %
Butanonoxim	20	2,4 %
Styrol	30	1,7 %
N-Ethylpyrrolidon	2	0,9 %
N-Methylpyrrolidon	2	0,6 %
TVOC	**1000**	**52,4 %**

Auszug aus den Messergebnissen: Selbstverständlich wurden auch die Werte der vielen Einzelstoffe aus der Gruppe der flüchtigen organischen Verbindungen betrachtet. Die Lösemittel liegen naturgemäß am Tag 0 teilweise über dem Grenzwert für eine Messung nach 28 Tagen. Aus Studie »Gesundheitliche Qualität im Holzfertigbau«.

DER EINFLUSS DER MESSBEDINGUNGEN AUF DIE ERGEBNISSE

Es kann angenommen werden, dass die Messbedingungen, vor allem der Umfang der Lüftung vor der Messung, sowie die Raumtemperatur einen starken Einfluss auf die Messergebnisse haben. Auch die Art und der Umfang der kurz vor oder sogar während der Messungen durchgeführten Arbeiten sowie das Verschließen des Messraums beeinflussen das Ergebnis deutlich.

Messtemperatur (in °C)	Median TVOC (in µg/m³) Tag 0	Anzahl der Messungen
< 15	1138	54
15–17,9	962	114
18–20,9	1089	179
21–23,9	1033	167
24–26,9	1051	93
> 26,9	1562	16

Die Temperaturen während der Raumluftmessung haben einen Einfluss auf das Ergebnis. Dabei sind die Unterschiede weniger signifikant als vermutet. Bei Temperaturen im Haus ab 27 °C steigen die gemessenen Werte allerdings deutlich an. Aus Studie »Gesundheitliche Qualität im Holzfertigbau«.

Die Messtemperatur

Das Umweltbundesamt empfiehlt Messungen bei einer Messtemperatur zwischen 19 und 24 °C durchzuführen. In der baulichen Praxis konnte diese Bedingung bei 50,2 % der Messungen eingehalten werden. Schwierig wird dies in den zunehmend warmen Sommermonaten, welche zu einer stärkeren Emission der Lösemittel VOC führen. Dies bedeutet, dass gerade zur Tag-0-Messung höhere Werte zu finden sind, gleichzeitig ist die Konsequenz, dass die Lösemittel auch schneller das Gebäude verlassen.

Die Ergebnisse sind allerdings nicht so eindeutig, wie man meinen könnte. Hier spielen offensichtlich weitere Einflussfaktoren eine Rolle. Deutlich ist der Anstieg der Messwerte ab 27 °C, allerdings ist die Zahl der bei diesen Temperaturen gemessenen Häuser relativ klein.

Die Lüftung

Als Lüftungsbedingungen wurden für das Projekt sogenannte Ausgleichsbedingungen nach Empfehlungen des Umweltbundesamtes festgelegt. Das heißt, der Raum sollte vor der Messung zwei bis dreimal täglich für 10 bis 15 Minuten quergelüftet werden und direkt vor der Messung mindestens acht Stunden verschlossen sein – bestenfalls mit einer eingebauten Tür. Besonders wichtig ist, dass die Lüftungsanlage einige Tage in Betrieb sein sollte. Diese Bedingungen konnten nicht bei allen Messungen gänzlich eingehalten werden. Bei 48 % der Räume war durch den Baustellenablauf eine regelmäßige Belüftung möglich, 18,6 % wurden direkt vor der Messung stoßgelüftet und 32,6 % konnten durch den Baustellenablauf gar nicht gelüftet werden.

Wie zu erwarten, werden die höchsten TVOC-Werte in ungelüfteten Räumen erreicht. Der Median liegt hier um 368 µg/m³ höher als in den einmalig 5 bis 20 Minuten stoßgelüfteten Räumen.

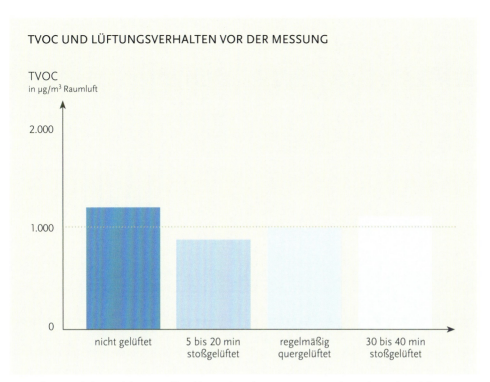

Das Lüftungsverhalten auf der Baustelle schlägt sich in den Messwerten nieder. In den nicht gelüfteten Häusern liegt der Median der flüchtigen organischen Verbindungen am Tag 0 deutlich über den Häusern, in denen besser gelüftet wurde. Aus Studie »Gesundheitliche Qualität im Holzfertigbau«.

Geschlossener Messraum und Betriebszeit der Lüftungsanlage

Auch die laut Norm geforderte Mindestverschlusszeit des Messraums von 8 Stunden konnte nicht immer eingehalten werden. 43,8 % der Messräume waren nicht verschlossen. Immerhin 32,9 % waren genau 8 Stunden verschlossen. In der Tendenz zeigt sich, dass ein übermäßig lange verschlossener Messraum auch höhere Werte aufweist.

Verschlusszeit des Messraums	Median TVOC (in µg/m³) Tag 0	Anteil (in %)	Anzahl der Häuser
Nicht verschlossen	990	43,8	260
Zwischen 0,5 und 4 Stunden verschlossen	874	8,9	53
Zwischen 4 und 8 Stunden verschlossen	901	2,0	14
Genau 8 Stunden verschlossen	1089	32,9	195
Zwischen 8 und 24 Stunden verschlossen	1101	7,9	47
Einen Tag und länger verschlossen	1112	4,4	26

Die Messräume vor der Messung genau acht Stunden zu verschließen, war nicht immer möglich. Die Mittelwerte unterscheiden sich statistisch allerdings nicht sehr deutlich, ausgenommen sehr lang verschlossene Räume. Aus Studie »Gesundheitliche Qualität im Holzfertigbau«.

Lüftungsanlage in Betrieb	Median TVOC (in µg/m³) Tag 0	Anteil (in %)	Anzahl der Häuser
0 Tage	1238	18,5	115
0,5 Tage	1158	18,3	113
1 Tag	1202	20,3	126
2 Tage	900	14,3	89
3 Tage	1172	5,5	34
4 Tage	618	4,2	26
5 Tage	1085	3,9	24
6 Tage	679	4,0	25
7 Tage	1102	4,5	28
8 Tage und länger	974	7,1	44

Je länger die Lüftungsanlage in Betrieb ist, umso besser sind in der Tendenz die Messergebnisse. Allerdings reduzieren sich die Messwerte nicht linear, was an der relativ geringen Zahl der jeweils betroffenen Häuser liegen kann. Aus Studie »Gesundheitliche Qualität im Holzfertigbau«.

Ein wichtiger Einflussfaktor ist die Betriebszeit der Lüftungsanlage, die für den Luftaustausch in den gemessenen Fertighäusern sorgt. Da diese aus Sicherheitsgründen nicht an den Baustrom angeschlossen werden darf, waren viele Lüftungsanlagen am Tag der Raumluftmessung noch nicht oder erst kurzzeitig in Betrieb. Ein zweiter und sehr wesentlicher Grund für die späte Inbetriebnahme der Lüftungsanlage ist die Vermeidung der Verschmutzung der Lüftungsanlagen während der Bauphase. Um eine frühzeitige Kontaminierung der luftführenden Teile durch Staub und Schadstoffe während der Bauphase zu verhindern, werden diese erst zu einem relativ späten Zeitpunkt eingeschaltet. Die Messergebnisse zeigen, dass die Ergebnisse deutlich durch eine mechanische Lüftung verbessert werden können.

Im Durchschnitt liefen die Lüftungsanlagen einen Tag (Median), in einem Einzelfall aber auch 40 Tage. Vor allem die TVOC-Werte der Häuser mit ausgeschalteter Lüftungsanlage schwanken sehr stark. Sie liegen mit einem Median von 1238 µg/m³ im Schnitt um 264 µg/m³ über den TVOC-Werten der Häuser, in denen die Lüftungsanlage bereits über eine Woche in Betrieb war (Median: 974 µg/m³). Generell könnte eine baustellenseitige Zwangsbelüftung Vorteile bieten. Das Sentinel Haus Institut hat dazu den Baustellenlüfter Sentinel Fresh entwickelt (siehe Seite 169).

Um den Zusammenhang von Lüftungsbedingungen und Messergebnissen bei nicht eingehaltenen Messbedingungen zu veranschaulichen, hier ein Beispiel einer Messung und dem dazugehörigen Probenahmeprotokoll. In diesem speziellen Fall erreichen die TVOC-Werte am Tag 0 3125 µg/m³, also einen deutlich erhöhten Wert. Aus dem Protokoll geht hervor, dass der Raum vor der Messung eine Woche lang weder manuell noch über eine eingeschaltete Lüftungsanlage belüftet wurde. Vermutlich lägen die Werte bei Einhaltung der geforderten Messbedingungen deutlich niedriger und im Rahmen der vorgegebenen Richtwerte.

Eigenleistungen der Kunden vor der Messung

Eigenleistungen der Bauherren vor der Übergabe sind nur nach Rücksprache mit dem Bauleiter möglich. Bei der Raumluftmessung und der Bewertung der Messergebnisse spielen sie eine sehr wichtige Rolle. Bei diesen Eigenleistungen greift das Qualitätsmanagement des Sentinel Haus Instituts und von SchwörerHaus nicht! Es gibt keine Kontrolle über die Auswahl der Bauprodukte, die Bauherren sind nicht geschult im Verarbeiten der Materialien.

In rund einem Fünftel der gemessenen Häuser wurde vor der Messung mit Malerarbeiten begonnen (20,7 %). Auch Bodenbeläge waren relativ oft bereits verlegt worden (18,5 %). Es folgen Trockenbau- (16,7 %) und Tapezierarbeiten (15,3 %), Arbeiten an der Treppe (14,3 %) und das Einbringen von Möbeln (14,2 %), die nicht dem Schwörer-Sortiment angehören und somit nicht vom Sentinel Haus Institut geprüft sind. In etwa jedem zehnten Haus waren Türen in Eigenleistung von den Bauherren eingebaut (11,8 %), Fliesen verlegt (11,2 %) oder Holzwerkstoffplatten verarbeitet (8,9 %) worden. Dichtungsfugenarbeiten wurden in immerhin 7,5 % der Häuser durchgeführt. Meist fanden mehrere, verschiedene Eigenleistungsarbeiten in einem Haus statt.

Durchgängig liegen die TVOC-Mediane der Häuser, in denen keine Eigenleistungen stattgefunden hatten, unter den TVOC-Medianen der Häuser, in denen mit Eigenleistung gearbeitet wurde.

AUSWIRKUNGEN VON LÜFTUNGSVERHALTEN

Lüftungsbedingungen (im Raum der Messung)

Fenster und Türen geschlossen gehalten:
Seit ca. 1 Woche Stunden (Dauer)

Türöffnung verschlossen mit:
☒ Tür
☐ Folie
☐ andere Abdeckung:
☐ nicht verschlossen

Raumlüftung:
☐ mehrmals täglich für ca. 10 – 15 Minuten
☐ Stoßlüftung vor der Messung
   Dauer ca.   Minuten
☒ nicht gelüftet   seit kw 52

Abb. 1: Korrespondierendes Protokoll, keine ausreichende Lüftung

Zusammenfassung:			
Summe aromatische Kohlenwasserstoffe			188
Naphthalin und Naphthalin-ähnliche Verbindungen		0.03/0.01; 2013	<5
Alkylbenzole, C9-C15		1/0.1; 2012	44
Summe aliphatische Kohlenwasserstoffe, darin:			1362
C9-C14-Alkane/Isoalkane(aromatenarm)			322
Summe Aldehyde und Ketone, darin:			844
Aldehyde, C4 bis C11		2/0.1; 2009	539
Summe chlorierte Kohlenwasserstoffe			<5
Summe Terpene, darin:			971
monozyclische Monoterpene (Leitsubstanz d-Limonen)		10/1; 2010	120
Terpene, bicyclisch (Leitsubstanz alpha-Pinen)		2/0.2; 2003	849
Summe Ester und Ether			377
Summe Alkohole			1026
Kresole		0.05/0.005; 2012	<5
Summe org. Säuren			63
Summe Siloxane			80,3
zyclische Dimethylsiloxane D3-D6		4/0.4; 2011	80
Summe Glykole, Glykolether, Glykolester			46
Summe Amine und Amide			<5
Summe Phthalate und Phosphate			<5
Summe sonstige Verbindungen			<5
Summe aller gemessenen Verbindungen			211
VVOC (<C6)			2044
VOC n. ISO 16000-6 (C6-C16) (<1000µg/m³)			3125
SVOC (>C16)			<10
TVOC (als Toluoläquivalent gemäß ISO 16000-6)			2954

Abb. 2: Insgesamt erhöhte Messwerte   Quelle: Sentinel Haus Institut / SchwörerHaus / TÜV Rheinland

Wenn die Messbedingungen, zum Beispiel eine ausreichende Lüftung des Hauses (Abb. 1), nicht eingehalten werden, ergeben sich bei der Auswertung erhöhte Schadstoffwerte (Abb. 2).

Art der Eigenleistung vor der Raumluftmessung	Anteil (in %)	Anzahl der Häuser	Median TVOC mit EL (in µg/m³) Tag 0	Median TVOC ohne EL (in µg/m³) Tag 0
Holzwerkstoffplatten	8,9	48	1195	1011
Trockenbauarbeiten	16,7	90	1206	996
Malerarbeiten	20,7	94	1182	994
Tapezierarbeiten	15,3	82	1221	999
Dichtungsfugenarbeiten	7,5	40	1330	997
Fliesenarbeiten	11,2	55	1373	974
Bodenlegearbeiten	18,5	101	1080	1009
Arbeiten an der Treppe	14,3	79	1030	1024
Türen	11,8	63	1202	995
Möblierung	14,2	71	1033	992
gesamt	49,4	275	1116	994

Die Messwerte in Häusern mit Eigenleistungen sind durchweg höher als bei schlüsselfertig errichteten Häusern. Auffällig ist der Einfluss von Fliesen- und Verfugungsarbeiten. Aus Studie »Gesundheitliche Qualität im Holzfertigbau«.

Reinigung

In 8,6 % der Häuser hatte eine Intensivreinigung stattgefunden. Im Durchschnitt liegen die Mittelwerte der Häuser, die bereits intensiv gereinigt wurden, um 106 µg/m³ über denen ohne Reinigung (Median: 989 µg/m³ im Vergleich zu 1095 µg/m³).

Schulung und Baubegleitung

Bei der Betrachtung der über den Projektverlauf gemessenen TVOC-Werte ist die Interpretation nicht ohne die Einbeziehung der Zeitintervalle sinnvoll, in denen wichtige qualitätssichernde Maßnahmen durch das Sentinel Haus Institut stattfanden. So wurde das verbaute Material von Sentinel Haus ab Ende März 2016 geprüft. Die meisten Produkte und Baustoffe wurden im April und Mitte Juli 2016 freigegeben – das heißt, die Produkt- und Materialumstellung erfolgte sukzessive danach durch SchwörerHaus. Mitte Mai 2016 erfolgte darüber hinaus eine Bauleiter-Schulung durch das Sentinel Haus Institut. Hier wurden wichtige Hinweise gegeben, was auf der Baustelle zu beachten ist, um die Schadstoffbelastung möglichst klein zu halten.

In der Grafik ist erkennbar, dass die TVOC-Werte im Mittel von März bis Mai 2016 ansteigen, dann jedoch bis zum Herbst 2016 stetig abfallen – und dies trotz steigender Messtemperaturen. Von Ende Juni bis Anfang Dezember 2016 wurde zudem das Sentinel Qualitätsmanagement eingeführt. Mitarbeiter des Sentinel Haus Instituts überprüften bei 22 Baustellen-Besuchen, ob und wie die Vorgaben für eine bessere Innenraumluftqualität eingehalten werden. Hierzu wurden nochmals die Bauleiter geschult. Es ist zu vermuten, dass die sinkenden TVOC-Werte im Jahresverlauf 2016 auf die Materialumstellungen, die Schulungen und Baustellenbesuche zurückzuführen sind. Der eigentlich zu erwartende jahreszeitenbedingte Anstieg der Werte ist nicht sichtbar beziehungsweise wirkt dem nur leicht entgegen.

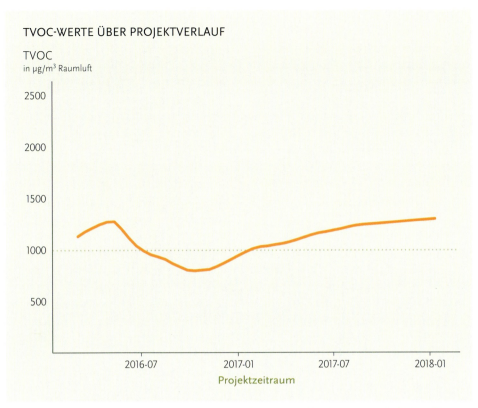

Eine intensive Begleitung der Bauarbeiten durch externe Fachleute und die Beratung und Schulung der Mitarbeiter in den ersten Jahren zahlt sich aus. Aus Studie »Gesundheitliche Qualität im Holzfertigbau«.

Erfahrungsgemäß stehen Bauleiter und Bautrupps zum Jahresende mehr unter Druck, da viele Bauherren Weihnachten oder zumindest den Jahreswechsel im neuen Eigenheim verbringen möchten. Der erhöhte Zeitdruck ist unserer Ansicht nach die Hauptursache für den TVOC-Anstieg zum Jahresende hin. Aus den Probenahmeprotokollen geht hervor, dass mehr Eigenleistungen durch die Bauherren vor den Messungen stattfanden und auch die Messbedingungen weniger häufig eingehalten wurden. Vor allem konnten die Lüftungsanlagen zu diesem Zeitpunkt häufig nicht rechtzeitig eingeschaltet werden oder Nachbesserungsarbeiten wurden noch bis kurz vor den Messungen durchgeführt.

Gerade in den ersten zwei bis drei Jahren der Einführung eines gesundheitlichen Qualitätsmanagements erscheint eine kontinuierliche Nachschulung als sehr sinnvoll. Eine enge Kommunikation zwischen Bauleitung, Montagetrupps, Oberbauleitung, Materialbeschaffung und dem begleitenden Institut führt offensichtlich zu besseren Messergebnissen.

ABKLINGKURVEN

Ein weiterer wichtiger Inhalt des Forschungsprojektes war, festzustellen, wie stark und wie rasch die Konzentration von Schadstoffen in der Raumluft mit der Zeit zurückgeht, wenn ein Haus normal gelüftet wird. Diese Entwicklung wird in sogenannten Abklingkurven dargestellt. Sie zeigen im Idealfall, dass nach einer gewissen Zeit die Empfehlungswerte des Umweltbundesamtes eingehalten werden.

Für eine Reihe der kurz nach Fertigstellung auftretenden Belastungen der Innenraumluft – zum Beispiel durch leicht flüchtige Lösemittel – ist davon auszugehen, dass ein großer Teil bereits nach kurzer Zeit durch effektive Lüftungsmaßnahmen aus dem Gebäude entfernt wird. Bei anderen Stoffen, wie zum Beispiel den von Holz und Holzwerkstoffen abgegebenen Terpenen und Aldehyden, dauert es länger, bis sich die Konzentrationen wesentlich verringern. Hier ist ein rasches Abklingen nur bei effektiver Lüftung zu erwarten.

Daher ist das Abklingverhalten der Innenraumluftbelastung direkt von Auswahl der Baustoffe und ihrer Zusammenstellung und Verarbeitung abhängig. Die Werte müssen individuell für die Bauweise des Gebäudes (z. B. Holzfertigbau, Massivbau) ermittelt werden. Die hier im Rahmen des Forschungsprojektes getroffenen Aussagen beziehen sich zudem auf bestimmte Bauteilkonstruktionen. Diese unterscheiden sich von Hersteller zu Hersteller und sind von daher spezifisch für jedes Fertigbauunternehmen zu betrachten. Unter diesen Vorgaben können Aussagen über die durchschnittliche Abnahme der Luftkonzentrationen bei mittleren klimatischen und Lüftungsbedingungen für die Bauweise von SchwörerHaus getroffen werden. Ziel ist eine belastbare Aussage, ob auch bei Häusern, die den Empfehlungswert von 1.000 µg/m³ TVOC am Tag der Übergabe überschreiten, kurz- und mittelfristig eine raumlufthygienisch unbedenkliche Situation für die Bewohner vorliegt.

Für die Ermittlung des Abklingverhaltens wurden zunächst in mehreren Objekten Messungen jeweils an Tag 0, 7, 14 und 28 durchgeführt. Dafür konnten Baufamilien gewonnen werden, die sich bereit erklärten, für die Dauer der Untersuchungen entweder den Einzug komplett zu verschieben oder zumindest einzelne Räume nicht zu nutzen. Es zeigten sich dabei aber hohe organisatorische Herausforderungen in Bezug auf die Geschwindigkeit der Laborauswertung und die Koordination von Baustellenablauf und Messplanung, sodass manche der Messreihen nicht auswertbar waren und verworfen werden mussten. Weitere Probleme aus der »Baurealität« waren in mehreren Fällen die Anwendung von stark emittierenden Reinigungs- oder Pflegemitteln und das Einbringen von eigenen Möbeln durch die Baufamilien sowie in einem Objekt der Ausfall der Lüftungsanlage. Alle diese Einflüsse wirkten sich auf die Messergebnisse aus. Daher wurde zum Ende des Projekts zusammen mit der Firma SchwörerHaus die Abkling-Untersuchung um weitere Objekte mit verlängerten Messintervallen (etwa Tag 0, 30, 60 und 90) ergänzt. Hier kamen dann zwar regelmäßig die Emissionen von eingebrachten Möbeln als Unwägbarkeit hinzu, aber die Einflüsse von kurzfristigen »last minute«-Arbeiten auf die Messergebnisse traten in den Hintergrund und die Messplanung wurde etwas entzerrt und damit sorgfältiger planbar.

Betrachtet wurden neben den Ergebnissen für die Summe der organischen Verbindungen TVOC auch die Werte für weitere Einzelstoffe und Stoffgruppen. Dies umfasste neben typischerweise schnell abklingenden aromatischen Lösemitteln vor allem Verbindungen wie Terpene und Aldehyde aus Holz bzw. Holzwerkstoffen und aliphatische Kohlenwasserstoffe aus Reinigungsbenzin. Weiterhin wurde auch spezifisch das Verhalten von Formaldehyd, Acetaldehyd und den typischen Einzelsubstanzen Hexanal und a-Pinen betrachtet. Die Darstellung der Einzelwerte würde allerdings den Rahmen dieses Buches sprengen.

Für die Auswertung des Abklingverhaltens der Schadstoffgehalte in der Raumluft der Häuser wurden Messwerte, die offensichtlich stark durch Schadstoffeinträge seitens der Nutzer beeinflusst waren, im Normalfall nicht berücksichtigt. Bei einzelnen Datensätzen ließen sich deutliche Zusatzbelastungen, hervorgerufen durch Aktivitäten der Hausbewohner, eliminieren. Dies war jedoch nur dort möglich, wo es sich um einzelne Substanzen handelt, die klar bestimmten Tätigkeiten zuzuordnen sind. Ein Beispiel ist ein erhöhter Wert für Siloxane aus einem Parkettpflegemittel, nachdem in der vorhergehenden Messung keine derartige Belastung verzeichnet wurde. In der darauffolgenden Messung war der Wert im Übrigen wieder im Bereich wie vor der Behandlung des Parkettbodens. Das Beispiel zeigt, wie wichtig die möglichst genaue Protokollierung der Messbedingungen für die Ergebnisinterpretation ist.

Abklingkurven mit Messung an Tag 0, 7, 14 und 28

Bei den fünf Häusern, die im Zeitraum ab Fertigstellung bis vier Wochen danach untersucht wurden, erfolgte die Beprobung am Tag 0 durch den zuständigen Bauleiter und bei den drei folgenden Terminen durch Probennehmer des TÜV Rheinland. Bei diesen ausgewählten Häusern wurde versucht, durch Absprache mit den Hauseigentümern zu erreichen, dass so wenig emissionsrelevante Tätigkeiten wie möglich im Haus oder zumindest in dem zu untersuchenden Raum stattfinden. Bei drei der fünf Häuser wurde allerdings die begrenzte Einflussmöglichkeit des Bauunternehmens nach der Hausübergabe deutlich. Hier zeigten sich bei der Auswertung der Messwerte nachträgliche Schadstoffeinträge durch die Aufstellung neuer Möbel und den Einsatz von Bodenpflege- und Reinigungsmitteln. In einem Fall erfolgte nach der Hausübergabe nicht nur keine Fensterlüftung mehr, sondern überhaupt kein Luftwechsel, da über mehrere Wochen wegen Fehlbedienung die Lüftungsanlage unbeabsichtigt deaktiviert worden war. In die Auswertung einbezogen werden konnten daher die Messungen aus zwei Häusern.

Abklingkurven mit Messung an Tag 0, 30, 60 und 90–120

Die Beprobungen zum längerfristigen Abklingverhalten ab Fertigstellung bis circa vier Monate nach der Übergabe wurden am Tag 0 und an den weiteren Terminen durch den zuständigen Bauleiter und weitere, besonders geschulte, Mitarbeiter der Firma SchwörerHaus durchgeführt. Insgesamt wurden auf diese Weise zwölf Häuser untersucht. Die Daten wiesen nur vereinzelt auf starke Schadstoffeinträge durch die Bewohner hin. Wo entsprechende Belege durch den Messwertverlauf und die Protokollierung vorlagen, wurden auch hier die nicht plausiblen Daten eliminiert. Für diese Abklinguntersuchungen wurden – wenn möglich – Häuser ausgewählt, deren TVOC-Messergebnisse am Tag 0 leicht bis deutlich erhöht waren, um den zeitlichen Verlauf der Belastungen nachzuvollziehen, auch wenn das Haus zunächst nicht den empfohlenen Kriterien entspricht. Eine solche gezielte Auswahl setzt voraus, dass bis zur zweiten Messung bereits die Ergebnisse der ersten Messung vorliegen.

Die Spanne der vorgefundenen Konzentrationen für den Summenwert flüchtiger organischer Verbindungen TVOC am Tag 0 reicht bei dieser besonderen Auswahl von Häusern von knapp über 1.000 bis ca. 8.000 µg/m³. Bis zum Ende der Messungen waren diese Werte auf ca. 250 bis 800 µg/m³ zurückgegangen und lagen damit eindeutig unter dem Empfehlungswert des Umweltbundesamtes. Im Mittel fällt der Wert für die Summe VOC von circa 1.500 µg/m³ am Tag 0 bis auf etwa 500 µg/m³ am Tag 30. Betrachtet man diese Mittelwerte, ist ein deutlicher Rückgang während des ersten Monats festzustellen. Um zu überprüfen, wie sich verschiedene Einzelsubstanzen im Zeitverlauf verhalten, wurde das Abklingverhalten auch für eine Reihe von Stoffgruppen und relevante Einzelstoffe betrachtet, die hier aus Platzgründen nicht dargestellt sind. Der Rückgang dieser Konzentrationen in der Raumluft entspricht in der Tendenz dem des Summenwertes für VOC.

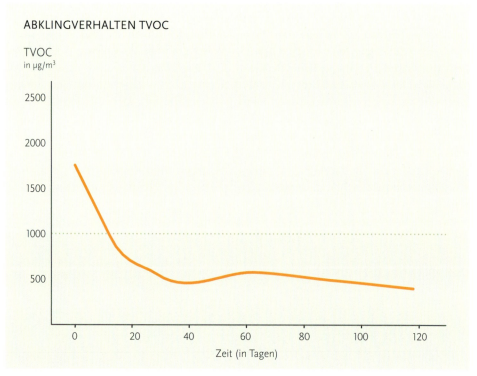

Die Mittelwerte der gemessenen Abklingkurven von SchwörerHäusern sprechen eine deutliche Sprache: In der Summe sinken die TVOC-Werte spätestens nach den ansonsten üblichen vier Wochen in unbedenkliche Bereiche. Aus Studie »Gesundheitliche Qualität im Holzfertigbau«.

DISKUSSION UND SCHLUSSFOLGERUNGEN

Betrachtet man die hier im Überblick dargestellten Messergebnisse, wird deutlich, dass reine Laborbedingungen sowie Grenzwerte und Kriterien für Einzelprojekte für die Betrachtung seriell hergestellter Häuser in Holzbauweise nur bedingt hilfreich sind. Außerdem wird deutlich, dass individuelle Rahmenbedingungen auf der Baustelle beziehungsweise im gerade fertiggestellten Haus die messbare Raumluftqualität stark beeinflussen.

Zusammengefasst sind dies:
— Die jahreszeitlich bedingten Unterschiede von Temperatur und andere Parameter
— Das Verhalten der Bauherren und die von ihnen durchgeführten Eigenleistungen
— Der Zeitpunkt der Inbetriebnahme der Lüftungsanlage
— Die Art und Weise der Materialbeschaffung
— Der Zeitpunkt der Hausübergabe an die Baufamilie

An dieser Stelle soll die Rolle der Baufamilie besonders hervorgehoben werden: Die Bauphase ist für eine Baufamilie sehr spannend und zeitlich anspruchsvoll. Es geht um sehr viel Geld, das künftige Zuhause und die Realisierung von Wünschen, Zielen und Träumen. Wenn man sie fragt, wünscht sich jede Baufamilie eine eindeutige Sicherheit hinsichtlich Schadstoffen und Gesundheit. Im Stress zwischen der Hausfinanzierung, Beruf, Familie, Eigenleistungen und Mietverpflichtungen können jedoch diese Ziele schnell in den Hintergrund geraten. Unter Zeitdruck wird ein Material, eine Eigenleistung, ein Möbeleinbau unbedacht verwendet oder das Material beziehungsweise der Zeitpunkt des Einbaus wird geändert und nimmt damit direkt Einfluss auf die gesundheitliche Qualität des Eigenheims.

Die zentrale Herausforderung ist es, den Zeitdruck in der kurzen Übergabephase eines vorgefertigten Hauses zu gestalten. Denn in dieser Phase geschieht vieles gleichzeitig: Eigenleistung, Reinigung, Handwerksleistungen, die Raumluftmessungen sowie nicht zuletzt die Vorbereitungen für den Einzug.

Die Verantwortung den Bauherren oder den Handwerkern auf der Baustelle zuzuweisen, ist aber eindeutig falsch. Denn es sind die Inverkehrbringer von Produkten, also Hersteller und Handel, die hier in der Pflicht sind.

Die Baustoffindustrie muss weiter in die Verantwortung genommen werden. Das Ziel muss sein, dass beim Hausbau verwendete Materialien keine schädlichen Einflüsse auf die Gesundheit haben. Die Erfahrungen in diesem Forschungsprojekt relativieren viele entsprechende Marketingaussagen. Die Erprobung und wissenschaftliche Begleitung von seriell hergestellten, gesünderen Gebäuden ist eine optimale Grundlage, um in Zukunft die gesundheitliche Qualität in Wohnhäusern weiter zu optimieren.

Ebenso wie Bauprofis stehen Baufamilien vor der Frage, mit welchen Materialien sie ihr gesünderes Haus ausbauen oder nach der Raumluftmessung in Eigenleistung gestalten sollen. Hier kann der Handel eine wichtige Funktion übernehmen und über die klare Kennzeichnung von gesundheitlich geprüften Produkten im Profi- und im Do-it-yourself-(DIY)-Bereich Orientierung geben.

Durch die Nachfrage von SchwörerHaus und Inspiration aus dem vorliegenden Projekt wurde ein Sortimentszertifikat entwickelt, welches einen schnellen und sicheren Zugriff auf geprüfte Produkte ermöglicht, »Das grüne Regal«. Für die Umsetzung braucht es innovative Handelsunternehmen, welche ihre Bauprodukte auf Emissionen prüfen lassen. Erste Erfolge zeichnen sich ab, eine flächendeckende Verbreitung sollte in den kommenden Jahren machbar sein.

Abb.: Sentinel Haus Institut

Für Eigenleistungen der Baufamilien, aber auch für Bauprofis hat der Baustoffhandel eine wichtige Funktion: die Zurverfügungstellung emissionsarmer Bauprodukte. »Das Grüne Regal« erleichtert die Auswahl.

Die Beziehungen zwischen Gebäudekonstruktion und Schadstoffen sowie die Möglichkeit, Rückschlüsse zu ziehen

Klare Vorhersagen, wie unterschiedliche Baustoffe miteinander interagieren, sind nach allgemeiner Ansicht in der Fachwelt im Detail nahezu unmöglich. Schon bei Systemen mit wenigen Baustoffen, zum Beispiel ein Fußbodenaufbau oder eine Innenwand, ist es nicht ohne Weiteres möglich, anhand der Schadstoffmessung den verursachenden Baustoff eindeutig zu identifizieren und daraus Handlungsmöglichkeiten zu entwickeln. Es ist daher empfehlenswert, auf geprüfte Systeme von einem oder mehreren Herstellern zurückzugreifen, sodass eindeutige Verantwortlichkeiten hergestellt werden können. Geprüfte und bewährte Baustoffsysteme sind ebenfalls im »Bauverzeichnis gesündere Gebäude« zu finden.

VOC sind in vielen Dingen des täglichen Bedarfs, vom Deo bis zur Wandfarbe oder Klebstoff, enthalten. Sie sind zum großen Teil synthetisch hergestellt, können aber auch natürlichen Ursprungs sein. Beim Bauen, Renovieren und Sanieren entweichen VOC zum Beispiel aus Fußboden-, Wand- und Deckenbelägen, Farben, Lacken, Dämmstoffen, Klebstoffen, Möbeln und anderen Einrichtungsgegenständen. Die folgende Liste gibt eine kleine Übersicht über typische Stoffgruppen unter den VOC und ihre möglichen Ursprünge im Haus.

Aldehyde (ohne Formaldehyd) entstehen durch Oxidationsprozesse von Holzinhaltsstoffen und treten häufig bei der Verarbeitung von Holzwerkstoffen auf. Zum Beispiel bei Parkett, Laminat, Deckenpaneelen, aber auch aus dem Wandaufbau. Außerdem aus Möbeln, wenn die Räume schon eingerichtet sind. Dies sollte für die Messungen vermieden werden.

Formaldehyd stammt oft es aus Holzwerkstoffplatten, wo es aus Leimsystemen freigesetzt werden kann. Es gibt aber, wie bei SchwörerHaus verwendet, auch formaldhydfrei verleimte Produkte (siehe Kapitel 3.5). Teilweise wird es auch als Konservierungsmittel in Farben eingesetzt. Auch natürliches Holz kann Formaldehyd emittieren, allerdings in geringeren Konzentrationen. Formaldehyd stammt außerdem auch aus unvollständigen Verbrennungen (Tabakrauch, Kerzen).

Terpene kommen als natürliche Inhaltsstoffe in Holz, vor allem in Kiefer, Lärche und Douglasie, aber auch in Terpentin und Holzpflegemitteln vor. Mittlerweile sind sie auch als Lösungsmittelersatz in »Bio«-Farben und Lacken zu finden.

Aromatische Kohlenwasserstoffe sind Lösungsmittel, die häufig in Farben und Lacken eingesetzt werden. Oft auch in Reinigungsprodukten, z. B. Lackentfernern. Dies sind effektive Reinigungsmittel, die aber gerade bei kurzfristigen Arbeiten zu stark erhöhten Messwerten führen können. Sie können auch mit besonders kritischen KMR-Stoffen (Kancerogen, Mutagen) und reproduktionstoxisch verunreinigt sein (z. B. Benzol).

Styrol (auch ein Aromat): es stammt aus Kunststoffen, überwiegend aus Polystyrol, das in Dämmungen und Fußbodenaufbauten, hier als Trittschall und Wärmedämmung, eingesetzt wird.

Aliphatische Kohlenwasserstoffe, kürzerkettige Aliphate (Hexan etc.), sind oft als Lösungsmittel in schnelltrocknenden Lacken und Klebern enthalten. Andere stammen zum Beispiel aus Reinigungsbenzin.

Leider ist es trotz modernster Analysemethoden in den seltensten Fällen möglich, allein aufgrund einer Raumluftmessung gezielt einzelne Produkte als Verursacher einer Belastung auszumachen. Die Messung gibt aber einen guten Anhaltspunkt auf eine Gruppe möglicher Ursachen, denen dann weiter nachgegangen werden kann. Ein Beispiel: Terpene können ein Hinweis auf eingesetzte Nadelhölzer sein, möglicherweise wurde jedoch auch das Parkett mit einem terpenhaltigen Öl behandelt. Auch Duftöle können Terpene enthalten. Eine Übersicht über die eingesetzten Bauprodukte inklusive Prüfberichten ist zur Quellensuche hilfreich. Im Zweifelsfall besteht immer die Möglichkeit, verdächtige Produkte nochmal isoliert in einer Prüfkammer zu testen.

Anpassung der Prüfkriterien bei Messung am Tag 0

Aus den Ergebnissen der Abkling-Untersuchungen wurden Vorschläge für die Anpassung einiger Einzel- und Summenwerte der Prüfkriterien erarbeitet, die die Besonderheiten der Tag-0-Messung in der Baupraxis berücksichtigen. Diese Werte wurden auf der Grundlage der bei SchwörerHaus üblichen Bauweise und den dort verwendeten Baustoffen abgeleitet und können auch nur innerhalb dieser Rahmenbedingungen verwendet werden. Im Folgenden werden die Werte für die wichtigsten Stoffgruppen diskutiert.

TVOC von 1000 µg/m³ auf 1500 µg/m³

Die Ergebnisse der Abklinguntersuchungen zeigen, dass gerade innerhalb des ersten Monats ein deutlicher Rückgang der Raumluftbelastung mit flüchtigen organischen Verbindungen stattfindet. Es ist nach den vorgefundenen Messwerten mit hoher Wahrscheinlichkeit davon auszugehen, dass ein Haus, das am Tag 0 mit 1.500 µg/m³ gemessen wurde, bei den typischen Randbedingungen der SchwörerHäuser (Bauweise, Baustoffe, Lüftung mit technischer Lüftungsanlage) nach einem Monat deutlich unter 1.000 µg/m³ liegt.

Aldehyde C_4 bis C_{11} (100 µg/m³) und bicyclische Terpene auf 200 µg/m³ bzw. 400 µg/m³

Bei den genannten Stoffgruppen handelt es sich um Emissionen, die aus natürlichem Holz abgegeben werden. Sie stammen aus den verwendeten Hölzern und Holzwerkstoffen. Da für das Projekt gezeigt werden konnte, dass höhere Werte am Tag 0 bei den vorliegenden Randbedingungen innerhalb von wenigen Wochen stark absinken, wird eine kurzfristige Überschreitung des Richtwertes 1 (RW1) des AgBB-Schemas für akzeptabel angesehen.

Acetaldehyd von 60 µg/m³ auf 100 µg/m³

Auch für das ebenfalls von Holzwerkstoffen abgegebene Acetaldehyd wurde unter den Randbedingungen des Projekts ein deutliches Absinken nach dem Tag 0 beobachtet. Daher wurde für die Messung am Tag 0 der Wert auf den aktuellen RW 1 von 100 µg/m³ gesetzt.

Werden die oben genannten Werte zugrunde gelegt, überschreiten naturgemäß deutlich weniger Messungen die Empfehlungen des Umweltbundesamtes.

Prozentsatz der Überschreitungen von Empfehlungswerten für ausgewählte Schadstoffe:

Betrachtet man den maßgeblichen Wert für TVOC, zeigt sich, dass mehr als 70 Prozent der während des Projektes untersuchten Häuser die strengen Empfehlungen erfüllen. Für die Häuser, die in den ersten Wochen und Monaten diese überschreiten, liegen die Ursachen in der Summe in nicht eingehaltenen Messbedingungen, fehlender Lüftung während der Ausbauphase, in ungeprüften Materialien bei Eigenleistungen und bei Reinigungsmitteln, deren Emissionen die Messwerte beeinträchtigen.

Parameter	Alter Prüfwert	Angepasster Prüfwert für Tag-0-Messung
TVOC	52,4 %	29,5 %
Aldehyde C_4 bis C_{11}	48,6 %	20,1 %
Acetaldehyd	31,0 %	11,9 %
bicyclische Terpene	20,4 %	5,0 %

Wendet man die wissenschaftlichen Empfehlungen auf die Messreihen an, liegen am Tag 0 weniger als ein Drittel der Häuser über dem Prüfwert. Bei diesen Häusern sind Eigenleistungen und Probleme mit den Messbedingungen zu berücksichtigen. Aus Studie »Gesundheitliche Qualität im Holzfertigbau«.

EMPFEHLUNGEN FÜR AKTEURE AM BAU

Das Forschungsprojekt zeigt, dass sich das gesündere Bauen und die notwendige Qualitätssicherung sehr gut in die Prozesse des seriellen Fertighausbaus integrieren lassen. Es ist eine engagierte Mitwirkung aller Beteiligten notwendig. Die wichtigsten Punkte sind:

Qualität auf allen Ebenen
Ein gutes Qualitätsmanagement im Unternehmen ist Voraussetzung und Daueraufgabe. Bei SchwörerHaus ist dies unter anderem durch die strenge Einhaltung der Vorgaben der Qualitätsgemeinschaft Deutscher Fertigbau (QDF) gegeben.

Baustoffqualitätsmanagement
Alle innenraumrelevanten Bau- und Hilfsstoffe müssen hinsichtlich ihrer Emissionseigenschaften überprüft werden. Nur emissionsarme Produkte dürfen verwendet werden.

Beratung der Baufamilien
Käufer sollten darauf achten, dass auch Materialien für Eigenleistungen auf ihr Emissionsverhalten geprüft sind. Hier ist »Das Grüne Regal« bei Baustofffachhändlern und bei Do-it-yourself-Handelsunternehmen eine gute Entscheidungshilfe.

Schulung der Verarbeiter
Die Verarbeitung hat große Auswirkungen auf die Qualität der Innenraumluft. Bautrupps müssen geschult und in zweckmäßigen Abständen überprüft werden. Regelmäßige Nachschulungen sind sinnvoll.

Vorsicht bei Reinigungsmitteln und Ausbesserungsarbeiten
Reinigungsarbeiten und Schönheitsreparaturen kurz vor der Hausübergabe erfolgen häufig mit stark lösemittelhaltigen Produkten. Auf diese ist besonders zu achten. Eine Frist bis zur Raumluftmessung sollte eingehalten werden.

Lüftung, Lüftung, Lüftung, auch schon in der Bauphase
Klar statistisch belegbar hängt die Raumluftqualität zum Zeitpunkt der Hausübergabe stark von Intensität und Dauer der vorherigen Lüftung ab. Da der Betrieb einer hauseigenen Lüftungsanlage in der Bauphase nicht immer sinnvoll ist, können speziell entwickelte Fensterlüfter (»Sentinel Fresh«) eine wichtige Hilfe sein.

Empfehlungen für Baufamilien
— Nutzen Sie in den ersten Wochen nach dem Einzug die Intensivstufe der Lüftungsanlage.
— Kaufen Sie Material für Eigenleistungen anhand einer Einkaufsliste mit gesundheitlich geprüften Produkten.
— Unterschätzen Sie nicht den Einfluss von Möbeln auf die Qualität der Innenraumluft in Ihrem Lebensraum.

▶▶ FAZIT

Die größtmögliche gesundheitliche Sicherheit bietet ein komplett schlüsselfertig, von geschulten Verarbeitern erstelltes und ausgebautes Gebäude, dessen Bau durch ein engmaschiges internes und externes Qualitätsmanagement gesteuert wird. Der »Faktor Mensch« spielt bei allen Aspekten und in allen Phasen eine wichtige Rolle, auch die Aktivitäten der Baufamilien bei Eigenleistungen und Endreinigung. Die Information, Fortbildung und Betreuung von Bauleitern und Bautrupps ist für ein Unternehmen eine Herausforderung, deren Prinzip sich aber nicht von Maßnahmen der Qualitätssicherung unterscheidet. Die erarbeiteten Prozesse weiter zu optimieren und weiterhin kostenoptimiert in ein großes Fertighausunternehmen zu integrieren, bleibt angesichts der vielfältigen Parameter eine wichtige Aufgabe.

Auch das Sentinel Haus Institut ist gefordert, seine Zielvorgaben für ein gesünderes Gebäude direkt nach Fertigstellung neu zu bewerten. Bauqualität, der Aufwand für die Veränderung von Prozessen und Materialien sowie die gesundheitliche Sicherheit der Baufamilien müssen in ein tragfähiges Konzept eingebunden werden. Betrachtet man die gesamte Branche, steht diese Diskussion am Anfang. Weitere Überlegungen sollten ehrlich und mit Blick auf die Gesundheit der Kunden geführt werden.

3.3 OHNE MENSCHEN GEHT ES NICHT

— Mitarbeiter spielen bei der Umsetzung des gesünderen Bauens eine zentrale Rolle

— Die interne Kommunikation steht bei SchwörerHaus ganz oben

— Schulungen und Begleitung sind eine Daueraufgabe

Geht es um das geprüfte gesündere Bauen, ist viel von technischen Grundlagen, Schadstoffgrenzwerten und Normen die Rede. Darüber könnte man die Rolle der handelnden Personen ein Stück weit vergessen. Kapitel 3.2 zeigt, welch zentrale Rolle die Mitarbeiter eines Unternehmens für die konsequente Umsetzung der gesundheitlichen Qualitätssicherung haben. Schon ein falsches Produkt, etwa ein Lösemittel, das auf der Baustelle zum Einsatz kommt, kann alle vorherigen Anstrengungen zunichtemachen. Oder ein richtiges Produkt wird falsch oder zum falschen Zeitpunkt verarbeitet. Dazu kommt das allgemeine Verhalten auf der Baustelle. So kann schon das Rauchen im fortgeschrittenen Innenausbau zu deutlich höheren Messwerten von Schadstoffen führen. Liebgewonnene Gewohnheiten und vermeintliche Selbstverständlichkeiten werden teilweise in Frage gestellt oder schlichtweg verboten. So ist das Zubereiten von Speisen (Grillen oder offenes Feuer) auf der Baustelle ebenfalls eine Schadstoffquelle. Bei diesen Veränderungen die Mitarbeiter »mitzunehmen«, war eine der Hauptaufgaben des Forschungsprojektes. Lediglich Absichten durch die Unternehmensleitung zu bekunden und die handelnden Personen nicht vom Sinn und Zweck des Vorhabens zu überzeugen, führt unweigerlich zum Scheitern.

Bei SchwörerHaus wurde deshalb frühzeitig mit der internen Kommunikation des Themas, seiner Zusammenhänge und der Konsequenzen für die tägliche Arbeit begonnen. Wie bei einem neuen Projekt üblich, wurden rasch viele Erfahrungen gesammelt und diese dann erneut in Besprechungen mit den Mitarbeitern eingebracht. Hin und wieder rief der »neumodische Kram« Skepsis hervor, totale Ablehnung aber nicht. In solchen Fällen Fragen zu beantworten, gemeinsam Lösungsmöglichkeiten zu suchen und Prozessabläufe zu optimieren, gehörte neben den technischen und organisatorischen Maßnahmen zum Kern des Projektes. Inhaltlich orientierten sich die kompakten Informations- und Schulungsveranstaltungen an den Themen dieses Buches, wobei naturgemäß Einzelthemen zusammengefasst und Inhalte gekürzt wurden.

Alle Mitarbeiter einzubinden, ist beim gesünderen Bauen entscheidend für den Erfolg.

Ausgehend von einem initiierenden Treffen der Projektverantwortlichen Anfang 2016 wurden zahlreiche Schulungs- und Informationsveranstaltungen durchgeführt.

Begonnen hat die Informationsvermittlung mit einem Strategieseminar mit und für die Geschäftsführung und Führungskräfte. In der nächsten Runde wurden die Abteilungsleitungen von Materialwirtschaft, Einkauf, Produktion, Technik, Marketing, Vertrieb, Montage und Bauleitung in das Thema eingeführt und bereits hier wichtige Rückmeldungen in das Projektdesign integriert.

Eminent wichtig für die Kommunikation und die Umsetzung der geplanten Maßnahmen sind die Bauleiter. Sie beaufsichtigen die einzelnen Baustellen und die Bautrupps, die die Montage und den Innenausbau durchführen. Die 22 Bauleiter bei SchwörerHaus arbeiten über die ganze Republik verteilt und überwachen den Bau von mehr als 800 Häusern pro Jahr, darunter auch die mehr als ca. 650 Häuser, die im Rahmen des Forschungsprojektes messtechnisch ausgewertet wurden. Um diese hohe Zahl an Messungen überhaupt mit einem vertretbaren wirtschaftlichen Aufwand durchführen zu können, bildete das Sentinel Haus Institut und der TÜV Rheinland alle Bauleiter zu

In mehreren und regelmäßig wiederholten Schulungen werden die Mitarbeiter mit der Einführung des gesundheitlichen Qualitätsmanagements vertraut gemacht.

qualifizierten Probennehmern aus. Hierfür wurden die Bauleiter mit dem nötigen Messequipment ausgestattet, wobei jeder Bauleiter über seine eigene Ausstattung verfügt. Ein Satz Messgeräte steht als Ersatz in der Zentrale in Oberstetten bereit.

Ein eigens konzipierter Seminarteil führte die Praktiker in das gesündere Bauen ein. Dass die Umsetzung der komplexen Messungen von Anfang an reibungslos funktioniert, erwartete niemand. Entsprechend wurden und werden die Bauleiter in regelmäßigen Abständen informiert und in einem Folgetermin zusätzlich geschult. Ein wichtiges Thema waren dabei die Messbedingungen vor Ort, die große Auswirkungen auf das Messergebnis am Tag der Hausübergabe haben können. Themen waren unter anderem das regelmäßige Lüften der Baustelle und die rechtzeitige Inbetriebnahme der Lüftungsanlage. Auch die regelmäßige Reinigung der Baustelle per Staubsauger

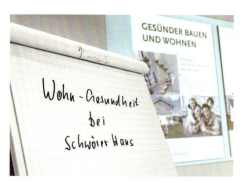

Die Vorschläge der Fachleute aus den Abteilungen fließen in die Umsetzung ein.

und Hinweise zum persönlichen Verhalten auf der Baustelle waren und sind immer wieder Thema in den regelmäßigen Rundschreiben und den etwa halbjährlichen Besprechungen mit den Führern der Bautrupps. Ein Beispiel ist das Auswaschen von Pinseln mit Lösemitteln, das außerhalb des Hauses erfolgen soll. Oder die Lagerung von Baumaterialien in später wenig genutzten Räumen, zum Beispiel im Keller. Die Maßnahmen dienen gleichzeitig auch einem verbesserten Arbeits- und Gesundheitsschutz für die Montagearbeiter, zum Beispiel durch verstärktes Lüften oder besondere Schutzkleidung.

In den regelmäßigen Gesprächen werden auch die Rückmeldungen der Baustellenmitarbeiter vor Ort, Fragen sowie Hinweise behandelt. Gemeinsames Ziel ist, die Raumluft und somit auch die Messergebnisse stetig zu verbessern. Die Form der Rückmeldung durch Messwerte eines Gaschromatographen in einem fernen Labor, die dann auch noch Wochen nach der Hausübergabe eintreffen, ist mit Sicherheit gewöhnungsbedürftig. Gleichzeitig stärken gute Messergebnisse den Stolz der Handwerker auf die Qualität der eigenen Arbeit.

Wichtig ist in diesem Zusammenhang der Umgang mit Fehlern. Wie in Kapitel 3.2 beschrieben, ist eine offene Kommunikation besonders relevant. Wo handwerklich, oft unter erheblichem Zeitdruck, viele Beteiligte arbeiten, passieren auch Fehler, die sich auf die Messergebnisse auswirken können. Etwa wenn Gebinde mit Farben oder Klebern längere Zeit nicht gut verschlossen auf der Baustelle stehen oder versehentlich Lösemittel oder Treibstoffe verschüttet werden. Vieles lässt sich vermeiden, wenn dafür das Verständnis vorhanden ist. Passiert dennoch ein Fehler, wird er zügig behoben und kommuniziert. An 15 Terminen wurden die Bauleiter und teilweise die Bautrupps vor Ort durch Mitarbeitende des Sentinel Haus Institut im Rahmen von Besuchen eines Wohngesundheitskoordinators (WoGeKo) betreut und der Zustand der Baustelle kontrolliert. Hier bot sich die Möglichkeit, individuelle Fragen im direkten Kontakt zu klären. Aus der Auswertung der eingehenden Messergebnisse und der Rückmeldungen der Truppführer wurden wiederum Schulungsinhalte und Schwerpunkte für die Truppführer und die Bauleiter entwickelt.

Die Bauleiter informieren Truppführer und Monteure auf den Baustellen über Details im Umgang mit Baumaterialien und deren Verarbeitung.

Im ersten Quartal 2017 wurden an den beiden Standorten von SchwörerHaus in Oberstetten und Coswig allgemeine Schulungen für alle Montagemitarbeiter der jeweiligen Standorte durchgeführt. Insgesamt 310 Personen erhielten einen auf ihre Tätigkeit auf der Baustelle zugeschnittenen Einblick in die Zusammenhänge und die eigenen Verantwortlichkeiten.

Wie dieses Buch zeigt, ist die korrekte Kommunikation zum geprüft gesünderen Bauen mit einer differenzierten, fachlich und wissenschaftlich fundierten Terminologie verknüpft. Die Zusammenhänge, Argumente, Kunden- und Vertriebsvorteile wurden in mehreren Marketing- und Vertriebsschulungen vorgestellt, erläutert und diskutiert. Für die Ansprache der Kunden wurden einfach zu kommunizierende Texte entwickelt, die das komplexe Thema in eingängigen Schlüsselsätzen zusammenfassen. Kernpunkte sind dabei neben der wissenschaftlichen Beweisbarkeit die individuelle Schadstoffmessung im Kundenhaus.

Zusammenfassung der typischen Seminare:

– Strategieseminar zum gesünderen Bauen und Modernisieren
– Planungs- und Bauleitungsseminar zur korrekten Ausschreibung, Vergabe und Planung
– Schulung und Entwicklung der Baustoff- und Materialaspekte mit Einkauf und Planung
– Handwerker- und Montageschulung
– Schulung Marketing zur rechtssicheren Kommunikation und erfolgreichen Kundenansprache
– Schulung vom Vertrieb zu einer transparenten, seriösen und erfolgreichen Kommunikation zum Endkunden
– Auffrischungen

Plakate auf der Haustür informieren über Verhaltensregeln auf den Baustellen.

Die korrekte Verarbeitung der Ausbauprodukte reduziert Emissionen auf der Baustelle.

▸▸ FAZIT

Die Projekterfahrung zeigt, dass die stetige Kommunikation mit den handelnden Personen im Werk und auf den Baustellen das Verständnis für die Zusammenhänge und Ursachen einer guten Innenraumluft stärkt und diese so stetig verbessert wird. Dazu tragen auch die Besuche von Wohngesundheitskoordinatoren bei.

REFERENZHAUS GREEN LIVING SPACE – FLEXIBEL, VERNETZT, GEPRÜFT WOHNGESUND

Wer weltoffen, flexibel und umweltbewusst ist, will auch so wohnen.

Gesünderes Bauen ist kein Selbstzweck, sondern universell eingebunden in eine Idee, einen Lebensentwurf, eine bestimmte Form von Architektur. Wie das funktioniert, zeigt das Musterhaus Green Living Space von SchwörerHaus in der FertighausWelt Langenhagen bei Hannover. Das kleine Haus verbindet eine Vielzahl gesellschaftlicher Trends für eine junge Zielgruppe: Flexibilität und Mobilität beim Wohnen und beim Arbeiten auch dank einer leistungsstarken Verbindung mit dem Internet. Ein bewusster Lebensstil mit Bezug zur Natur auch in städtischer Umgebung. Und vor allem eine persönliche Gestaltung, individuell und gemütlich bei einer hohen Funktionalität, gleichsam als Anker in einer schnelllebigen Welt. Entstanden als Gemeinschaftsprojekt mit IKEA Deutschland übernahm die Gestaltung des Hauses Michael Haas, Interior Design Manager IKEA Deutschland. Sein Design- und Raumkonzept passt sich wechselnden Wohnanforderungen auf kleinem Raum mühelos an.

Modern, flexibel und wohnlich: Der Green Living Space ist ein innovatives Angebot für junge und junggebliebene Käufer.

Basis für das Minihaus ist das Schwörer-Raummodul »Flying-Space«, mit dem auch in Zeiten steigender Grundstückspreise hochwertiger bezahlbarer Wohnraum in vielen Formen und vielen Wohnstilen geschaffen werden kann. Sei es als Anbau an ein bestehendes Gebäude oder als freistehendes Minihaus in einer Baulücke, auf dem Dach eines Bestandsgebäudes oder an anderen ungewöhnlichen Orten. Mit Maximalabmessungen von 14,50 x 4,35 Meter und circa 50 Quadratmeter Wohnfläche hat das Tiny House wahlweise zwei Schlafräume, ein Badezimmer und einen offen Wohn-Essbereich mit praktischer Küchenzeile oder es bietet urbanes offenes Loft-Ambiente – wie es zum Lebensstil vieler Trendsetter passt. Außer Punktfundamenten und den Hausanschlüssen muss nichts vorbereitet werden. Sobald das Modul per Lkw angeliefert ist, wird es nur noch an Wasser, Elektrizität und Medien oder Kommunikation angeschlossen. Die Räume kommen je nach Bedarf bereits inklusive montierter Sanitärausstattung, Kücheneinrichtung, ja sogar mit Beleuchtung und Einbaumöbeln. Der Einzug ist schon am gleichen Abend möglich.

Selbstverständlich ist das Green Living Space mit einer kontrollierten Be- und Entlüftung ausgestattet und geht besonders effizient mit Heizenergie und Strom um. Wahlweise sind eine Photovoltaikanlage und eine smarte elektronische Steuerung vieler Funktionen möglich. Zur »Grundausstattung« gehören selbstverständlich geprüft wohngesunde Baumaterialien. Die Raumluftmessung von Sentinel Haus Institut und TÜV Rheinland hat das in Rekordzeit fix und fertig aufstellbare Trendhaus mit Bravour bestanden.

Optimale Raumausnutzung schafft eine erstaunlich großzügige Wohnsituation.

Die Dachterrasse ist das Highlight. Wer wollte hier nicht den Sommer genießen?

Die Steuerung der Hausfunktionen ist denkbar einfach.

3.4 BEISPIELHAFTE GEPRÜFTE BAUPRODUKTE: DAS DACHFLÄCHENFENSTER

Dipl.-Ing. (BA) Frank Wendel

— Wie wird beurteilt, ob ein Bauprodukt relevant für gesünderes Wohnen ist?

— Komplett geprüfte Bauteilsysteme bieten erhöhte gesundheitliche Sicherheit

— Mehrere Anforderungen der Wohngesundheit lassen sich in einem Produkt erfüllen

Ein Haus ist nur so wohngesund wie die Produkte, aus denen es gebaut ist. Deshalb reicht es nicht, nur ein paar »gute« Produkte zu verwenden und von deren Qualität auf das komplette Gebäude zu schließen.

Doch nach welchen Kriterien kommt ein Bodenbelag, eine Farbe oder ein Dachfenster überhaupt auf die Liste der geprüften Bauprodukte? Und wie stellen die Experten sicher, dass sich mehrere Baustoffe miteinander vertragen? Denn ein Dachfenster zum Beispiel gehört zu einem kompletten Dach, das aus zahlreichen Einzelprodukten besteht. Auch eine Wand ist nicht nur aus Holz, Gipskarton oder Mauersteinen. Von der Wandfarbe über eine Silikon- oder Acrylfuge bis hin zu Tür oder Fenster sind zahlreiche Produkte in dem Bauteil vertreten.

Zunächst einmal wird geklärt, ob das Produkt selbst überhaupt einen Einfluss auf die Wohngesundheit hat, sowohl in der Bauphase, als auch später bei der Nutzung des Hauses. Das heißt, dass eventuelle Schadstoffe, die aus dem Produkt ausgasen – die Fachleute sagen emittieren –, die Innenraumluft belasten könnten. Darüber hinaus wird untersucht, ob die Funktion des einzelnen Produktes oder Bauteils relevant ist für die Gesundheit der Bewohner.

Am Beispiel eines Dachfensters lässt sich das gut verdeutlichen: Da ist zum einen das Fenster und das nötige Einbauzubehör selbst. Kann der Hersteller mit einem Prüfzeugnis eines anerkannten Instituts nachweisen, dass aus seinem Fenster nur sehr wenige Schadstoffe ausgasen, ist der erste Schritt getan. Ein Beispiel ist der deutsche Dachfensterhersteller Roto, der bereits seit Jahren gleich mehrere seiner Produktreihen nach anerkannten wissenschaftlichen Kriterien vom eco-Institut in Köln und vom TÜV Rheinland prüfen lässt. Denn aus den Rahmenmaterialien, den Dichtungen oder auch der Lackierung eines Holzfensters können Schadstoffe in die Innenraumluft entweichen. Anders wäre es zum Beispiel bei einem Nagel oder einer Schraube. Die bestehen aus Metall, und von ihnen gehen keine Schadstoffemissionen aus. Eine Zertifizierung ergibt hier also keinen Sinn.

Die Experten des Sentinel Haus Instituts ordnen dann jedes Produkt einer Relevanzkategorie zu: Von R0 = keine Relevanz bis R2 = hohe Relevanz. Erfüllt, wie in unserem Beispiel, das Dachfenster die Anforderungen, wird die Kennzeichnung R2 hohe Relevanz grün unterlegt. Bei Produkten, die

Foto: Roto

Art, Größe und Position der Dachflächenfenster bestimmen Komfort und Gesundheit im Dachgeschoss entscheidend mit.

3.4 Beispielhafte geprüfte Bauprodukte: das Dachflächenfenster

im Einzelfall genau betrachtet werden müssen oder für die es besondere Hinweise zur Verarbeitung gibt, steht die Ampel auf Gelb. Sind negative Wirkungen auf die Wohngesundheit zu erwarten, zeigt die Ampel Rot und das Produkt sollte vom Architekten oder Bauunternehmen gegen eines mit geringen Emissionen ausgetauscht werden. Wer als Bauherr oder Profi nach guten, geprüften Baustoffen sucht oder wissen will, ob sein Produkt auf Grün steht, hat im Bauverzeichnis von Sentinel Haus Institut und TÜV Rheinland den direkten Zugriff.

Ist die Einzelprüfung auf Schadstoffe schon eine relativ aufwendige Sache, wird es bei den sogenannten Systemprüfungen nochmal etwas komplexer. Denn ob aus guten Einzelprodukten ein gesundheitlich gutes Bauteil entsteht, ist keineswegs ausgemacht. Im Fall unseres Dachfensters wurde deshalb zum Beispiel ein kompletter Ausschnitt eines Daches nachgebaut und in die Prüfkammer gesteckt. Ziel ist es, herauszufinden, ob sich zum Beispiel Kleber oder Farben mit Untergründen vertragen. In einem klassischen Sparrendach sind dazu noch Dämmstoffe, Unterdachbahnen, Folien und Klebebänder für die Luftdichtigkeit verbaut. Das alles muss miteinander funktionieren. Und das tut es auch, wie gleich mehrere solcher Tests mit geprüften Dachfenstern gezeigt haben. Damit es Bauherren und Bauprofis später einfach haben, ein geprüft gesünderes Bauprodukt zu bekommen, wird also ein gehöriger Aufwand getrieben. Als Verbraucher sollte man im Zweifelsfall nachfragen, ob ein Hersteller für die Emissionen aus seinem Produkt auch die Haftung übernimmt. Wenn es so gut untersucht ist, wie unser Dachfenster, ist das kein Problem.

Profis binden Dachfenster sorgfältig in die luftdichte Ebene der Gebäudehülle ein.

Minimale Schadstoffemissionen sind das eine, die andere Seite sind die funktionalen Qualitäten eines Bauproduktes. Auch hier ist ein Dachflächenfenster wie geschaffen, um Zusammenhänge zu erläutern: Denn es lässt nicht nur deutlich mehr gesundheitsförderndes Tageslicht ins Dachgeschoss als andere Fensterlösungen wie Dachgauben oder Giebelfenster, im Sommer muss es auch dafür sorgen, dass nicht zu viel Licht beziehungsweise Wärme ins Haus kommt. Denn durch die schräge Einbauposition trifft deutlich mehr Licht- und Wärmestrahlung auf die Fensteroberfläche. Im Winter dagegen soll die Heizwärme im Haus bleiben. Gerade in dieser Hinsicht haben Dachfenster in den letzten Jahren eine enorme technische Entwicklung genommen: Der Wärmeschutz von Glas und Rahmen wurde deutlich gesteigert, sodass alle Modelle für hochwertige Effizienzhäuser geeignet sind.

Umlaufende Dämmblöcke um den Fensterrahmen sowie spezielles Zubehör für den Anschluss an das Dach vermeiden Wärmebrücken und damit gesundheitsgefährdenden Schimmel. Folienanschlüsse erlauben den sicheren Anschluss an die luftdichte Ebene und verhindern so Feuchte- und Bauschäden, die ebenfalls Auswirkungen auf die Gesundheit haben können.

Wirksam gegen zu viel Wärmeeinstrahlung im Sommer sind außen montierte Markisen, Rollos oder Rollläden. Während erstere tagsüber noch einen Teil des Lichtes und der Wärme passieren lassen, macht ein geschlossener Rollladen komplett dunkel und schützt am besten vor der Sommerhitze, ideal für empfindliche Schläfer. Darüber hinaus schützt er am besten vor Sommerhitze und gegen Starkregen. Wie gut ein Rollladen eines Dachfensters gegen Überhitzung wirkt, zeigen die Messungen von Prof. Dr.-Ing. Ulrich Möller von der Hochschule für Technik, Wirtschaft und Kultur (HTWK) Leipzig: Ohne Rollladen vor den Dachfenstern einer Dachwohnung schwankte die Innentemperatur an einem heißen Sommertag zwischen 22 und 33 Grad Celsius innerhalb von 24 Stunden. Mit Rollläden für die Dachfenster bewegte sich die Temperatur nur zwischen 22 und 25 Grad. Der Wohnkomfort steigt also deutlich und die gesundheitliche Belastung, etwa für unser Herz-Kreislauf-System sinkt.

Es kommt darauf an, das gesundheitsfördernde Tageslicht und die kostenlose Sonnenenergie passend zu dosieren. Dabei helfen elektrische und elektronische Assistenten, die Dachfenster und Rollläden elektrisch öffnen und schließen und dieses auf Wunsch auch zeitgesteuert oder in Abhängigkeit von der Raumtemperatur oder Luftfeuchtigkeit tun. Dass sich bei aufkommendem Regen oder starker Sonneneinstrahlung das Fenster in der elektrischen Variante eigenständig schließt, verwundert kaum und sorgt für die nötige Sicherheit.

Ebenfalls positiv auf das Raumklima und die gesundheitlichen Bedingungen im Haus wirkt sich die Lüftungsfunktion aus, mit der die meisten Modelle von Dachfenstern ausgestattet sind. Sie sind wichtige Bausteine, um den nach DIN 1946-6 geforderten Mindestluftwechsel sicherzustellen. Diese Norm, die unter bestimmten Voraussetzungen auch nach dem Austausch von (Dach-)Fenstern eingehalten werden muss, hat für die Vermeidung von Gesundheits- und Bauschäden vier Stufen. Stufe 1 ist eine sogenannte nutzerunabhängige Lüftung zum

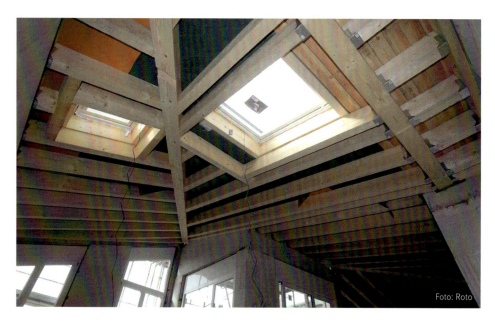

Für einen umfassenden Gesundheitsschutz müssen alle innenraumrelevanten Bauteile und Materialien emissionsarm sein. Dazu gehören selbstverständlich auch die Dachfenster. Hier ein Beispiel aus einem in Massivbauweise errichteten Gebäude.

Foto: Roto

Feuchteschutz. Das bedeutet, dass ein gewisser Luftwechsel gewährleistet ist. Gerade bei den heute sehr dichten Gebäudehüllen ist dies ein Punkt, auf den man als Bauherr achten sollte. Die Stufe 2 der Norm gewährleistet durch eine reduzierte Lüftung einen hygienischen Mindeststandard und muss weitestgehend nutzerunabhängig erfolgen. Die Stufen 3 (Grundlüftung) und Stufe 4 (Intensivlüftung) decken dann alle Alltagsbedürfnisse ab. Alle Anforderungen erfüllen gute Dachfenster über integrierte Lüftungselemente beziehungsweise das (motorische) Öffnen. Das Ergebnis: Durch die Abfuhr feuchter Luft verbessert sich das Raumklima und die Bildung von gesundheitsgefährdendem Schimmel wird erschwert, da die Pilze nur wachsen, wenn Oberflächen dauerhaft feucht sind. Dass Dachfenster mit Lüftungsfunktion zudem Luftschadstoffe nach außen abführen, gehört ebenfalls zu den Vorteilen hochwertiger Produkte. Um Energieverluste durch permanentes Lüften zu vermeiden, raten wir zur intelligenten Steuerung per Zeitschaltuhr, per Raumtemperatur- oder Luftfeuchtesensor.

Nicht jeder wohnt idyllisch im Grünen. Und selbst da gibt es unerwünschte Lärmquellen. In der Nähe von vielbefahrenen Autobahnen, Bahnstrecken oder Einflugschneisen sowie neben Gewerbe- oder Industriegebieten herrscht tagsüber, aber auch nachts eine hohe Belastung mit Lärm. Wie sich hier zusätzliche Qualitäten auf die Wohngesundheit auswirken, zeigen gleich zwei Aspekte: Einerseits lassen sich viele Produkte mit Zusatzausstattungen ordern. Ein Dachfenster zum Beispiel mit speziellen Schallschutzgläsern, deren unterschiedlich dicke Glasscheiben nicht wie normale Doppel- oder Dreifachverglasungen »im Takt« schwingen, sondern die Weiterleitung von Schall wirksam unterbinden. Teilweise sorgen auch spezielle, nicht sichtbare Akustikfolien für ruhige Wohn- und Schlafräume. Man kann aber nicht alles unter einen Hut beziehungsweise in ein Bauprodukt bekommen. So sind besonders schalldämmende Dachfenster ohne Rahmenlüfter ausgestattet, der die oben genannte Grundlüftung herstellt. Diese muss dann anderweitig, zum Beispiel mit einer Lüftungsanlage, gewährleistet werden. Dafür glänzen solche Modelle schon in der Grundausstattung mit einem Schalldämmmaß Rw von 44 Dezibel (dB). Das heißt zum Beispiel, dass der Lärm eines vorbeifahrenden Lkw von 90 dB auf etwa 45 dB reduziert wird, was üblichen Geräuschen in einer Wohnung entspricht.

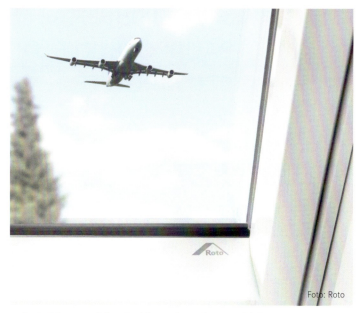

Foto: Roto

Wohndachfenster erfüllen dank besonderer Gläser auch hohe Schallschutzanforderungen.

▶▶ FAZIT

Gute Bauprodukte sind nicht nur geprüft wohngesund, sondern verbessern auf vielfältige Weise das Raumklima und die Aufenthaltsqualität im Haus. Am Beispiel eines Roto Dachfensters wird deutlich, wie viele Anforderungen ein einzelnes Produkt erfüllen kann und muss, um gesunde und komfortable Lebensräume zu gewährleisten.

3.5 BEISPIELHAFTE GEPRÜFTE BAUPRODUKTE: DIE HOLZWERKSTOFFPLATTE

Jule Milbrett

— Emissionsarm durch den richtigen Mix aus frischem Waldholz

— Eigenschaften vergleichbar mit natürlichem Holz

— Nachhaltig in Material, Produktion und Anwendung

Grundlage für ein gesundes Wohlfühlklima im eigenen Zuhause ist eine langfristig gesündere und sichere Raumluft. Um dieses hohe Maß an Wohngesundheit in den eigenen vier Wänden zu erreichen, sollte beim Hausbau von Beginn an auf die gesundheitliche Qualität der eingesetzten Produkte geachtet werden. Emissionsarme Holzwerkstoffe, wie das formaldehydfrei verleimte Pfleiderer Living Board mit besonders geringen VOC-Emissionen, sind gut geeignet, um eine gesunde Zukunft im eigenen Heim sicherzustellen.

Der wohngesunde und moderne Holzbau stellt hohe Anforderungen an die eingesetzten Materialien: Stabilität, bauphysikalische Eigenschaften und die Emissionen sind dabei entscheidende Parameter. Speziell dort, wo rohe Holzwerkstoffplatten zum Einsatz kommen, wie beispielsweise im Fertighaus- und Holzrahmenbau, sollte der Bauherr besonders achtsam bei der Wahl der Produkte sein. Mit LivingBoard bietet der Holzwerkstoffhersteller Pfleiderer eine emissionsarme und nachhaltige Lösung für den Holzbau an, die gegenüber den sonst häufig verwendeten Standard-OSB-Platten Vorteile hat.

Die Luftqualität im Innenraum hängt unter anderem von den VOC-Emissionen (VOC = flüchtige organische Verbindungen) der eingesetzten Materialien ab. Flüchtige organische Verbindungen gelangen in die Raumluft, wenn Lösemittel verdunsten oder flüssige Produkte trocknen. Sie können aber ebenso aus festen Materialien entweichen, wie zum Beispiel aus Kunststoffen und natürlichen Erzeugnissen wie Holz. Auch Holzwerkstoffprodukte wie OSB (_Oriented Strand Board_), die häufig aus harzreichen Hölzern, zum Beispiel Kiefer, bestehen, setzen durch die bei der Herstellung herrschenden hohen Drücke und Temperaturen unter anderem hohe Konzentrationen von Terpenen und Aldehyden frei, die die Raumluft belasten können.

Die geprüft emissionsarme, formaldehydfrei verleimte LivingBoard aus dem nachwachsenden Rohstoff Holz sichert eine gute Qualität der Innenraumluft.

3.5 Beispielhafte geprüfte Bauprodukte: die Holzwerkstoffplatte

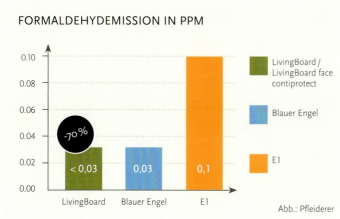

Auch die hohen Anforderungen des Blauen Engels hält die Holzwerkstoffplatte LivingBoard sicher ein.

Die kontrolliert hohe Qualität der LivingBoard sichert den hohen Baustandard von SchwörerHaus.

Es gibt jedoch alternative Holzwerkstoffe, die deutlich geringere Emissionen aufweisen. Zum Beispiel wird das von SchwörerHaus verwendete Pfleiderer LivingBoard aus frischen Wald- und Sägewerksnebenprodukten, wie Schwarten, Hackschnitzel und Abschnitten, gefertigt, die nahezu ausschließlich aus harzarmer Fichte bestehen. Auch wird auf eventuell bereits schadstoffbelastetes Recyclingholz verzichtet, um einen möglichst naturnahen Baustoff anzubieten. Die Konzentration der VOC-Emissionen aus der Pfleiderer LivingBoard ist so niedrig, dass die Platte mit dem Umweltzeichen »Blauer Engel RAL-UZ 76« ausgezeichnet wurde und das Zertifikat »Premium Qualität« von der Qualitätsgemeinschaft Holzwerkstoffe e.V. für den Einsatz von emissionsarmen Leimen, Holz aus nachhaltiger Forstwirtschaft und geringer Schadstoffbelastung erhalten hat.

Niedrige Formaldehydemissionen sind ein weiterer entscheidender Faktor, um ein qualitativ hochwertiges Raumklima zu erreichen. Formaldehyd ist auch eine natürliche Substanz, die unter anderem in Bäumen, Früchten, Gemüsepflanzen und Säugetierzellen vorkommt. Sogar der Mensch selbst produziert es täglich während des Stoffwechsels.

Üblicherweise wird in der Holzwerkstoffbranche Harnstoff-Formaldehyd-Harz als Bindemittel eingesetzt. Da das Formaldehyd aber nicht zu 100 Prozent abbindet, geht ein kleiner Anteil in die Raumluft über. Um das zu verhindern, hat der Holzwerkstoffhersteller Pfleiderer mit speziellen Leimen und Rezepturen einen Weg gefunden, um die Formaldehyd-Emissionen bei seinen Produkten erfolgreich zu reduzieren. Mit LivingBoard produziert das Unternehmen eine Platte, die mit einem 100 % formaldehydfreien Bindemittel auf PU-Basis hergestellt wird.

KREISLAUFPRODUKT HOLZ = RESSOURCENSCHONEND, WIEDERVERWERTBAR, ENERGIEEFFIZIENT

Im Gegensatz zu Baustoffen aus nicht nachwachsenden Rohstoffen sind Holzbaustoffe über ihre ganze Einsatzdauer hinweg ressourcenschonende Kreislaufprodukte.

Sie stehen nach der Nutzung als Basis für weitere Produkte zur Verfügung und werden am Ende ihres Lebensweges energetisch genutzt. Hier verursachen viele andere Produkte Entsorgungsprobleme oder benötigen einen hohen Energieaufwand für die Wiederverwertung.

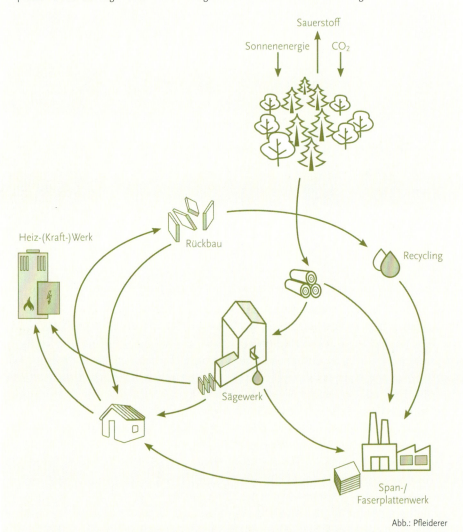

Abb.: Pfleiderer

Dadurch ist die Formaldehydemission von LivingBoard mit der von natürlichem Holz vergleichbar. Es unterschreitet die Emissionsanforderungen gemäß der niedrigsten Emissionsklasse E1 in Europa um 70 Prozent und erfüllt damit auch die Anforderungen des Umweltzeichens »Blauer Engel RAL-UZ 76«. Durch diese Eigenschaften ist LivingBoard besonders gut geeignet, wenn rohe Holzwerkstoffplatten verbaut werden sollen, wie beispielsweise im Fertighaus- und Holzrahmenbau. Durch die feuchtebeständige PU-Verbindung wird obendrein das Risiko für einen Schimmelbefall reduziert.

Der Großteil der CO_2-Emissionen in der Bauwirtschaft wird von Gebäuden aus konventionellen Baustoffen wie Stahl, Ziegel oder Beton verursacht. Nachhaltiges Bauen beginnt daher schon bei der Auswahl des Rohstoffs: Anders als bei Stahl oder Beton steckt in Holzprodukten mehr Energie, als zu deren Herstellung benötigt wird. In Zeiten eines steigenden ökologischen Bewusstseins werden daher auch immer mehr Bauprojekte auf Nachhaltigkeit ausgerichtet.

Verantwortungsvoll hergestellte Holzwerkstoffe wie das Pfleiderer LivingBoard können hier einen wesentlichen Beitrag leisten. Schon bei der Produktion werden ausschließlich Sägewerksnebenprodukte und Durchforstungshölzer aus nachhaltiger Fortwirtschaft eingesetzt, um auf diese Weise die Ressource Holz vollständig zu nutzen. Darüber hinaus ist das Material »FSC-« oder »PEFC-« zertifiziert. Holz und Holzwerkstoffe sind ein optimales Material für den Bau von energieeffizienten Häusern. Es ist vielfältig einsetzbar und kann auch für An- und Ausbauten sowie bei Aufstockungen genutzt werden. Zusätzlich sorgt das Material für eine wirkungsvolle Dämmung.

Foto: Pfleiderer

Nachhaltig, erneuerbar, ressourcenschonend: Der Werkstoff Holz hat eine hervorragende CO_2-Bilanz.

Zu guter Letzt dient Holz außerdem als CO_2 Speicher. Denn das von den Bäumen aus der Atmosphäre gebundene Kohlendioxid bleibt auch nach der Verarbeitung im Holz gebunden. Man spricht hier von der sogenannten Kaskadennutzung, die die Mehrfachnutzung eines Rohstoffes über mehrere Stufen beschreibt: Holz kann recycelt und mehrmals wiederverwertet werden. So wird der Rohstoff in einem Kreislauf gehalten und das CO_2 bleibt dementsprechend lange gespeichert. Holzwerkstoffe sind daher über ihre gesamte Einsatzdauer hinweg ein ressourcenschonendes und umweltfreundliches Produkt.

▶▶ FAZIT

Moderne, qualitätskontrollierte Holzwerkstoffe wie das Pfleiderer LivingBoard haben gegenüber unkontrollierten Produkten gesundheitliche Vorteile, die auch den daraus herstellten Häusern zugutekommen.

3.6 TROCKENE FUSSBODEN-AUFBAUTEN FÜR KOMFORTABLE UND WOHNGESUNDE RÄUME

Robert Fischbacher

Anforderungen an Fußbodenaufbauten:

- Schnell und einfach
- Keine Wartezeiten
- Geprüfte Werte hinsichtlich Tragfähigkeit, Brandschutz und Schallschutz
- Fußbodenheizung möglich
- Flexibilität bezüglich Oberbelag
- Wohngesund
- Nachhaltig

In der zeitgemäßen Architektur sind Effizienz, Ästhetik und Nachhaltigkeit die Parameter, an denen Leistung gemessen wird. Vor allem zählt aber auch die Wohngesundheit zu den wichtigsten Kriterien für modernes Bauen. Wenn diese Anforderungen auf einen Fußbodenaufbau im Neubau oder auch bei der Sanierung übertragen werden, bedeutet das:

1. Ein Bodenaufbau soll schnell und einfach zu erstellen sein, ohne lange Wartezeiten. 2. Verlässliche Werte hinsichtlich Tragfähigkeit, Brandschutz und Schallschutz sind Voraussetzung. 3. Der Bodenaufbau selbst ist zwar im fertigen Zustand nicht mehr sichtbar, jedoch ist er die Basis für Wohnkomfort (z. B. Fußbodenheizung) und Ästhetik (z. B. verklebtes Parkett, Naturstein oder großformatige Fliesen). 4. Selbst nach Jahren darf der Bodenaufbau keine Schwächen zeigen, auch wenn er täglich mit Füßen getreten wird. 5. Im Falle einer Demontage müssen die Materialien trennbar und möglichst wiederverwertet werden können. 6. Die eingesetzten Werkstoffe müssen gesundheitlich unbedenklich sein – auch bei Einbau und Demontage.

Ob im Einfamilienhaus oder in weltbekannten Vorzeigeobjekten: Gipsfaserplatten sind enorm vielfältig in der Anwendung.

Schnell und effektiv – Trockenestrichplatten aus Gipsfaserwerkstoff

Trockene Fußbodenaufbauten erfüllen viele der o. g. Anforderungen, hauptsächlich kommen dabei Estrichelemente in Form von Gipsfaserplatten zum Einsatz. Aber auch hier gibt es deutliche Unterschiede in der Qualität. Für einfache Anwendungen kommen meist Gipsfaserplatten mit einer Rohdichte von etwa 1.100 kg/m³ zum Einsatz. Dabei liegen die Elemente vollflächig auf einer tragenden Schicht und bilden eine solide Basis für den Oberbelag. Gipsfaserplatten mit einer Rohdichte von über 1.500 kg/m³ sind extrem belastbar und müssen daher nicht vollflächig aufliegen.

Geprüfte Wohngesundheit

Knauf Gipsfaserplatten bestehen aus Naturgips, REA-Gips, Cellulosefasern und Wasser. GIFAfloor kommt ohne bedenkliche Zusatzstoffe aus und ist von der Herstellung bis zur Entsorgung unbedenklich für die Umwelt. Das Institut für Baubiologie in Rosenheim überprüft seit 2003 regelmäßig die GIFAfloor Platten. Diese tragen daher durchgehend das Prüfsiegel des IBR.

Auch beim weltweit führenden Service-Dienstleister für Analytik eurofins wurden die GIFAfloor Produkte in deren Laboratorien in Galten (DK) getestet. Die neueste Untersuchung im März / April 2018 ergab für GIFAboard und GIFAfloor Messwerte, die unterhalb der für eurofins Indoor Air Comfort Gold festgelegten Grenzwerte liegen. Eine Bescheinigung über die Erfüllung der Anforderungen und nationalen Verordnungen in Europa mit Stand 13. April 2018 wurde von eurofins ausgestellt.

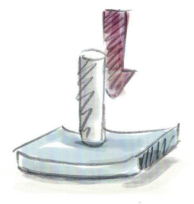

Abb.: Knauf

GIFAfloor Platten sind wesentlich belastbarer als andere Gipsfaserwerkstoff-Platten.

Sicherheit geht vor: Schall- und Brandschutzanforderungen

Zum Thema Brandschutz: Auch wenn es im privaten Wohnungsbau nahezu keine Anforderungen an den baulichen Brandschutz gibt, ist es doch ein gutes Gefühl auf Nummer sicher zu gehen. GIFAfloor ist nicht brennbar (A1 – EN 13501-1) Das kann im Brandfall lebensrettend sein!

Ein weiteres wichtiges Thema ist der Schallschutz im Wohnungsbau. In der Norm unterscheidet man zwischen »Luftschalldämmung«, d.h. was hört man bei lautem Reden oder Radiohören in angrenzenden Wohnungen, sowie der »Trittschalldämmung«, d.h. wie weit werden Gehgeräusche übertragen. Aufgrund der sehr hohen Materialdichte können mit GIFAfloor alle Anforderungen erfüllt werden.

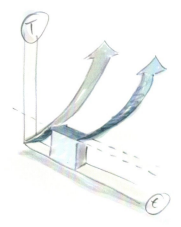

Im Brandfall verdampft kristallin gebundenes Wasser. Dadurch wird
die Temperatur der GIFAfloor Platte längere Zeit konstant bei 100 °C gehalten.

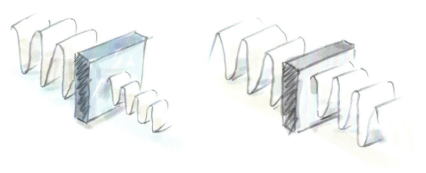

Abb.: Knauf

GIFAfloor lässt sich bei gleicher Materialdicke durch die hohe Dichte deutlich schwerer anregen als vergleichbare Werkstoffe.

Verwendung von Knauf Gipsfaserplatten im Neubau und in der Sanierung

Mit verschiedenen Aufbauvarianten zeigt Knauf Integral, was moderne und wohngesunde Fußbodenaufbauten, egal ob Neubau oder Renovierung, zu leisten vermögen:

Die Gipsfaserplatten werden jeweils in einer Elementgröße von 1.200 x 600 mm und einer umlaufenden Nut/Feder-Verbindung geliefert. Dadurch ist die Verlegung einfach und sehr schnell: Die Elemente werden in Nut und Feder verklebt. Es entsteht eine tragende, schwimmende Scheibe, die bereits am nächsten Tag mit dem Oberbelag belegt werden kann. Das System liefert verlässliche Werte hinsichtlich der Tragfähigkeit. Zudem ist das Material nicht brennbar und es können alle Anforderungen hinsichtlich Luftschall- und Trittschalldämmung erreicht werden.

Im Neubau kommen meist Fertigteilestriche, wie z. B. GIFAfloor TFR, auf einer Trenn-, Dämm- oder Ausgleichsschicht zum Einsatz. Die Gipsfaserplatten mit einer Dicke von 25 mm liegen dabei vollflächig auf einer Unterkonstruktion, z. B. in Form von Holzfaserdämmplatten. Die Trocknungszeit des Fertigteilestrichs bzw. des verwendeten Klebers beträgt nur 24 h. Projektlaufzeiten werden dadurch planbarer und deutlich verkürzt.

Im Falle einer Sanierung von alten Holzbalkendecken ist GIFAfloor PRESTO die erste Wahl. Bei der Montage ist kein Eingriff in die Konstruktion bzw. den Fehlboden notwendig. Die Sanierung erfolgt nur von oben. Bei einer Verlegung auf Holzbalkenkonstruktionen mit einem Balkenabstand von bis zu 1,0 m ergibt sich eine Aufbauhöhe von nur 32 mm ab Oberkante der Balken. Es ist sogar die Integration einer wasserführenden Fußbodenheizung möglich – dazu wird eine zweite dünnere Schicht von GIFAfloor PRESTO mit der ersten verklebt.

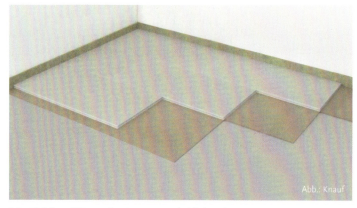

Mit GIFAfloor TFR werden Bauzeiten erheblich verkürzt.

Auch bei der Sanierung von Holzbalkendecken spielen GIFAfloor Gipsfaserplatten ihre Stärken aus.

▶▶ FAZIT

Wie immer im Leben zählt letztendlich das, was drinsteckt, und nicht nur die Äußerlichkeiten. Daher lohnt es sich auch, über den Bodenaufbau intensiv nachzudenken. Bodensysteme von Knauf haben sich seit vielen Jahren im Einsatz bewährt. Jüngstes, weltweit bekanntes Projekt ist die Elbphilharmonie in Hamburg. Hier wurden 3.000 m² GIFAfloor Systemböden verbaut. Und sogar die »weiße Haut« des großen Konzertsaals wurde aus dem Knauf Gipsfaserwerkstoff angefertigt.

3.7 EMISSIONSARME PRODUKTE FÜR DAS WOHNGESUNDE BAUEN

Mengenmäßig spielen Fliesenkleber, Fugenmassen und andere bauchemische Produkte beim Hausbau eine untergeordnete Rolle. Beim Thema Wohngesundheit steht die Frage nach ihrer Qualität allerdings ganz oben auf der Liste. Denn Lösemittel und andere Inhaltsstoffe können die Raumluft nachhaltig beeinträchtigen. Erfreulicherweise sind in den letzten Jahren große Erfolge bei der Entwicklung emissionsarmer Produkte erzielt worden.

Verantwortliches Handeln beginnt bereits bei der Rezeptierung. Hier bekommen Rohstoffe den Vorzug, die Emissionen oder Belastungspotenziale für Mensch und Umwelt deutlich reduzieren oder ganz ausschließen. Kennzeichen für solche Produkte ist die EMICODE-Einstufung der GEV (Gemeinschaft emissionskontrollierte Verlegewerkstoffe, Klebstoffe und Bauprodukte e. V.). Mit dem EMICODE R-Siegel, EC1 oder EC1PLUS ausgezeichnete Verlegewerkstoffe sind nach der Verarbeitung lösemittelfrei und emissionsarm. Heimwerker und Profis haben so die Möglichkeit, hinsichtlich Gesundheit, Umwelt- und Innenraumhygiene bei einem Neubau oder einer Modernisierung auf Nummer sicher zu gehen.

Sopro – feinste Bauchemie für gesündere Gebäude in Profi-Qualität

Die Sopro Bauchemie GmbH ist ordentliches Mitglied der GEV und einer der führenden Anbieter bauchemischer Produkte in Deutschland und europaweit. SchwörerHaus verarbeitet verschiedene Produkte von Sopro in seinen Häusern. Auch in denen des Forschungsprojektes, das in diesem Buch ausführlich beschrieben ist.

Wichtig ist, dass alle in einem Haus verwendeten Produkte möglichst emissionsarm sind. Das Programm von Sopro umfasst innovative Produkte und Produktsysteme rund um die Gewerke Fliesenverlegung, Estricharbeiten, Putz- und Spachtelarbeiten, Abdichtungsarbeiten, Mauerwerksbau sowie Garten- und Landschaftsbau. In nahezu jeder Produktgruppe bietet das Unternehmen emissionsgeprüfte Produkte an. Angefangen von der Grundierung über die Abdichtung, die Spachtelmasse, die Entkopplungs- und Dammplatte, den Fliesenkleber bis hin zur Fuge. Die geprüften Produkte bieten somit größtmögliche Sicherheit für die menschliche Gesundheit durch eine gesündere, weil schadstoffarme Raumluft.

3.7 Emissionsarme Produkte für das wohngesunde Bauen

Für schöne und gesündere Bäder und Wohnräume: Emissionsarme Fliesenkleber von Sopro erfüllen selbstverständlich alle technischen Anforderungen.

Planer-/Objektberatung direkt auf der Baustelle

Jedes Bauprojekt stellt ganz spezielle Anforderungen: von der Planung bis zur Ausführung. Eine Planer- und Objektberatung versorgt Planer und Architekten nicht nur mit den notwendigen Ausschreibungsunterlagen, sondern unterstützt alle am Bau Beteiligten auch während der Bauphase – wann und wo immer dies erforderlich ist. Die anwendungstechnische Beratung von Sopro hilft in vielen Fällen direkt auf der Baustelle und gibt individuelle Verarbeitungs- und Produktempfehlungen. Diese zahlen sich oft schnell aus, nicht zuletzt beim wohngesunden Bauen.

Dank perfekter Verarbeitungsmöglichkeiten wird der eng getaktete Bauzeitenplan beim Ausbau der SchwörerHäuser sicher eingehalten.

3.8 KOMFORT UND WOHNGESUNDHEIT IM SYSTEM

Philip Boddez und Michael Langkau

— Moderne Dämmstoffe sorgen für guten Schall- und Wärmeschutz sowie ein gesundes Wohnklima

— High-Tech-Materialien reinigen die Raumluft und bieten Schutz vor Elektrosmog

— Neue Produkte vereinen Verarbeitungskomfort und Umweltfreundlichkeit

Die eigenen vier Wände sind für jeden Menschen der persönliche Lebensmittelpunkt. Da wir 90 Prozent unseres Lebens in Räumen verbringen, ist es umso wichtiger, dass die Qualität der Lebensräume den Komfort der Bewohner maximiert. So liefert Saint-Gobain beispielsweise für SchwörerHaus zahlreiche Produkte, die für die Wohngesundheit von großer Bedeutung sind. Darüber hinaus verfügt der weltweit agierende Hersteller über ein umfassendes Portfolio von Bauprodukten und Lösungen, das hier ebenfalls zur Sprache kommen soll. Ganz wesentlich als Wohlfühlfaktor ist eine behagliche Raumtemperatur von etwa 22 Grad Celsius – sowohl im Sommer als auch im Winter. Grundvoraussetzung für eine ausgeglichene Wohlfühltemperatur ist eine qualitativ hochwertig gedämmte Gebäudehülle. Nur so schafft man im ganzen Haus ein gleichmäßig warmes und zugfreies Raumklima. Dabei ist ein ausgewogenes Verhältnis von Raumlufttemperatur und der inneren Oberflächentemperatur der Außenwände und Fenster entscheidend. Stimmt das Verhältnis nicht, steigt das Risiko der Bildung von kondensierender Feuchte und dadurch bedingter Entstehung von Schimmelpilz. Gleichzeitig hat man unmittelbar vor dem Fenster oder vor einer schlecht gedämmten Außenwand eine unbehagliche Kaltluftabstrahlung, wodurch der Bereich als Aufenthaltsort nicht behaglich ist.

Abb.:. Saint-Gobain Isover / SimFan-Fotolia.com

Die Oberflächentemperatur der inneren Gebäudehülle bestimmt maßgeblich unser Wohlbefinden.

3.8 Komfort und Wohngesundheit im System

Einen optimalen Wärme- und Feuchteschutz erzielt man durch die Verwendung einer Dämmung aus Mineralwolle in Kombination mit einer feuchtevariablen Klimamembran, die intelligent Feuchtigkeitsschwankungen ausgleicht. Glaswolle, z. B. die des Marktführers Saint-Gobain Isover, bietet als Dämm-Material im Holzhaus eine einzigartige Kombination positiver Eigenschaften: sie ist vollständig diffusionsoffen (d. h. sie speichert selber keine Feuchte und behindert auch nicht ein Austrocknen) und sie schützt wirkungsvoll sowohl gegen Kälte im Winter als auch Hitze im Sommer. Der hochwertige Dämmstoff sorgt zudem für einen komfortablen Schutz gegen Lärm und bietet einen sehr guten Brandschutz mit der höchsten Brandschutzklasse A1. Damit sind Konstruktionen möglich, die einem Brand bis zu 90 Minuten (REI 90) und darüber hinaus widerstehen. Für höchste Anforderungen im Brandschutz gibt es neben der bekannten Glas- und Steinwolle noch ein drittes glasbasiertes Material: ULTIMATE – eine Premium-Glaswolle, die die besten Eigenschaften der Glaswolle (Handling, Anpassbarkeit, Komprimierbarkeit, geringes Gewicht) mit denen der Steinwolle (Schmelzpunkt 1.000 °C) kombiniert. Glaswolle ist nicht zuletzt ein umweltfreundlicher und sehr nachhaltiger Dämmstoff: sie besteht zu 70 Prozent aus recyceltem Altglas. Die wohngesunden Eigenschaften sind durch zahlreiche unabhängige Institute belegt, z. B. durch den Blauen Engel und auch die Eurofins Klassifizierung in Gold, die für das Bestehen der höchsten Anforderungen an Emissionsgrenzwerte in ganz Europa steht.

Aber eine Dämmung, gleich welcher Art, ist nahezu wirkungslos, wenn nicht genau darauf geachtet wird, die in der Raumluft gebundene Feuchte (das sind üblicherweise einige

Abb.: Saint-Gobain Rigips

Gesündere Gebäude lassen sich einfacherer und sicherer realisieren, wenn für die Bauteile wie Wand- oder Fußbodenaufbauten auf abgestimmte und geprüfte Systeme zurückgegriffen wird.

Liter pro Tag, die der Bewohner selber durch eigenes Ausdünsten, aber auch Kochen, Duschen und Waschen einbringt) durch eine wirksame raumseitige Abdichtung aus den Wand- und Deckenkonstruktionen herauszuhalten. Zudem sorgt diese Abdichtung, die idealerweise aus einer Folienlage besteht, dafür, dass durch Bewegungsfugen in den Bauteilen oder um Einbauten wie Steckdosen oder durchdringende Rohre keine Wärme entweichen kann. Insofern hilft eine gut ausgeführte Luftdichtebene beim Energiesparen, sie schützt die wertvolle Konstruktion vor Schimmelbildung und den Bewohner vor unangenehmer Zugluft.

Auf dem Markt gibt es dafür seit Jahren zahlreiche Folien mit konstantem Widerstand gegen Feuchteeintrag. Zudem gibt es für besondere Anforderungen, wie z. B. flach geneigte Dächer oder Sanierungen, Klimamembranen, die »bemerken«, wenn es kritisch wird, und selbstständig reagieren:

Die variable Klimamembran Vario KM Duplex von Saint-Gobain Isover zum Beispiel schließt im Winter ihre Poren, um die wertvolle Konstruktion zu schützen, und kann sie im Sommer öffnen, um eventuell eingedrungene Feuchte austrocknen zu lassen. Von Isover gibt es mit ›Vario Xtra‹ zudem ein System, welches die Verarbeitung für Baufamilien und Sanierer deutlich einfacher und sicherer macht: die Klimamembran wird mit Klettverschlüssen befestigt. Kein Werkzeug, keine Löcher durch Tackernadeln, bei schiefer Verlegung schadensfrei neu positionierbar. Auch der Klebe- und Dichtstoff aus diesem System ist intelligent: er zeigt deutlich die für die Weiterarbeit erforderliche Durchtrocknung durch eine Farbänderung an.

Ein weiterer wichtiger Aspekt ist die Verhinderung schädlicher Emissionen, die über die Raumluft die Bewohner beeinträchtigen können. Erstes Augenmerk gelegt werden muss auf die Konstruktion mit ihren Baustoffen, von denen potenziell einige leichtflüchtige organische Substanzen (VOCs) in die Raumluft abgehen könnten. Die Baustoffauswahl, Qualitätsprüfung und Überwachung der im BDF organisierten Fertighaushersteller stellt durch strenge Emissionsgrenzwerte sicher, dass die eingebauten Materialien keine schädlichen Stoffmengen an die Raumluft abgeben. Was ein Fertighaushersteller nicht mehr kontrollieren kann, ist das, was nach dem Bau passiert. Die Bewohner selber bringen über die gesamte Nutzungsdauer hinweg ein Vielfaches mehr an VOCs ein, als es das Konstruktionsmaterial im Neuzustand potenziell könnte: durch Teppiche, Kochen, Dekomaterialien, Nahrungsmittel – ja selbst durch die Atmung.

Aber auch dafür gibt es mittlerweile Lösungen: High-Tech-Materialien, die dauerhaft vor VOCs schützen und die Innenraumluftqualität verbessern. Mit ihrem luftreinigenden Wirkkomplex können mit Activ'Air ausgestattete Rigips Platten Formaldehyd nachweislich zu 100 % aus der Raumluft entfernen und auch viele andere Schadstoffe reduzieren. Das Gute: Die Entscheidung zur Nutzung von Activ'Air Technologie kann ein Bauherr auch später noch jederzeit im Rahmen einer anstehenden Sanierung oder Renovierung durch Nachrüstung mit entsprechenden Produkten treffen.

Baubiologen stufen übrigens den natürlichen Baustoff Gips als empfehlenswert ein: das bekannte Institut für Baubiologie IBR in Rosenheim zeichnet mit diesem Prüfsiegel Produkte aus, die gesundes Wohnen ermöglichen und gleichzeitig die Umwelt schützen. In den letzten Jahren erhielten zahlreiche Gipsprodukte von Rigips immer wieder diese Auszeichnung.

Ein erhöhter Schallschutz in allen Lebensbereichen wird immer wichtiger für das menschliche Wohlbefinden. Lärm entsteht längst nicht nur draußen, sondern auch im Haus. Bei schlechter Verarbeitung oder bei nicht kompatiblen Produkten wird der Schall über die Bauteile übertragen und unter ungünstigen Voraussetzungen sogar verstärkt. Bei Zwischenwänden, Decken, aber auch technischen Installationen sollte man deshalb auf geprüfte Schallschutzsysteme mit dem gewissen Extra setzen.

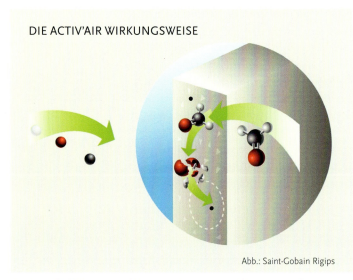

DIE ACTIV'AIR WIRKUNGSWEISE

Abb.: Saint-Gobain Rigips

Die Activ'Air Wirkungsweise: VOCs werden in unkritische Bestandteile zerlegt.

3.8 Komfort und Wohngesundheit im System

Bäder stellen besonders hohe bauphysikalische Anforderungen an die verwendeten Baustoffe. Ein stark wasserabweisender Gipskern und ein imprägniertes Glasfaservlies reduzieren die Wasseraufnahme von Gipsplatten mit Glasroc X Technologie und machen sie widerstandsfähig gegen Schimmel.

Mineralwolle-Dämmstoffe von Saint-Gobain Isover leisten einen wesentlichen Beitrag zum wirksamen Schallschutz. Mit speziellen Konstruktionen und anwendungsspezifischen Mineralwolle-Dämmstoffen wird dafür gesorgt, dass laute Geräusche von außen ($R_{W,R} \geq 50$ dB) oder das Radio in voller Lautstärke aus dem Nebenzimmer ($R_{W,R} \geq 54$ dB) kaum hörbar sind. Auch der Trittschall – also das Gehen oder Möbelrücken im darüber liegenden Stockwerk – ist nicht oder kaum wahrnehmbar ($L'n, w, R \leq 43$ dB). So kann jedes Familienmitglied seinen Hobbys nachgehen, ohne andere zu stören.

Beim Schutz gegen Lärm zählen aber nicht nur die inneren Werte – auch die äußere Schale (eines Wand- oder Deckenbauteils) hat großen Einfluss. So kann sich ein Bauherr beim Ausbau seines Hauses bewusst für die Verwendung besonders schallschützender Produkte entscheiden und statt der bewährten Gipskartonplatte Produkte wie zum Beispiel die besonders robuste Habito Wohnbauplatte von Saint-Gobain Rigips einsetzen. Sie ist nicht nur hart im Nehmen, dank ihres massiven Charakters bietet sie auch einen hohen Schallschutz, der störende Geräusche sowohl von außen als auch von Raum zu Raum deutlich reduziert. Damit erfüllt diese innovative Wohnbauplatte höchste planungsrelevante Komfortanforderungen, die sich positiv auf das Wohlbefinden der Wohnraumnutzer auswirkt. Lasten, wie Flachbildfernseher, schwere Schränke oder der Ankleidespiegel im Schlafzimmer können mit handelsüblichen Schrauben direkt in der Platte verschraubt werden – ohne Bohren und ohne Spezialdübel.

Schutz gegen elektromagnetische Felder

Die rasante technische Entwicklung der letzten 100 Jahre hat unser Leben vielfach vereinfacht, aber dadurch hat auch die Ausbreitung künstlicher elektromagnetischer Wellen enorm zugenommen. Ob der stetige Ausbau von Senderstandorten oder die Technik in den eigenen vier Wänden: die Strahlenbelastung steigt kontinuierlich an. Im Alltag sind wir, neben all den technischen Annehmlichkeiten durch kabellose Festnetztelefone, WLAN, Handys etc., permanent künstlichen Strahlungsreizen ausgesetzt, die sich negativ auf unser Wohlbefinden auswirken können. Climafit Protekto wurde von Rigips entwickelt, um diese elektromagnetischen Wellen zu reduzieren. Und das funktioniert ganz natürlich: Im Kern der Gipsplatte befindet sich ein nicht brennbarer, elektrisch leitfähiger Graphit, der elektromagnetische Wellen nahezu komplett absorbiert und reflektiert. Dank ihrer einzigartigen Zusammensetzung schirmt Climafit Protekto bis zu 99,9 Prozent der Wellen ab! Und das funktioniert sogar im Falle von Sanierungen, wie Messungen am Einfamilienhaus belegen.

Sowohl im Bad als auch in der Küche gehören Fliesen dazu: Bisher mussten Bauherren und Verarbeiter häufig zwischen Umweltfreundlichkeit oder Verarbeitungskomfort entscheiden. Mit der BlueComfort Technologie von Saint-Gobain Weber hat das nun ein Ende. Die BlueComfort Produkte sind sehr emissionsarm und leisten einen wichtigen Beitrag zum Umwelt- und Gesundheitsschutz. Sie erfüllen alle Kriterien des GEV-Zeichens EC1 Plus und bieten so größtmögliche Sicherheit vor Belastungen der Raumluft.

Vom Keller bis unter dem Dach sowie draußen am Haus: Saint-Gobain bietet zahlreiche Lösungen, mit denen Sie wohngesund bauen und wohnen. Abb.: Saint-Gobain Rigips

BlueComfort Fliesenkleber sind besonders flexibel und weisen eine sehr hohe Haftzugfestigkeit auf. Gleichzeitig lassen sich die Produkte spürbar leichter aufziehen und sind deutlich hautfreundlicher als andere marktübliche Produkte. Wohngesundheit fängt schon bei der Verarbeitung an! Neben den verbesserten Produkteigenschaften wurde eine CO_2-Ersparnis von bis zu 76 Prozent erreicht. Die Produktion einer Palette Fliesenkleber erzeugt dank der BlueComfort Technologie ca. 300 kg weniger CO_2 als bisher. Das entspricht dem Ausstoß eines herkömmlichen Kleintransporters auf einer Fahrtstrecke von 1.550 km.

Wohngesundheit wird von vielfältigen Faktoren beeinflusst und ist nicht nur ein Thema, das Innenräume betrifft und an der Haustür aufhört. Wer kennt nicht den typischen streng riechenden Schwarzanstrich von Kelleraußenwand, Sockel oder Bodenplatte? Lange Jahre bestand dieser üblicherweise aus bituminösen Materialien. Diese sind letztlich Erdöl-Produkte, die immer wieder in der Diskussion stehen, gesundheitsgefährdend zu sein. Wer diese Unsicherheit vermeiden will, greift zur mineralischen Abdichtung: weber.tec Superflex D 24 ist eine 2-komponentige, schnellabbindende, hochflexible, bitumenfreie Dickbeschichtung zur Abdichtung erdberührter Bauteile. Auch die Verklebung von Dämmplatten geschieht damit schnell, sicher und gesundheitlich unbedenklich.

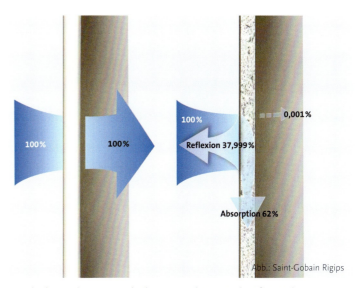

Standard Gipsplatte im Vergleich zur Gipsplatte mit Climafit Protekto

▶▶ FAZIT

Wir verbringen über 90% unserer Zeit in geschlossenen Räumen. Saint-Gobain entwickelt nachhaltige Bauprodukte und -systeme, damit Menschen ihre Lebensräume gestalten und den gewünschten Wohnkomfort verwirklichen können. Ziel ist es, Lebensräume, in denen wir arbeiten, wohnen oder entspannen, so angenehm, komfortabel und wohngesund wie nur möglich zu bauen. Konkret gilt es, die Zahl der komfortablen Quadratmeter in Gebäuden aller Art zu maximieren und gleichzeitig den ökologischen Fußabdruck dieser Lebensräume zu minimieren. Als einer der weltweit größten Baustoff-Hersteller ist Saint-Gobain in der Lage, alle Forschungskapazitäten und Synergien darauf zu verwenden, die Systeme optimal aufeinander abzustimmen und die Funktionstüchtigkeit der Produkte miteinander zu gewährleisten – der Vorteil eines umfassenden Produktportfolios und 350-jähriger Erfahrung mit Bauprodukten. Zugleich macht Saint-Gobain das Bauen einfacher und setzt auch bei der Logistik und der Verarbeitung neue Maßstäbe.

4
GESUND UND GUT BAUEN IN DER PRAXIS

4.1 GESÜNDER BAUEN IST KOSTENGÜNSTIG BAUEN

Johannes Schwörer

— Gesünderes Bauen ist bezahlbar

— Qualitätsmanagement zahlt sich aus

— Gesundheitsschutz ist auch Arbeitsschutz

Wenn ich in Fachkreisen davon spreche, in den gesundheitlichen Schutz unserer Kunden zu investieren, kommt spätestens bei der zweiten Frage das Argument zusätzlicher Kosten. Die Baufamilien, die unsere Musterhäuser und das Bemusterungszentrum an unserem Firmensitz besuchen, sind vom gesünderen Bauen und Wohnen begeistert. Die Frage »Und was kostet das?« wird aber auch hier gestellt. Beides ist legitim und verständlich. Klar ist, dass Gesundheit allgemein und ein gesünderes Haus im Besonderen kein Luxus sein darf!

Dafür ist dieses grundlegende Recht auf einen gesunden Lebensraum zu wichtig. Deshalb gilt es, die für die meisten Käufer größte Investition ihres Lebens und gleichzeitig die Erfüllung eines großen Wunsches zu bezahlbaren Kosten anzubieten. Zu helfen, diese Wünsche und Hoffnungen Realität werden zu lassen, ist ein großer Ansporn für mich und alle Mitarbeiter unseres Unternehmens.

Für dieses Bestreben haben wir gleich mehrere Argumente: Zuvorderst steht natürlich die Gesundheit selbst. Denn nur wer gesund ist und bleibt, erfreut sich rundum an seinem eigenen Zuhause. Selbstverständlich können wir nicht alle Krankheiten und Gefahren von unseren Kunden fernhalten. Aber das in unseren Möglichkeiten Liegende tun wir und haben es bereits in der Vergangenheit getan. So werden alle von Schwörer-Haus verwendeten Materialien einer werkseigenen Eingangskontrolle unterzogen. Mit der schon seit Jahrzehnten eingesetzten kontrollierten Wohnungslüftung Schwörer Wärme-Gewinn-Technik sparen unsere Bauherren nicht nur viel Heizenergie ein, sondern die Zufuhr von frischer Luft ist sichergestellt.

Ein guter Schutz für Menschen, die gesund sind und gesund bleiben wollen, ist unser Ziel. Es geht darum, gesundheitliche Beeinträchtigungen und Krankheiten wie Allergien durch weniger Schadstoffe in der Raumluft zu vermeiden. Prinzipiell ist es auch möglich, gesundheitliche Beeinträchtigungen im Vergleich zu einer belasteten bisherigen Wohnung zu lindern.

Vom gesünderen Bauen profitieren nicht nur Hauskäufer und ihre Familien, sondern auch unsere Mitarbeiter. Ein noch besserer Arbeitsschutz durch emissionsarme Bauprodukte und deren geschulte Verarbeitung senkt Krankheitszeiten und erhöht die Freude beim Bau unserer Häuser. Von daher lohnt sich dies langfristig auch für unser Unternehmen, davon sind wir überzeugt.

Schätzt den direkten Kontakt: Johannes Schwörer im Gespräch mit einer Baufamilie.

4.1 Gesünder bauen ist kostengünstig bauen

Angesichts der wachsenden Bedeutung, die unsere Gesundheit für uns alle und in unserer Gesellschaft hat und haben wird, ist ein geprüft gesünderes Haus eine gute Investition. Zu wissen, welche Baustoffe wo verarbeitet wurden, ist bei einer Renovierung oder Sanierung in vielen Jahrzehnten eine wertvolle Information und vermeidet Baufehler. Auch im Falle eines Verkaufs steigert die Gewissheit, ein geprüft gesünderes Haus zu erwerben, die Attraktivität und den Wert der Immobilie.

Wir haben viel dafür getan, die individuelle Raumluftmessung jedes von uns gebauten Hauses so kostengünstig wie möglich umzusetzen und unseren Kunden auch hier ein gutes Preis-Leistungsverhältnis zu bieten. Dass ein Fertighausunternehmen zwar viele – rund 10.000 –, aber stets gleiche Baustoffe und Produkte verwendet, ist ein Vorteil, der sich auch beim gesundheitlichen Qualitätsmanagement auszahlt. Denn die dauerhafte Eingangskontrolle der gelieferten Produkte ist ein wichtiger Baustein. Mehr dazu lesen Sie nachfolgend in diesem Kapitel. Auch können die Kosten für die Schulung und Weiterbildung der Mitarbeitenden auf viele Köpfe und viele Hausprojekte verteilt werden. Angesichts der hohen Zahl der von uns gebauten Häuser haben wir schnell viel Erfahrung gewonnen, die allen weiteren Projekten zugutekommt.

Die Organisation unserer gesamten Qualitätssicherung erfolgt EDV-gestützt. Dadurch bleiben die Abläufe immer vergleichbar und nachvollziehbar. Auch die einzelnen Schritte für die externe Überwachung und Auswertung der Raumluftproben, die in den Händen des Sentinel Haus Instituts und des TÜV Rheinland liegen, sind so optimiert,

Die Bauqualität muss stimmen, und zwar dauerhaft für viele Jahrzehnte. Nur dann findet ein Baustoff den Weg in ein SchwörerHaus.

Die gesundheitliche oder »biologische« Qualität eines Bauprodukts darf nicht zu Lasten der Dauerhaftigkeit gehen. Denn ein Haus ist ein Versprechen auf Jahrzehnte oder gar ein Jahrhundert. Die Materialien, die SchwörerHaus einsetzt, widerstehen auf viele Jahre den Anforderungen von Wind, Wetter und dem üblichen Gebrauch und wurden dahingehend in ausführlichen Versuchen getestet. Für das Unternehmen ist dies ein wichtiger Aspekt nachhaltigen Handelns und Wirtschaftens. So kommt zum Beispiel der nicht brennbare und recyclingfähige Dämmstoff Mineralwolle für Wände und Dächer zum Einsatz.

Hochqualifizierte Mitarbeiter und Prozesse nach Industriemaßstäben sichern die durchgängig hohe Qualität bei SchwörerHaus.

dass sie gegenüber einem Einzel-Bauprojekt deutlich kostengünstiger zu realisieren sind. All das senkt die Kosten für das einzelne Haus deutlich.

Nicht zuletzt dockt die gesundheitliche Qualitätssicherung an die umfangreiche technische und bauliche Qualitätssicherung in unserem Werk an, die ebenfalls in hohem Maße EDV-überwacht ist. Gegenüber dem konventionellen Bauen bietet die Fertigung nach industriellen Maßstäben ein deutlich höheres Maß an Präzision, Sicherheit und dauerhafter Qualität bei gleichzeitig niedrigeren Kosten. Eingebunden ist die Überprüfung der gesundheitlichen Eigenschaften in eine umfangreiche Prüfung während der Herstellung im Werk und bei der Errichtung des Hauses.

▶▶ **FAZIT**

Kurz gesagt ist unser Ziel, unseren Kunden mit ihrem Haus möglichst viel Freude und möglichst wenig, am besten gar keinen Ärger zu bereiten. Mehr noch: Wir wollen Kunden zu Freunden machen. Dazu gehört ein geprüft gesünderer Lebensraum unabdingbar dazu. Dies bezahlbar umzusetzen, war eines der Ziele des Projektes. Das ist uns gelungen und wir konnten die erarbeiteten Prozesse in unserer Arbeit und unserem Unternehmen fest integrieren.

Die gesundheitliche Qualitätssicherung ist integriert in das gesamtbetriebliche Qualitätsmanagement-System.

4.2 QUALITÄT – VOM BAUMSTAMM BIS ZUM HAUS

Dipl.-Ing. (FH) Martin Sauter

Das komplexe Thema des gesünderen Bauens und Wohnens ist eingebunden in das Thema der Qualität beim Bauen insgesamt. Viele Bauwillige gehen davon aus, dass wegen strenger Bestimmungen alle Bauprodukte und Baustoffe, die in Deutschland auf dem Markt sind, keine Schadstoffe enthalten und deshalb auch nicht gesundheitsschädlich sind. Dass dem nicht so ist, muss man vielen Baubeteiligten, sowohl Kunden als auch Handwerkern, oft erst verdeutlichen. Wenn man sich mit dem Thema Wohngesundheit eingehender befasst, bleibt festzustellen, dass das Thema mit vertretbarem Aufwand durchaus zu handhaben ist, vorausgesetzt die Fachkenntnis und die Strukturen in den Unternehmen sind vorhanden.

Dies ist bei vielen Bauunternehmen und Fertighausherstellern der Fall, die aus Prinzip und Tradition auf Qualität setzen und gute und geprüfte Baustoffe verwenden. Bei den Herstellern von Fertighäusern kommt dazu die Nutzung stetig wiederkehrender Regeldetails zum Bau individueller Häuser, die Materialverarbeitung in computergestützten Produktionsanlagen sowie Betriebsabläufe mit genau definierten Qualitätsstandards. In diese industriellen Fertigungsabläufe ist ein Qualitätssicherungssystem integriert, wie man es sonst nur im Maschinenbau kennt, nicht aber beim Bau von Häusern.

Grundlegende Eigenschaften, die das spezifische Kundenhaus erfüllen muss, werden beim Unternehmen SchwörerHaus durch die kontinuierliche Qualitätskontrolle sichergestellt. Inzwischen ist hier die Betrachtung von gesundheitlichen Aspekten in diesen Prozess genauso selbstverständlich integriert wie Belange der Statik, Luftdichtheit oder Maßgenauigkeit.

Das Holz für die SchwörerHäuser stammt aus nachhaltig bewirtschafteten Wäldern aus der Region im Umkreis von 60–80 Kilometern.

Diese für das Fertighauswerk beschriebene Logistik- und Verfahrensweise setzt sich auf der Baustelle nahtlos fort. Die Bauteile wie Wände, Decken und Dachelemente kommen am Tag der Hausmontage zeitlich genau getaktet auf die Baustelle. Dort werden diese von SchwörerHaus eigenen Fachkräften nach festgelegten Arbeitsschritten zusammengebaut. Diese Schritte sind in einzelnen Arbeitsanweisungen festgehalten, in denen, zusätzlich zur jeweiligen Tätigkeit, auch die zu verwendenden Baustoffe und Verarbeitungsmaterialien exakt definiert sind, beispielsweise Befestigungsmittel, Dichtungsmaterialien, notwendige Klebstoffe etc. Diese Materialien werden ebenfalls direkt aus dem Fertighauswerk bauvorhabenbezogen zur Baustelle geliefert. So ist auch bei auf der Baustelle eingesetzten Hilfsstoffen das durchgängig hohe technische und gesundheitliche Qualitätsniveau sichergestellt.

Alle verwendeten Hölzer sind auf ihre Nachhaltigkeit hin zertifiziert und mit dem PEFC-Siegel versehen.

Jahrzehntelange Erfahrung und die genaue Kenntnis seiner Eigenschaften machen aus dem Rohstoff Holz einen Präzisionsbaustoff.

Die industrielle Vorfertigung weist also, bei aller Individualität in der architektonischen Gestaltung und der persönlichen Ausstattung, auch hinsichtlich einer gleichbleibend hohen Qualität Vorteile gegenüber der handwerklichen Tradition auf. Auch wenn sich dies für Bauinteressierte im ersten Moment seltsam anhört, hat das für Hauskäufer entscheidende Vorteile. Selbstverständlich können Handwerker und örtliche Bauunternehmen ebenfalls gute Gebäude bauen – aber bei der Qualitätssicherung geht es um dauerhaft reproduzierbare Prozesse und Kontrollmechanismen. Gerade die Präzision und die stets gleichbleibende Detailgenauigkeit sind ein hervorstechendes Merkmal industrieller Vorfertigung. Auf dieses etablierte System konnte das mehrstufige Konzept des Sentinel Haus Instituts zur gesundheitlichen Qualitätssicherung aufsetzen, dieses wurde passgenau in die Abläufe bei SchwörerHaus integriert.

Das erste Glied dieser langen Kette der Qualitätssicherung im Holzfertigbau ist naturgemäß das verwendete Holz. Denn Häuser in Holzbauweise haben idealerweise einen Vorteil: der wichtigste Rohstoff wächst in der Nachbarschaft. Leider wird in der Branche nicht immer nach den Kriterien der Regionalität gearbeitet und heimisches Holz verwendet, da Importe aus Skandinavien oder Osteuropa preislich häufig günstiger erscheinen. Bei dem Unternehmen SchwörerHaus ist das anders. Hier stammt das im Werk verwendete Holz aus Wäldern, die im Umkreis von maximal 60 Kilometern wachsen. Die Bestände werden nachhaltig bewirtschaftet und sind mit dem PEFC-Siegel versehen. PEFC (_Programme for the Endorsement of Forest Certification Schemes,_ auf Deutsch: Programm für die Anerkennung von Waldzertifizierungssystemen) ist die größte Institution zur Sicherstellung und Vermarktung nachhaltiger Waldbewirtschaftung durch ein unabhängiges Zertifizierungssystem. Über die Herkunft des Holzes hinaus sind bei SchwörerHaus die gesamte Holzverarbeitung und damit alle verarbeiteten oder veredelten Produkte PEFC unter der Nummer 04-36-0004 zertifiziert. Dieses Holz wird nach festgelegten Kriterien geschnitten, technisch getrocknet und maschinell gütesortiert. Denn nur technisch getrocknetes Holz ist ein dauerhafter Baustoff (siehe den Beitrag von Borimir Radović, nachfolgend in diesem Kapitel).

Generell kommen bei einem qualitätsgeprüften Fertighaus nur Materialien zum Einsatz, die baurechtlich zugelassen sind. Akkreditierte Prüfer kontrollieren dazu mehrmals pro Jahr im Werk und auf der Baustelle den Produktionsablauf und die Montage.

Diese Überwachungen erfolgen mehrstufig: Zuerst werden alle notwendigen Pläne und Nachweise geprüft, dies sind beispielsweise Berechnungen der Statik, Energienachweis, individuelle Konstruktionspläne sowie Pläne der Leitungsführung für Lüftung und Heizung. Anschließend wird geprüft, ob die eingesetzten Materialien mit den in den Konstruktionsplänen und Nachweisen ermittelten Eigenschaften übereinstimmen, zum Beispiel Wärmeleitfähigkeit des Dämmstoffes oder die Tragfähigkeit des Holzes. In der Fertigung und auf der Baustelle werden dann weitergehend alle relevanten Verbindungen begutachtet, ob diese so wie vorgegeben ausgeführt worden sind.

Als Beispiel sei hier die Luftdichtheit der Gebäudehülle genannt, bei der die folgenden Prüfpunkte untersucht werden: Ist ein Luftdichtheitskonzept vorhanden? Wurden

Die täglichen Abläufe im Werk werden genau durchgesprochen, um eventuelle Probleme sofort zu erkennen und zu beheben.

im Werk die notwendigen Vorbereitungen in den Bauteilen getroffen, beziehungsweise die entsprechenden Materialien eingebaut? Wurde die luftdichte Ebene auf der Baustelle richtig hergestellt und hat der Hersteller letztendlich die Dichtheit des Gebäudes mit einer zertifizierten Luftdichtigkeitsmessung (BlowerDoor) nachgewiesen?

Nur wenn diese festgelegten Überwachungen regelmäßig bestanden werden, ist der Fertighaushersteller berechtigt, in Deutschland geschlossene Holztafelelemente gemäß Landesbauordnung herzustellen und das dafür notwendige Ü-Zeichen des Deutschen Instituts für Bautechnik (DIBt) zu führen.

Viele Fertighaushersteller, so auch Schwörer-Haus, unterwerfen sich darüber hinaus weiteren freiwilligen Qualitätskontrollen, z. B. durch die RAL-Gütegemeinschaft oder die Qualitätsgemeinschaft Deutscher Fertigbau (QDF). Die konsequente Erweiterung dieser Qualitätssicherung ist die Betrachtung des Gesundheitsaspektes mit der Kompetenz von Sentinel Haus Institut und dem TÜV Rheinland.

Zum Abschluss des Herstellprozesses eines normgerechten Holztafelelementes kennzeichnet der firmeneigene Beauftragte für die Qualitätssicherung jedes Bauteil mit einer Plakette, die bestätigt, dass alle vorgeschriebenen Schritte in der vorgegebenen Qualität eingehalten wurden.

Trotz aller EDV-Unterstützung: Erst nach der Kontrolle durch den Fachmann wird ein Bauteil freigegeben.

4.2.1 GESUNDES WOHNEN IM HOLZHAUS

Dipl.-Ing. Borimir Radović

— Technisch getrocknetes Holz schützt vor Schädlingen

— Richtig geplante und gebaute Holzhäuser sind sehr langlebig

— Chemischer Holzschutz ist nicht nötig und wird heute innerhalb der Gebäudehülle nicht mehr eingesetzt

Holz ist ein wunderbarer Baustoff: Er ist vielfältig nutzbar, ungeheurer stabil, wächst reichlich nach und ist deshalb rechnerisch CO_2-neutral und von daher besonders nachhaltig. Trotzdem gilt er manchen als wenig dauerhaft. Doch das stimmt nicht. Denn nur feuchtes Holz ist anfällig für Schädlinge und Schimmel. Deshalb setzt der moderne Holzfertigbau auf technisch getrocknetes Holz. Ein chemischer Holzschutz ist nicht notwendig, schon gar nicht in Innenräumen. Dieses Kapitel erläutert die Zusammenhänge.

Durch zahlreiche Forschungsvorhaben und jahrzehntelange Praxiserfahrungen (siehe Literaturverzeichnis) ist eindeutig nachgewiesen, dass bei Holz [1] in den Gebäuden der bauliche Holzschutz alleine für sich voll ausreicht. Die diesbezüglichen Erkenntnisse haben in den Jahren 2011 und 2012 Eingang in die neue DIN 68000-1 und 2 gefunden, sodass die Zeiten, in denen Holz innerhalb der Gebäudehülle mit Holzschutzmitteln behandelt wurde, endgültig vorbei sind.

Dies bedeutet, dass das Holz wie von der Natur erschaffen Verwendung finden darf und damit einen wichtigen Beitrag für gesundes Wohnen in den in der Holzbauweise erstellten Häusern und ähnlichen Objekten liefert. Um dies zu erreichen, stehen im Rahmen des baulichen Holzschutzes zwei Maßnahmen im Vordergrund:

— die Verwendung von technisch getrocknetem Holz

— die Vermeidung von einer für die Entstehung und Entwicklung von holzzerstörenden Pilzen erforderliche Holzfeuchte im eingebauten Zustand

Vor etwa 110 Jahren hat man damit begonnen, im Holzbau technisch getrocknetes Nadelholz in Form von Brettschichtholz in größerem Umfang zu verwenden. Seitdem wurden in Deutschland über 30 Millionen Kubikmeter davon verbaut, europaweit über 60 Millionen Kubikmeter. Mindestens

Brettschichtholz, kurz BS-Holz oder BSH, besteht aus mindestens zwei parallel verlaufenden und miteinander verklebten Lamellen.
Konstruktionsvollholz, kurz KVH, ist eine Produktbezeichnung für spezielles, gehobeltes oder gefastes Bauholz mit definierten, über die Anforderungen der DIN 4074 hinausgehenden Qualitätseigenschaften.

90 Prozent dieses Brettschichtholzes wurde nicht mit einem Holzschutzmittel behandelt. Dennoch ist bis heute in Deutschland kein Fall bekannt, in dem Brettschichtholz im Innenraumbereich und im nicht direkt bewitterten Außenbereich von Insekten befallen wurde.

Zwei Feldstudien zur Untersuchung von Brettschichtholzträgern [2] aus den Jahren 1984 und 2000 bestätigen dies: Alle untersuchten Träger waren frei von Insektenbefall. Diese Unempfindlichkeit gegen Insekten war auch bei anderen Produkten aus technisch getrocknetem Nadelholz zu erwarten, wenn sie im Innenraumbereich beziehungsweise im nicht direkt bewitterten Außenbereich eingesetzt wurden. Solche Produkte sind beispielsweise keilgezinktes und nicht keilgezinktes Konstruktionsvollholz, Balkenschichtholz und Brettsperrholz.

Seit etwa 35 Jahren werden diese Holzprodukte ohne Holzschutzmittel bei Holzbauwerken im Innenraumbereich und im nicht direkt bewitterten Außenbereich sehr oft offen eingebaut, sodass bei diesen bis zu drei Querschnittsseiten sichtbar und damit für Insekten jederzeit frei zugänglich waren. Die offenen Konstruktionen erlaubten eine einfache Kontrolle der verwendeten Holzprodukte. Trotz der günstigen Zugänglichkeit für Insekten ist bei keinem dieser Holzprodukte ein Insektenbefall bekannt geworden. Eine ergänzende Befragung von rund 800 Holzbaubetrieben durch verschiedene Verbände ergab das gleiche Resultat.

Diese eindeutige Praxiserfahrung wurde auch durch eine Feldstudie aus dem Jahr 2008 bestätigt: Durch Untersuchungen an 101 Objekten, die sich in den bekannten Insekten-Befallsgebieten befanden, konnten die bisherigen baupraktischen Erfahrungen überprüft und nach dem heutigen wissenschaftlich-technischen Erkenntnisstand begründet werden, sodass eine endgültige Aussage über die Wahrscheinlichkeit eines Befalles von technisch getrocknetem Nadelholz durch die in Deutschland vorkommenden Insekten getroffen werden konnte. Diese lautet, bei technisch entsprechend der DIN 68800-1 und 2 getrocknetem Holz ist die Gefahr eines Bauschadens durch die in Deutschland vorkommenden holzzerstörenden Insekten nicht gegeben.

Große Dachüberstände tragen wesentlich zum Schutz der Fassade bei.

Maßgebend für die Unempfindlichkeit des technisch getrockneten Holzes sind ähnlich wie bei älteren nicht technisch getrockneten Hölzern vor allem die Alterung des Eiweißes im Holz und die Verminderung der die Käfer anlockenden ätherischen Öle.

Die seit Jahrzehnten vorliegenden Erkenntnisse aus Wissenschaft und Praxis zeigen zudem, dass sich holzzerstörende Pilze erst ab einer Holzfeuchte oberhalb des Fasersättigungsbereiches entwickeln können. Das bedeutet, erst beim Vorhandensein von freiem Wasser in den Zellhohlräumen entwickeln sich Pilze.

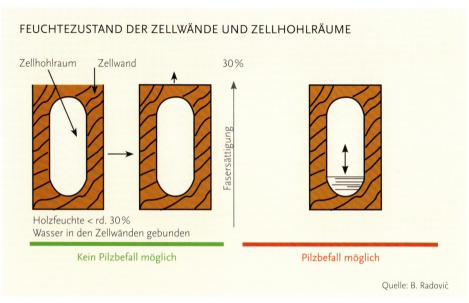

Bei industriell getrocknetem Holz ist das Wasser in den Zellwänden gebunden. Ein Pilzbefall ist nicht möglich.

Obwohl der Fasersättigungsbereich zwischen verschiedenen Holzarten etwas variieren kann, kann dieser für die Praxis für die in Deutschland verwendeten Holzarten ausreichend genau bei 30 Prozent Holzfeuchte angenommen werden.

Der fortschrittliche Holzbau hat sich darüber hinaus einer weit strengeren, selbst gesetzten Norm unterworfen: Die Holzfeuchte darf nur 15 Prozent +/– 3 Prozent für Konstruktionsvollholz (KVH) betragen.

Die Aufgabe des baulichen Holzschutzes ist, durch Feuchteschutzmaßnahmen dafür zu sorgen, dass die Holzfeuchte stets unterhalb des Fasersättigungsbereiches bleibt: Dafür ist es nötig,

– das Holz während Transport, Lagerung und Montage vor Feuchte zu schützen

– das Holz vor Niederschlägen zu schützen

– Konstruktionen zu finden, die das Holz in Nassbereichen schützen

– die Feuchteleitung aus angrenzenden Bauteilen zu verhindern

– die Konstruktion vor Tauwasser zu schützen.

Bei fachgerecht verbautem Holz unter Dach oder unter einer Abdeckung beziehungsweise bei schneller Abführung der Niederschlagsfeuchte von der Holzoberfläche sind die genannten Bedingungen erfüllt. Dabei wird vorausgesetzt, dass hinsichtlich des Feuchteschutzes neben der DIN 68800-1 und 2 auch weitere baurechtlich vorgeschriebene Normen, wie zum Beispiel die DIN 4108, Beachtung finden müssen.

▶▶ FAZIT

Zusammenfassend lässt sich sagen, dass bei Verwendung von technisch getrocknetem Holz unter Dach oder Abdeckung bzw. bei schneller Abführung der Niederschlagsfeuchte von der Holzoberfläche keine Bauschäden durch holzzerstörende Organismen zu erwarten sind.

4.2.2 SO GEHT MODERNES WOHNEN: GESUND UND NACHHALTIG MIT DEM ROHSTOFF HOLZ

Catrin Fetz

Wer mit schönen Möbeln, hochwertigen Fußböden oder dem entsprechenden Baumaterial viel Holz »in der Hütte« hat, weiß es oder spürt es längst: Wie gut sich Holz auf das Raumklima auswirkt. Mit zahlosen luftgefüllten Zellen sorgt das Naturmaterial für einen ständigen Wärme- und Feuchtigkeitsausgleich. Atmen und Schwitzen, Kaffeemaschine und Geschirrspüler, Zimmerpflanzen und vieles mehr geben Feuchtigkeit ab. Holz nimmt sie aus der Raumluft auf und verhindert damit ungesunde Werte. Ist die Luft hingegen trocken, zum Beispiel durch Heizungsluft, gibt Holz wieder Feuchtigkeit ab.

Nicht nur dem Raumklima, auch dem globalen Klima tut die Verwendung von Holz im eigenen Heim gut: Holz als Bau- und Wohnmaterial kann in einem einzigen Haus tausende Tonnen des schädlichen Klimagases CO_2 binden, während im Wald neue Bäume wachsen, die weiteres CO_2 aufnehmen.

Außerdem: Wer mit Holz baut und sich mit Holz einrichtet, holt sich ein Stück Natur ins Haus. Das lebendige Bau(m)material tut unserer Seele gut – das spüren wir draußen im Wald, aber erleben es auch in den eigenen vier Wänden. Unser Heim können wir dann mit gutem Gewissen genießen, wenn der emotionale Stoff Holz tatsächlich aus der Natur stammt, die wir vor unserem inneren Auge sehen wollen: aus gesunden Wäldern.

Umweltsiegel, wie das PEFC-Siegel, helfen dem Verbraucher bei der Suche nach Baumaterialien, bei denen der eingesetzte Holzrohstoff aus verantwortungsvollen Quellen stammt. Das PEFC-Siegel kennzeichnet Holzprodukte aus nachweislich ökologisch, ökonomisch und sozial nachhaltiger Forstwirtschaft. Führende Unternehmen im Bereich Bau- und Innenausbau und Fertighaushersteller wie SchwörerHaus sind PEFC-zertifiziert und weisen somit nach, dass bei der Herstellung ihrer Produkte Holz aus PEFC-zertifizierter, nachhaltiger Waldbewirtschaftung eingesetzt wird. Für den Bau eines Fertighauses werden beispielsweise zertifizierte Konstruktionsvollhölzer oder Brettschichthölzer bei Dachkonstruktionen und anderen Trägerformen eingesetzt. Was genau bedeutet es jedoch, wenn Holzprodukte bzw. die Wälder, aus denen das Holz stammt, PEFC-zertifiziert sind und sich durch »nachhaltige Bewirtschaftung« auszeichnen? Und warum dürfen Verbraucher sich sicher sein, mit einem Produkt, welches das PEFC-Siegel trägt, ein »gutes« Produkt gekauft zu haben?

— Nachhaltig bewirtschaftete Wälder liefern Rohstoffe für Generationen

— Holz bindet CO_2 und schont das Klima

— Zertifizierte Holzprodukte garantieren Nachhaltigkeit

Foto: Haro

Vom Wandbaustoff bis hin zum dekorativen Bodenbelag: nachhaltig bewirtschaftetes Holz erfüllt viele Zwecke.

Auch im Baustoffhandel finden Selbermacher gutes, weil zertifiziertes Holz.

Wälder sind nicht nur nachhaltige Rohstofflieferanten, sondern auch ein wichtiger CO_2-Speicher, vielfältiger Lebensraum und ein Ort der Erholung.

Nachhaltigkeit bedeutet in der Forstwirtschaft zunächst einmal, dass einem Wald nur maximal so viel Holz entnommen werden darf, wie auch nachwächst. Zur forstlichen Nachhaltigkeit gehören über die Menge der Holznutzung hinaus jedoch viele weitere Aspekte, die die PEFC-Standards einfordern. Die Forstwirtschaft muss so verstanden und umgesetzt werden, dass allen drei Säulen der Nachhaltigkeit Rechnung getragen wird: der ökologischen, der ökonomischen und der sozialen. Nur so ist sichergestellt, dass auch nachfolgende Generationen sich am Ökosystem Wald und seiner Vielseitigkeit erfreuen können.

In ökologischer Hinsicht ist die Waldbewirtschaftung so zu gestalten, dass der Wald ein lebenswerter Ort für Pflanzen und Tiere bleibt und seine Funktion als natürlicher Schutz von Gewässern, Böden und Klima behält. Beispielsweise wird auf Düngung zur Ertragssteigerung verzichtet und die Arbeit mit schweren Forstmaschinen wird so koordiniert, dass der wertvolle Waldboden geschont wird. Zudem verbleiben zum Schutz der biologischen Vielfalt tote und absterbende Bäume (»Biotopholz«) im Wald, damit Tiere und Pflanzen, die auf dieses »tote« Holz angewiesen sind, hier ihren Lebensraum finden. Dazu gehören etwa Specht, Fledermaus und viele Käferarten.

In ökonomischer Hinsicht bedeutet Nachhaltigkeit, dass der Wald seine Nutzungsfunktion erhält und wir sowie unsere nachfolgenden Generationen weiterhin den wertvollen Rohstoff Holz aus dem Wald gewinnen können. Denn Holz wird immer begehrter: Es ist nicht nur für hochwertige Fertighäuser ein unersetzlicher Rohstoff, sondern auch für die vielen weiteren Holzprodukte, die zum Wohnen dazugehören: Möbel, Kinderspielzeug, Haushaltsgeräte, aber auch Brennholz zum Heizen des Kamins und vieles mehr. Nur eine pflegliche Waldbewirtschaftung stellt sicher, dass wir auch in ferner Zukunft noch Produkte aus Holz herstellen können.

4.2.2 So geht modernes Wohnen: gesund und nachhaltig mit dem Rohstoff Holz

Holz ist enorm vielseitig als Baustoff für Häuser und Material für hochwertige und schöne Möbel. Wenn es aus zertifziert nachhaltiger Bewirtschaftung stammt, ist die Freude daran noch mal so groß.

In sozialer Hinsicht werden auch solche Aspekte berücksichtigt, die die Interaktion des Menschen mit dem Wald betreffen. Dazu zählt beispielsweise die Wahrung der Rechte indigener Völker, die im und vom Wald leben. Oder auch der Schutz von Menschen, die im Wald arbeiten: So dürfen Waldarbeiter nur mit entsprechender Fachausbildung sowie angemessener Ausrüstung zum eigenen Schutz in den Wäldern ihre Arbeit verrichten. Nicht zuletzt soll der Wald für uns alle ein Ort der Erholung und der Freizeit bleiben – auch dies ist ein sozio-ökonomischer Faktor, der in PEFC-Wäldern beachtet werden muss.

Nur wer lückenlos nachweisen kann, dass die verarbeiteten Rohstoffe aus nachhaltig bewirtschafteten Wäldern stammen, erhält das PEFC-Zertifikat. Die Einhaltung der Anforderungen wird von unabhängigen Zertifizierungsstellen jedes Jahr neu kontrolliert. Darauf können sich Bauherren und Verbraucher verlassen. Jeder PEFC-zertifizierte Betrieb erhält eine individuelle Registrierungsnummer, die Verbraucher unter www.pefc.org jederzeit überprüfen können: Trägt ein Betrieb die Zertifizierung zu Recht? Wer hat mein Holzprodukt hergestellt? So können Verbraucher mit ihrer Kaufentscheidung für gute, »grüne« Holzprodukte selbst zum Erhalt unserer Wälder beitragen – bei jedem einzelnen Holzprodukt in ihrem Heim.

▶▶ FAZIT

Eine nachhaltige Waldbewirtschaftung hat in Deutschland Tradition, ist aber keine Selbstverständlichkeit. Um die natürlichen Grundlagen des erneuerbaren Werkstoffs Holz zu erhalten, sind Zertifizierungssysteme wie PEFC ein wichtiger Baustein der Unternehmensstrategie.

4.2.3 KONTROLLIERTE BAUSTOFFE FÜR GESÜNDERE HÄUSER

Dr. Wolfgang Störkle

— Werkseigene Qualitätskontrolle identifiziert Schadstoffe

— Zusammenarbeit mit Herstellern verbessert Produktqualität

— Arbeitsschutz und Gesundheitsschutz gehen Hand in Hand

Bis ein Baustoff in ein geprüft gesünderes Haus eingebaut wird, hat er schon eine Vielzahl von Prüfungen und Materialkontrollen hinter sich. Zum einen natürlich beim Hersteller und von diesem beauftragten Prüfinstituten. Nach dem Grundsatz »Vertrauen ist gut, Kontrolle ist besser« stellen große Fertigbauunternehmen wie SchwörerHaus zusätzlich eigene Untersuchungen an, um die gesundheitliche Qualität der von ihnen verwendeten Baustoffe und Einbauten zu gewährleisten. Diese im Fall von SchwörerHaus seit Jahrzehnten durchgeführten, mehrstufigen Kontrollen sind ein zentraler Baustein der unternehmenseigenen Qualitätssicherung und eine wichtige Voraussetzung für die Einführung des gesundheitlichen Qualitätsmanagements.

Dabei spielt auch der Arbeitsschutz für die Arbeiter im Werk und auf der Baustelle eine wichtige Rolle.

Soll ein Baustoff oder ein Bauteil neu in die Liste der verwendbaren Produkte aufgenommen werden, werden seine Eigenschaften genau unter die Lupe genommen. In der werkseigenen Qualitätskontrolle prüft ein Wissenschaftler zuerst das Sicherheitsdatenblatt des Herstellers. Welche chemischen Stoffe sind in welchen Konzentrationen enthalten? Könnten dadurch gesundheitliche Probleme bei den Verarbeitern oder später bei den Eigentümern hervorgerufen werden? Und, ganz wichtig: Welche Stoffe könnten noch enthalten sein, sind aber vom Hersteller nicht deklariert? Erst wenn diese Fragen zufriedenstellend beantwortet sind, ist der Weg in die Produktion oder auf die Baustelle frei.

Oftmals gleicht die Suche nach zufriedenstellenden Antworten auf die genannten Fragen der Arbeit eines Detektivs. Maßstab und Hilfe zugleich sind dabei die Vorgaben der Europäischen Chemikalienverordnung zur Registrierung, Bewertung, Zulassung und Beschränkung chemischer Stoffe, kurz REACH. REACH ist nicht nur weltweit eines der modernsten und zugleich auch strengsten Chemikaliengesetze, es ist auch ein sehr detailliertes Regelwerk. In den Listen der Europäischen Chemikalienagentur ECHA sind Angaben, Gefahrenhinweise, Verarbeitungsregeln und Grenzwerte zu nahezu allen chemischen Stoffen enthalten.

Bei der firmeneigenen Warenkontrolle von SchwörerHaus wird deshalb abgeglichen, ob in dem Produkt »besonders besorgniserregende Stoffe« (**SVHC**) enthalten sind oder

Wareneingangskontrolle: Entsprechen die Lieferungen den geforderten Gesundheitsstandards?

4.2.3 Kontrollierte Baustoffe für gesündere Häuser

Stoffe, die in nächster Zukunft auf diese Liste kommen könnten. Das war zum Beispiel beim Flammschutzmittel HBCD im Styropor-Dämmstoff der Fall. Dazu kommen Vorgaben und Hinweise zum Beispiel der BG BAU, die mit ihren Datenbanken wichtige Informationen zum Arbeitsschutz bereithält. Hierbei gilt es abzuwägen, wie sich das Emissionsverhalten des Produktes im Innenraum zum vorgeschriebenen Arbeitsschutz verhält. Ein Beispiel hierfür wären bei der Verwendung von Polyurethan die eingesetzte »Form« des Isocyanats oder bei Spanplatten die Verwendung von Frischholz statt Anteilen von möglicherweise belastetem Altholz.

Wird ein problematischer Produktbestandteil, zum Beispiel kritische halogenorganische Verbindungen, als Konservierungsmittel identifiziert, geht SchwörerHaus auf den Hersteller zu und klärt mit diesem, ob ein bestimmter Inhaltsstoff durch einen anderen ersetzt werden kann, ohne die sonstigen Eigenschaften zu verändern. Ist das nicht möglich, sucht die Einkaufsabteilung ein Alternativprodukt. Auch für dieses gelten die gleichen Maßstäbe. Zur Beurteilung wird auf Prüfzertifikate wie das eco-Institut, Eurofins, Blauer Engel und andere zurückgegriffen (siehe Kapitel 1.4). Auch wird abgefragt, ob der Hersteller Schadstoffmessungen für das Produkt vorlegen kann. Das Ziel ist stets, im Sinne des Arbeitsschutzes die Zahl und die verwendete Menge der Stoffe mit »problematischen« H-Sätzen zu reduzieren. Diese H-Sätze *(Hazard Statements)* beschreiben Gefährdungen, die von chemischen Stoffen oder Zubereitungen ausgehen. So gehen der Arbeitsschutz für die Mitarbeiter und der Gesundheitsschutz für die Bewohner eines Hauses Hand in Hand. Eine wichtige Rolle bei der Suche nach gesundheitlich geprüften Produktalternativen spielt auch das Bauverzeichnis Gesündere Gebäude von Sentinel Haus Institut und TÜV Rheinland, in dem das Unternehmen einen eigenen, individuell konfigurierten Bereich hat. Hier können speziell zugeschnittene Produktlisten zusammengestellt und gespeichert werden, auf die die Mitarbeiter Zugriff haben.

Prüfzertifikate sind wichtige Entscheidungskriterien für die Produktauswahl.

>> **FAZIT**

Große Fertighausunternehmen sichern mit eigenen Ressourcen hohe Qualitätsstandards bei den verwendeten Bauprodukten. In Zusammenarbeit mit den Herstellern wird diese stetig gesteigert.

4.2.4 EIN MESSPROGRAMM FÜR 650 GESÜNDERE EINFAMILIENHÄUSER

Matthias Tilk

- Qualitätskontrolle im Kleinen und Großen
- Messung von rund 500 Einzelstoffen
- Ergebnisdatenbank für alle Häuser

Bei den vielen hundert Häusern, die ein großes Fertigbauunternehmen pro Jahr für seine Kunden baut, funktioniert alles nach einem fest eingespielten Rhythmus. Da muss auch das gesundheitliche Qualitätsmanagement reibungslos funktionieren. Dieses Kapitel zeigt, wie das Forschungsprojekt organsiert ist und welche Vorteile Bauherren davon haben.

Wie immer beim Bauen sind auch beim Thema gesünderes Bauen zahlreiche Personen und Unternehmen beteiligt. Dazu befinden sich die Baustellen in ganz Deutschland und im benachbarten Ausland. Ein eigens geschulter Projektmanager koordiniert deshalb bei SchwörerHaus den Ablauf und ist die Schnittstelle zwischen der technischen Abteilung am Firmensitz und den 21 Bauleitern und 76 Montagetrupps draußen auf den Baustellen. Die Bauleiter wurden alle von TÜV Rheinland als Probennehmer geschult und verfügen jeweils über ein eigenes Messequipment, das von SchwörerHaus angeschafft wurde. Weitere Beteiligte arbeiten in den Laboren des TÜV Rheinland und beim Sentinel Haus Institut. Viele Stationen und viele Ansprechpartner also. Deshalb wurde ein minutiöser Ablauf festgelegt, um genau verfolgen zu können, in welchem Stadium sich die gesundheitliche Qualitätssicherung eines Hauses gerade befindet.

Ein eigens entwickeltes Computerprogramm übernimmt die Dokumentation und Kontrolle der zahlreichen Vorgänge und ermöglicht die Kommunikation zwischen allen Beteiligten. Denn es geht darum, dass alle Beteiligten jederzeit wissen, wann in welchem Haus eine Raumluftmessung zu machen ist, wann die Probe zur Auswertung geschickt wird und wann und welche Ergebnisse zurückgemeldet werden. Diese werden nachvollziehbar für jedes gemessene Haus in einer Datenbank gespeichert. Dazu greift die Abfrage auch auf das firmeninterne EDV-System zurück, das meldet, wann die Übergabe eines Hauses und damit auch die abschließende Raumluftmessung vorgesehen ist. Bestätigt der Bauleiter den Termin, werden die Messröhrchen beim TÜV Rheinland angefordert und an die Bauleiter verschickt. Nach der Messung transportiert die Post die Messröhrchen zur Auswertung in die zertifizierten Labore des TÜV Rheinland, der dann die Daten an das Fertighausunternehmen zurückmeldet. Eine weitere

Wenn ein Haus montiert wird, sind die Termine für die Raumluftmessung schon festgelegt.

4.2.4 Ein Messprogramm für 650 gesündere Einfamilienhäuser

Überprüfung und Kommentierung erfolgt durch das Sentinel Haus Institut, das die Messergebnisse nochmals auf Auffälligkeiten hin kontrolliert. Alle Stationen, die die Messröhrchen der Raumluftmessungen durchlaufen, liegen zeitlich eng beieinander, da die Röhrchen nur eine begrenzte Haltbarkeit aufweisen.

Das vom Probenehmer auszufüllende, umfangreiche Protokoll der Messumstände und -bedingungen trägt entscheidend dazu bei, die Messergebnisse auch später bewerten zu können. Die dadurch entstandene und stetig wachsende Datenmenge erlaubt eine detaillierte Auswertung nach allen möglichen Kriterien. Wann und in welcher Ausstattung wurde ein Haus von welchem Team aufgebaut? Gab es Besonderheiten oder haben die Bauherren Eigenleistungen wie das Streichen der Wände oder die Verlegung von Bodenbelägen übernommen? Ist ein Wert besonders auffällig und woran könnte das liegen? Gemessen wird die Gruppe der flüchtigen organischen Verbindungen, kurz VOC, und gesondert noch einmal der Stoff Formaldehyd (siehe Kapitel 2.1.4). Dabei entstehen jede Menge Daten, denn die Stoffgruppe der VOC umfasst rund 500 Einzelstoffe, die für jedes Haus gespeichert werden. So entsteht ein Datenschatz, der mit seiner Detailtreue und seinem Umfang ganz neue Erkenntnisse ermöglicht. Nicht zuletzt deshalb sind informell an dem Forschungsprojekt auch die Experten des Umweltbundesamtes beteiligt, die gerne erfahren, welche Werte in der Praxis gemessen werden und welche Schlussfolgerungen daraus zu ziehen sind. Die Datenbank erlaubt auch eine Fehlersuche, etwa wenn ein Stoff einmalig oder häufiger besonders auffällig ist. Die Datensammelei ist dabei kein Selbstzweck, mit der maximalen

Eine Expertin des Sentinel Haus Instituts bei der Raumluftmessung.

Transparenz wird vor allem die gesundheitliche Qualität im Sinne des Kunden gesichert und stetig verbessert. In Verbindung mit der baulichen Qualitätssicherung im Werk ist so auch die Rückverfolgung über den kompletten Produktionsprozess möglich. Ein Punkt, der nur bei vorgefertigten Häusern möglich ist, die nicht individuell handwerklich, sondern nach exakten, gleichbleibend hohen Industriestandards gebaut werden. So wird die Spurensuche enorm erleichtert, denn allein in Wand und Decke eines Fertighauses stecken einige hundert Produkte, insgesamt gelistet sind bei SchwörerHaus für diese Bauteile rund 1.900 raumluftrelevante Artikel. Und ganz gleich, in welcher Kombination eine Baufamilie ihr Haus bauen lässt, ist durch die Qualitätssicherung gewährleistet, dass das Endergebnis, sprich das fertige Haus, beweisbar über eine geprüft gesunde Raumluft verfügt.

Im Unternehmen werden in regelmäßigen Abständen die von TÜV Rheinland ausgewerteten Raumluftmessungen überprüft.

Aktuelle Messtechnik ist eine Grundvoraussetzung für exakte Ergebnisse.

Mittelfristig haben die Daten medizinischen Nutzen, auch für die Forschung. Die Daten aus der Raumluft des Hauses stehen auch noch nach Jahren zur Verfügung und erlauben im Bedarfsfall eine Analyse, etwa nach umweltmedizinischen Gesichtspunkten. Ursachen für Allergien zum Beispiel könnten so eingegrenzt oder sogar ausgeschlossen werden.

Die ausgefeilte Organisation hat auch finanzielle Vorteile. So konnte durch die Optimierung der Abläufe und die große Zahl der Raumluftmessungen der Aufwand für die einzelne Messung und Auswertung deutlich gesenkt werden. Davon profitieren zuerst die Baufamilien, für die SchwörerHaus die gesundheitliche Qualitätssicherung inklusive Raumluftmessung und Prüfbescheinigung gegen einen geringen Aufpreis als Zusatzleistung anbietet. Direkt nach der Messung wirft der Bauleiter den vorbereiteten Umschlag in den nächsten Briefkasten. Etwa zwei Wochen dauert es dann, bis die Proben von TÜV Rheinland untersucht, ausgewertet und vom Sentinel Haus Institut bewertet sind.

Ein Forschungsprojekt wie dieses wäre kein Forschungsprojekt, wenn es nicht auch Häuser gäbe, bei denen auffällige Messwerte im Prüfbogen stehen. In enger Abstimmung überlegen die Experten von Sentinel Haus Institut und SchwörerHaus dann, wo die Ursachen liegen könnten. Diese können, müssen aber nicht grundsätzlich in den verwendeten Materialien oder deren Verarbeitung liegen. Auch Unachtsamkeiten kurz vor der Messung oder nicht normgerechte Messbedingungen haben Auswirkungen auf das Ergebnis. Wie empfindlich die Messgeräte sind, zeigt schon eine frisch aufgebrühte Tasse Kaffee, die die Bauherren für den Bauleiter in petto halten. Noch deutlich stärker wirken sich die normalen Restarbeiten aus, die oft kurz vor der Übergabe des Hauses erfolgen. Deshalb legen die Bauleiter Wert auf eine gute Organisation ihrer Baustellen. Denn normalerweise erfolgt eine Raumluftmessung erst 28 Tage nach der Fertigstellung. Die Auswirkungen dieser verschärften Bedingungen werden ausführlich in Kapitel 3.2 dargestellt. Bis dahin sind die Konzentrationen vieler Schadstoffe durch das manuelle oder automatische Lüften der Räume schon deutlich gesunken.

Um korrekte Ergebnisse zu bekommen, sind die Bedingungen streng geregelt. Im Normalfall befinden sich außer dem Bauleiter keine Personen im Haus und es wurden kurz vorher auch keine Arbeiten erledigt. Denn diese können die Ergebnisse verfälschen. Gemessen wird üblicherweise im (Eltern-)Schlafzimmer. Denn hier hält man sich am längsten auf und soll gute Bedingungen zur Erholung und Regeneration finden. Es sprechen aber auch ganz praktische Gründe für diesen Messort: Denn am Tag der Übergabe wird zum Beispiel die Holztreppe von Folien und Schutzschichten befreit, die sie in der harten Bauphase vor Beschädigungen und Verschmutzung bewahren. Dabei werden in den ersten Stunden und Tagen Stoffe frei, die die Messergebnisse beeinträchtigen und verfälschen können.

Beim Forschungsprogramm ist alles viel kompakter organisiert, denn wer will schon wochenlang warten, bis er eines oder mehrere Zimmer im Haus nutzen kann, das normalerweise bis zur Messung leer steht. Wie dieser frühe Messzeitpunkt berücksichtigt werden kann, war eine Fragestellung des Projektes. Es ging darum, sogenannten Abklingkurven zu untersuchen. Also herauszufinden, ob und wie sich die Schadstoffkonzentrationen in den ersten Wochen entwickeln. Daraus lassen sich dann Schlüsse ziehen, wie sich die Messergebnisse zu den Empfehlungswerten des Umweltbundesamtes verhalten. (siehe Kapitel 2.1). »Verschärft« wird die Messsituation durch die nicht in Betrieb befindliche Lüftungsanlage, die in jedem SchwörerHaus Standard ist. Denn der Bauablauf ist so eng getaktet, dass Energieversorger und Elektriker oft erst kurz vor der Übergabe das Haus an den normalen Haushaltsstrom anschließen. Würde länger vor der Messung gelüftet, würden die Ergebnisse also noch niedriger ausfallen.

Neben der Technik und den unbestechlichen Messgeräten des TÜV Rheinland spielt aber auch der Faktor Mensch eine wichtige Rolle. In diesem Fall sind es die eigens geschulten Bauleiter, die die Raumluftmessung in ihren sowieso engen Fahrplan integrieren müssen. Viel Überzeugungsarbeit war allerdings

Mithilfe einer ausführlichen Bauakte ist auf der Baustelle alles klar geregelt.

nicht nötig, wollen doch alle Beteiligten »ihren« Baufamilien ein geprüft gesünderes Haus übergeben. Der Stolz, die Qualität der eigenen Arbeit auch für die gesundheitlichen Aspekte dokumentieren und beweisen zu können, überwiegt die zusätzlichen zeitlichen und technischen Anforderungen bei Weitem. Die abschließende Kontrolle der Raumluftqualität dient auch als Ansporn für alle am Bau eines SchwörerHaus beteiligten Handwerker, noch bessere Qualität abzuliefern. So wirkt sich das gesundheitliche Qualitätsmanagement zusätzlich mittelbar auf die sowieso schon hohe Sorgfalt aus, mit der die Häuser im Werk gebaut und dann auf der Baustelle errichtet werden.

Da bei einem Fertighausunternehmen wie SchwörerHaus alles unter einem Dach organisiert ist, lassen sich Abläufe optimieren und anpassen. Eine steile Lernkurve und ein Gewusst-wie, die dem, für die Beteiligten auf der Baustelle und im Unternehmen durchaus neuen Thema rasch eine hohe Professionalität und Sorgfalt verliehen hat, die wiederum den Kunden zugutekommt.

Ein so umfassendes Projekt wie dieses wäre vertan, wenn alle Beteiligten daraus keine Erkenntnisse ziehen und Verbesserungen vornehmen. Denn darum geht es ja schließlich im Sinne der Kunden. Die Erfahrungen im Projekt führten unter anderem dazu, dass Arbeitsabläufe verändert und die Truppführer, die verantwortlich sind für das Aufstellen des Hauses, noch einmal gesondert geschult und informiert wurden. Zu den vielen Schräubchen, an denen gedreht wurde, gehört auch die Frage der Lüftung, die im Alltag von einer serienmäßigen Lüftungsanlage erledigt wird. Solange das Haus im Rohbau noch nicht an die Stromversorgung angeschlossen ist, muss von Hand gelüftet werden. Daran zu denken, wurde den Monteuren noch mal in Erinnerung gebracht. Denn das Verhalten der Monteure auf der Baustelle ist ausschlaggebend für das Gesamtergebnis. Eine Erkenntnis, die sich mit vielen Erfahrungen aus anderen Projekten mit gesundheitlichem Qualitätsmanagement deckt: Da können die eingesetzten Materialien noch so gut sein, werden sie nicht richtig verarbeitet oder durch Unachtsamkeit oder Unwissenheit kommen Schadstoffe ins Haus, wirkt sich das auf die Messergebnisse aus.

Bei den Materialien gibt es zum heutigen Stand nur sehr geringe Änderungen. Das liegt zum einen daran, dass generell alle eingesetzten Produkte schon lange auf ihre Emissionen geprüft werden. Zum anderen ist es aber auch zeitaufwendig, aus den Messreihen und den Angaben zu den vielen hundert chemischen Stoffen, die erfasst werden, Rückschlüsse auf die Quelle zu treffen. Mit diesem Thema befassen sich zwei Studienarbeiten von Studierenden bei SchwörerHaus.

Bestehende Baustellenregeln des Sentinel Haus Instituts wurden an die Abläufe eines Fertighausunternehmens angepasst. Denn im Gegensatz zu einem Haus in Massivbauweise, bei der die Materialien Arbeitsschritt für Arbeitsschritt auf die Baustelle kommen, erfolgt die Materialanlieferung für den Innenausbau gesammelt an zwei Terminen. Normalerweise sollten Baumaterialien nicht im Haus gelagert werden, da zum Beispiel aus Verpackungsmaterialien ebenfalls Schadstoffe ausgasen können. Das ist aber mit den Abläufen eines Fertigbauunternehmens nicht vereinbar, dessen Baustellen oft mehrere hundert Kilometer vom Werk entfernt sind. Entsprechend galt es, eine Abwägung zu treffen, welche Materialien auf der Baustelle wie und wo gelagert werden und welche nicht. So bietet sich zum Beispiel der Keller besser als Lagerraum an als das spätere Schlafzimmer. Die Garage ist aber zumindest im Winter kein guter Ort, da dort eine frostfreie Lagerung nicht gewährleistet ist.

Auch die Art des Umgangs mit den Materialien spielt eine Rolle. Zum Beispiel, wenn Gebinde für Farben und Kleber länger offenstehen als unbedingt notwendig. Das ist alles auch eine Frage der Gewohnheit und des Mitdenkens. Das funktioniert umso besser, je mehr die Monteure von der gemeinsamen Aufgabe überzeugt sind, ein geprüft gesünderes Haus zu errichten.

Auch bei kleinen Mengen, wie hier bei Silikon, kommt es auf die gesundheitliche Qualität an.

Ein geprüft gesünderes Haus ist auch eine logistische Herausforderung. Bei einem Fertighausunternehmen wie SchwörerHaus werden alle Materialien über die unternehmenseigene Logistik auf die Baustellen geliefert. Das ist ein Vorteil. Trotzdem bleibt die Abwägung zwischen logistisch und ergonomisch optimalen Abläufen und den Herausforderungen einer gesundheitlich optimalen Baustelle. Ein Beispiel sind die Gipskartonplatten für die Verkleidung der Decken. Gesundheitlich optimal wäre eine Anlieferung kurz vor der Verarbeitung. Dazu müssten die Monteure die schweren Platten aber einzeln ins Haus tragen. Besser ist es, komplette Paletten per Kran geschossweise ins Haus zu stellen, von wo sie auf kurzen Wegen und mit geringerer körperlicher Belastung direkt verarbeitet werden können.

Doch trotz dieser Einschränkungen bietet die bis ins Letzte durchgeplante Erstellung eines Fertighauses auch gesundheitlich Vorteile: Es kommen eben keine »wilden« irgendwo von irgendwem gekauften Materialien auf die Baustelle. Denn die zentrale Logistik verhindert, dass unbekannte oder nicht geprüfte Materialien verwendet werden. Zudem sind alle Bauteile eines Hauses registriert, der Kollege Zufall hat keine Chance.

Und sollte doch einmal eine Kartusche Silikon fehlen, bietet das Bauverzeichnis Gesündere Gebäude von Sentinel Haus Institut und TÜV Rheinland allen Monteuren die Möglichkeit, mobil direkt von der Baustelle nach einem geprüften Ersatz zu schauen und diesen dann vor Ort zu beschaffen. Denn auf eine Lieferung aus dem Werk zu warten, würde die eng getakteten und optimal gestalteten Arbeitsabläufe dann doch zu sehr durcheinanderbringen.

Der Montageleiter erklärt vor Ort die richtige Lagerung von Ausbaumaterialien, die korrekte Verarbeitung sowie den Gebrauch der persönlichen Schutzausrüstung.

Nicht zuletzt aus umweltmedizinischer Sicht ist die geschlossene Nachweiskette über die verwendeten Bauprodukte ein weiterer Vorteil der Fertigbauweise. Auch noch nach Jahrzehnten lässt sich nachvollziehen, welche Materialien verwendet wurden, um eventuellen Ursachen, zum Beispiel für Allergien, auf die Spur zu kommen oder diese auszuschließen. Für Bauherren bedeutet diese Dokumentation der verwendeten Produkte und Materialien auch eine zusätzliche Sicherheit. Einerseits bei Umbauten, Renovierungen und Erweiterungen. Andererseits bei einem eventuellen Verkauf oder wenn das Haus vererbt wird. In beiden Fällen ist es von Vorteil, erfahren zu können, woraus das Haus besteht. Bei handwerklich errichteten Häusern ist dies nicht üblich, beziehungsweise Bauherren sind auf die Sorgfalt des Bauunternehmens, der Architekten oder der Handwerker angewiesen, die die verbauten Produkte notieren und dauerhaft archivieren müssten.

▶▶ **FAZIT**

Die Durchführung und Verwaltung von Raumluftmessungen in hoher Zahl erfordern eine ausgefeilte interne Organisation, die im Rahmen des Forschungsprojektes erfolgreich entwickelt und optimiert wurde.

4.2.5 LUFTDICHTE HÜLLE: GARANT FÜR GESÜNDERES WOHNEN

- Weitgehend luftdichte Häuser sind gesündere Häuser
- Die Luftdichtung muss gut geplant und ausgeführt werden
- Test mit der Blower Door nötig

Auf den ersten Blick klingt es paradox: Ein Haus soll möglichst luftdicht sein, damit die Raumluft im Inneren möglichst gut ist. Wäre es nicht besser, die Außenluft könnte frei durchs Haus wehen? Früher war das so und es zieht auch heute noch in unsanierten Altbauten an allen Ecken und Enden. Aber gut ist das nicht, denn das würde zum einen den Energiebedarf für die Heizung vervielfachen. Zum anderen kann im Winter warme und feuchte Luft aus einem undichten Innenraum in die Konstruktion eines Hauses eindringen und dort Schimmelbewuchs und Bauschäden verursachen.

An mehreren Stellen wird deshalb in diesem Buch hervorgehoben, wie wichtig eine luftdichte Gebäudehülle für energieeffiziente und gesündere Häuser ist. In der Theorie ist das vergleichsweise einfach. Hier wird auf dem Bauplan eine sogenannte luftdichte Ebene nach DIN 4108-7 eingezeichnet, die lückenlos in allen drei Dimensionen rund um den Wohnraum reicht. In der Praxis ist dies oft komplexer, als auf dem Rechner. Nicht selten wird auf Baustellen improvisiert, mit dem Ergebnis, dass es doch wieder Undichtigkeiten gibt, die nach dem Innenausbau nur noch schwer zu beheben sind.

Der Holztafelbau nach industriellen Qualitätsmaßstäben hat auch hier Vorteile. Bei einem Unternehmen wie SchwörerHaus zeigt die vollintegrierte computergestützte Fertigungsplanung automatisch Konflikte an. Das sind Stellen, an denen zum Beispiel ein Rohr oder ein Kabel die luftdichte Ebene durchdringt. Oder wo Konstruktionsdetails besonders exakt aufzuführen sind, damit die Luftdichtung erfolgen kann. In der Fertigung wird diese Stelle dann exakt in der trockenen Werkhalle abgedichtet.

Die Wand- und Dachelemente für die Gebäudehülle sind mit einer innenliegenden Dampfsperre ausgestattet. Diese verhindert, dass warme und damit feuchte Innenraumluft in die Konstruktion eindringt und dort zu möglichen Bauschäden oder gar Schimmel führt. Die Wand- und Dachelemente sind so konstruiert, dass ihr Diffusionswiderstand nach außen geringer ist als zum Innenraum. So wird Feuchtigkeit stets nach außen transportiert, bauphysikalisch ist die Konstruktion somit sehr sicher.

Bei der Gebäudehülle zählt nicht nur die Optik. Auch die inneren Werte wie die Luftdichtheit entscheiden über die bauphysikalischen und gesundheitlichen Eigenschaften.

4.2.5 Luftdichte Hülle: Garant für gesünderes Wohnen

Die Anschlüsse von Fenstern und Türen werden passgenau im Werk gefertigt, die Luftdichtung nach dem Einbau ist hier ein wichtiger Schritt. Eine besondere Aufmerksamkeit bekommt das Thema bei der Montage auf der Baustelle. Hier werden die Wandelemente vom Montagetrupp nach Plan aufgestellt. Die Verbindung erfolgt mittels sogenannter zug- und schubsteifer Schraubverbindungen. Damit diese die luftdichte Hülle nicht durchstoßen, erfordern diese Details eine genaue Planung. In der Praxis gibt es unterschiedliche Herangehensweisen, um die luftdichte Hülle zu realisieren. Auch die qualitative Ausführung unterliegt großen Schwankungen. Wichtig ist, dass das Luftdichtheitskonzept von einer akkreditieren Stelle überwacht wird.

Zum Standard der Qualitätssicherung gehört seit Langem ein sogenannter BlowerDoor-Test. Hierbei erzeugt ein in die Öffnung der Haustüre oder des Fensters eingesetzter Ventilator einen Unterdruck im Haus. Dieser beträgt um 50 Pa (Pascal) und entspricht einem Gewicht von 5 kg/m². Für Nichtphysiker: Das entspricht einer Windstärke von 4–5 Beaufort bzw. einer Windgeschwindigkeit von bis zu 35 km/h. Sensoren messen dann die Dichtheit des Hauses im Verhältnis zu seinem Volumen. Angegeben wird diese Luftwechselrate in Relation zum Volumen des Gebäudes (Einheit 1/h). Nach der Energieeinsparverordnung darf diese Luftwechselrate maximal das 1,5-Fache des Hausvolumens pro Stunde betragen (1,5/h). In der Praxis werden bei SchwörerHaus mittlerweile Werte unter 1,0 erreicht. Die Gebäudehülle ist also nahezu luftdicht und somit energieeffizient, bauphysikalisch sicher und eine wichtige Grundvoraussetzung für gesünderes Bauen.

Mit der abschließenden Luftdichtigkeitsmessung wird die Qualität der Gebäudehülle nachgewiesen.

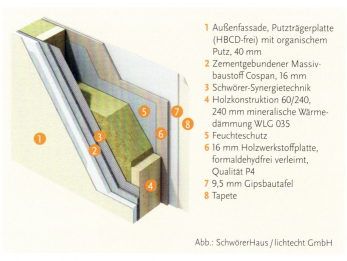

1 Außenfassade, Putzträgerplatte (HBCD-frei) mit organischem Putz, 40 mm
2 Zementgebundener Massivbaustoff Cospan, 16 mm
3 Schwörer-Synergietechnik
4 Holzkonstruktion 60/240, 240 mm mineralische Wärmedämmung WLG 035
5 Feuchteschutz
6 16 mm Holzwerkstoffplatte, formaldehydfrei verleimt, Qualität P4
7 9,5 mm Gipsbautafel
8 Tapete

Abb.: SchwörerHaus / lichtecht GmbH

Aufbau einer Außenwand mit Putzfassade von außen nach innen

▶▶ **FAZIT**

Luftdichte Gebäude sind wichtig. Als Bauherr sollte man auf sorgfältige Planung, Ausführung und eine zertifizierte Luftdichtheitsmessung bestehen.

4.2.6 KONTROLLIERT LÜFTEN IST GESÜNDER UND KOMFORTABLER

— Wie funktioniert eine Lüftungsanlage?
— Was bringt eine Wärmerückgewinnung?
— Warum Einstellung und Wartung wichtig sind

Lüftungsanlagen wurden bereits in den 1980er Jahren entwickelt. Mit steigenden Energiepreisen und schärferen Wärmeschutzbestimmungen hat sich ihr Einsatz deutlich verbreitet, gesundheitliche Erwägungen folgten erst im Nachgang. Denn der sogenannte Lüftungswärmeverlust hat einen großen Anteil am Energiebedarf. Der Hintergrund: Warme, mit Feuchtigkeit, Gerüchen und Schadstoffen belastete Raumluft wird gegen frische, aber kühle Außenluft ausgetauscht. Um diese Zuluft zu erwärmen, wird im Winter Energie benötigt.

Wird die warme Abluft in einem Kreuz-Gegenstrom-Wärmetauscher berührungslos an der kühlen Außenluft vorbeigeleitet, nimmt diese die Wärme auf, die zur Erwärmung der Raumluft nötige Energiemenge sinkt deutlich. Moderne Lüftungsanlagen mit Wärmerückgewinnung halten so bis zu 90 Prozent der Wärme im Haus. Die Technik hat eine lange Tradition: So hat zum Beispiel das Unternehmen SchwörerHaus bereits im Jahr 1983 damit begonnen, die selbst entwickelte Wärme-Gewinn-Technik WGT in Kundenhäuser einzubauen, damals eine Pionierleistung, die von vielen belächelt oder sogar bekämpft wurde, heute aber nicht mehr wegzudenken ist. Denn aktuelle und künftige Energiestandards wie die geltende Energieeinsparverordnung und die KfW Effizienzhausstandards 55 und 40 oder Passivhäuser sind ohne Lüftungsanlage mit Wärmerückgewinnung nicht machbar.

Neben der Einsparung teurer Heizenergie hat eine Lüftungsanlage den Vorteil, dass ein Öffnen der Fenster zwar jederzeit möglich, aber nicht nötig ist. Dieser Komfort ist vor allem im Winter zu spüren. Aber auch bei lauten Umgebungen ist es von Vorteil, die Fenster geschlossen halten zu können und trotzdem stets frische Luft im Haus zu haben. Der Luftwechsel ist in Privatgebäuden normalerweise so eingestellt, dass alle zwei Stunden das Luftvolumen komplett ausgetauscht wird, Fachleute sprechen von einer Luftwechselrate von 0,5/h. Dabei lässt sich der Luftaustausch individuell einstellen und steuern: So wird an der bei SchwörerHaus serienmäßig im Standard enthaltenen Lüftungsanlage der notwendige Volumenstrom (Abluft + Zuluft) entsprechend der Norm DIN 1946 T-6 berechnet und auf der Baustelle eingestellt. Über ein zentrales Bedienelement kann die Luftmenge manuell, tageszeitabhängig oder über CO_2- und Luftfeuchte-Fühler gesteuert werden. Je nach Lüftungsgerät ist es möglich, auch die Raumtemperatur für jeden Raum über ein Zeitprogramm vorzugeben.

Eine kontrolliere Wohnungslüftung mit Wärmerückgewinnung gehört heute in jedes moderne Effizienzhaus. Nur so lassen sich aktuelle Ansprüche an Komfort und Gesundheit realisieren.

4.2.6 Kontrolliert lüften ist gesünder und komfortabler

An heißen Sommertagen bieten Lüftungsanlagen die Möglichkeit, die Luft, je nach Gerät, automatisch über einen Bypass am Wärmetauscher vorbei ins Haus zu leiten und so das Raumklima im komfortablen Bereich zu halten (siehe Kapitel 2.3). Insbesondere die kühle Luft nachts und am frühen Morgen führt hier zu einer Absenkung der Temperaturen im Haus. An extrem heißen Tagen sollte die Lüftungsanlage tagsüber dagegen auf einen minimalen Luftaustausch eingestellt werden. Ein in der Erde verlegter Außenluftkanal kann diesen Kühleffekt noch verstärken. Allerdings ist hier eine konsequente Abführung von Kondensationsfeuchte durch ein entsprechendes Gefälle sicherzustellen, um einer Verschmutzung vorzubeugen. Die bessere Alternative ist ein Solewärmetauscher, der die Wärme der Außenluft in das Erdreich abführt. Im Winter wiederum kann die Wärme des Erdreichs die Außenluft vorwärmen.

Auf dem Weg zum rein elektrischen Haus ohne fossile Brennstoffe wie Gas oder Öl und ohne Fußboden- oder Heizkörperheizung bietet sich die Kombination einer Wärmepumpe im Lüftungsgerät mit individuell raumweise regelbaren Heizelementen an. Bei SchwörerHaus heißt diese Technik Schwörer Frischluftheizung und besteht aus einer Anlage zur kontrollierten Lüftung mit Wärmerückgewinnung (Wirkungsgrad über 80 %), einer nachgeschalteten Kleinwärmepumpe und keramischen Direktheizelementen.

Bei den heute üblichen, nahezu luftdichten Gebäudehüllen hat die Lüftungsanlage eine hohe Bedeutung für das gesündere Wohnen. Im normalen (Berufs-)Alltag wird nur mit einer Lüftungsanlage die »verbrauchte« Raumluft gegen »frische« Außenluft ausgetauscht. Hierbei werden auch Schadstoffe aus den unterschiedlichsten Quellen sowie Feuchte in der Raumluft aus dem Haus geführt. Die Abführung von Feuchtespitzen, etwa durch das Kochen oder Duschen, ist ein effektiver Schutz vor Schimmelbildung. Auf Wunsch bieten Hersteller wie SchwörerHaus für ihre Anlagen Sensoren für Kohlendioxid CO_2 und Luftfeuchte für die Wohn- und Schlafräume an. Im Bad kann ein Sensor für die Luftfeuchte installiert werden. Beide Sensortypen passen die Luftwechsel-

AUFBAU EINER LÜFTUNGSANLAGE

Frischluft wird von außen über ein Ansaugelement aus Edelstahl angesaugt (**1**); im Zentralgerät mit Kreuz-Gegenstrom-Wärmetauscher (**2**) überträgt sich der Energiegehalt der warmen Abluft auf die frische Außenluft. Diese wird den Wohn- und Schlafräumen zugeleitet (**3**). Die verbrauchte, warme Luft (**4**) wird über ein Leitungssystem im Wand- und Deckenbereich bzw. in den notwendigen Deckenabhängungen in Küche, Bad und WC abgesaugt und dem Kreuz-Gegenstrom-Wärmetauscher zugeführt (**2**). Dort wird der Abluft über 80 % der Wärme entzogen (**2**) und die verbrauchte Luft wird über ein Fortluftelement aus Edelstahl ins Freie geleitet (**5**).

Abb.: SchwörerHaus / lichtecht GmbH

Zur Einweisung gehört auch die genaue Erläuterung der Funktionsweise und Bedienung der Lüftungsanlage, sowie der Filterwechsel.

Über den Zuluftkamin wird die Luft angesaugt. Das Abluftventil (unten) ist dezent in der Decke eingebaut.

rate automatisch an die Nutzungsintensität an. So steigert die Anlage den Luftwechsel, wenn viele Personen im Haus sind, auch wenn zum Beispiel intensiv oder von mehreren Personen hintereinander geduscht wird und dabei viel Feuchte anfällt. In Zeiten, in denen niemand zu Hause ist, reduziert die Anlage den Luftwechsel und der Energieverbrauch sinkt, hier spricht man von bedarfsorientierter Lüftung.

Für eine gesündere Raumluft mindestens ebenso wichtig wie der kontinuierliche Luftwechsel ist die Filterung der angesaugten Luft. Neben Standardfiltern sind je nach gesundheitlichem Bedarf geräteabhängig unterschiedliche Pollenfilter erhältlich. Die Reihenfolge des Filtereinbaus im Zuluftstrang erfolgt stets von grob nach fein, sprich die gröberen Filter sind dem Ansaugstutzen am nächsten.

Ein regelmäßiger Austausch der Filter einer Lüftungsanlage ist für einen hygienischen Betrieb unerlässlich. Je nach Außenluftqualität, Jahreszeit, gesundheitlichem Bedarf und Filterklasse ist dies etwa alle zwei bis sechs Monate nötig. Diesen Austausch kann man als Bauherr in wenigen Minuten selbst vornehmen. Im Falle der Wärme-Gewinn-Technik von SchwörerHaus weist eine Wechselanzeige im Display der Steuerungseinheit rechtzeitig darauf hin. Die Wechselintervalle lassen sich zudem individuell in der elektronischen Steuerung hinterlegen und so an die persönlichen Bedürfnisse anpassen. Eine Reinigung der Luftkanäle ist in der Regel nicht notwendig, während der Bauphase bleiben die Rohre der Anlage verschlossen. Läuft die Lüftung allerdings in der Ausbauphase bereits, sollte man darauf achten, dass staubträchtige Arbeiten bei ausgeschalteter Lüftung vorgenommen werden. Überhaupt sollten sich frischgebackene Hausbesitzer mit der Bedienung ihres Hauses und insbesondere der Lüftungs- und Heizanlage vertraut machen (lassen), unter anderem im Rahmen der Hausübergabe. Denn die persönlichen Bedürfnisse und Tagesabläufe kann eine Lüftungsanlage berücksichtigen, die Einstellungen von Raumtemperaturen, Luftwechsel und Laufzeiten erfordern Aufmerksamkeit. Eine jährliche Inspektion durch einen Fachhandwerker ist empfehlenswert – SchwörerHaus bietet hier z. B. einen Wartungsvertrag an.

▶▶ FAZIT

Lüftungsanlagen, idealerweise mit Wärmerückgewinnung, sind aus modernen Häusern nicht mehr wegzudenken. Sie reduzieren deutlich den Energieverbrauch und führen Feuchte und Schadstoffe in der Raumluft nach draußen ab.

AUTOMATISCH FRISCHE LUFT AUF DER BAUSTELLE

Auch wenn konsequent mit geprüft gesünderen Produkten gearbeitet wird, ohne Emissionen oder Feuchte aus Bauprodukten geht es auf der Baustelle nicht. Sonst würden Gips und Farbe nicht trocken oder Kleber nicht fest werden. So ist eine konsequente und regelmäßige Lüftung der Baustelle ein wichtiger Teil des Sentinel Konzepts. Doch nicht jeden Tag ist jemand vor Ort und kann mehrmals täglich für Durchzug sorgen. Auch die Lüftungsanlage arbeiten zu lassen, während im Haus gearbeitet wird, ist meistens nicht sinnvoll. Der unweigerlich entstehende Staub macht den Austausch der Filter zur Pflicht.

Hier kommt der Sentinel Fresh ins Spiel. Kurz gesagt handelt es sich um einen elektrischen Ventilator, der auf einer Trägerplatte montiert ist. An eine normale Steckdose angeschlossen tauscht er kontinuierlich die Innenraumluft aus und führt so Feuchte und Luftschadstoffe automatisch ab. Eine Überwachung ist nicht notwendig.

Die Montage in ein Fenster und eine gesonderte Einbruchssicherung sorgen dafür, dass die Baustelle sicher vor ungebetenen Gästen bleibt. Je nach Ausstattung verfügt der Sentinel Fresh über Sensoren für Luftfeuchte und / oder für flüchtige organische Verbindungen (VOC). Diese messen die Luftqualität am Gerät und steuern die Drehzahl und damit die Luftmenge, die der Ventilator befördert. Bei Bedarf können auch mehrere Sentinel Fresh in einem Gebäude eingesetzt werden, zum Beispiel ein Gerät je Stockwerk.

Ziel ist, das Ablüften von Lösemitteln und Feuchte zu beschleunigen, gerade in der »heißen Phase« vor der Übergabe des Hauses. Häufig werden in dieser Zeit noch Restarbeiten erledigt oder die Bauherren führen Eigenleistungen aus, deren Emissionen sich auf das Ergebnis der Raumluftmessung auswirken.

Gerade im Holzfertigbau zählt jeder Tag. Einen Raum längere Zeit für die Messung ungenutzt und unmöbliert zu lassen ist nur schwer möglich. Bei SchwörerHaus wird die Raumluftmessung am Tag der Übergabe durchgeführt. Viele Baustoffe sind zu diesem Zeitpunkt naturgemäß noch nicht am Ende ihrer Ablüftzeit angekommen. Der Sentinel Fresh beschleunigt diesen Prozess, spart Personalkosten und vereinfacht die Abläufe auf der Baustelle. Eine Verschmutzung der Lüftungsanlage wird vermieden. Auch kann der Sentinel Fresh im Gegensatz zu einer Lüftungsanlage problemlos über den Baustrom betrieben werden.

Der Sentinel Fresh unterstützt automatisch die Lüftung des Hauses in der Bauphase.

Abb. Sentinel Haus Institut

Der Sentinel Fresh Lüfter verringert die Schadstoffbelastung auf der Baustelle – links ohne, rechts mit Belüftung.

4.2.7 IN WENIGEN TAGEN STEHT DAS HAUS

— Fertighausmontage ist eine logistische Meisterleistung

— Ausbaumaterialien ab Werk sichern gesundheitliche Qualität

— Hausübergabe für Raumluftmessung genutzt

Die Montage eines modernen Fertighauses ist ein faszinierender Vorgang. In kurzer Zeit steht die komplette Gebäudehülle, wo vorher lediglich die Bodenplatte oder die Kellerdecke zu sehen war. Innerhalb von fünf bis acht Wochen erfolgt dann der Abschluss aller anderen Arbeiten wie Dachdeckung, Fertigstellung der Fassade, Spenglerarbeiten etc. inklusive des kompletten Innenausbaus nach den individuellen Kundenwünschen. Die darauffolgende Hausübergabe ist ein wichtiger Termin, für den Hersteller wie für die Baufamilien. Denn ab diesem Termin geht das Eigentum vom Hersteller auf die Käufer über. Bei einem gemeinsamen Rundgang werden noch ausstehende Arbeiten und eventuelle Nachbesserungen besprochen und dokumentiert. Gerade für die Bewertung der gesundheitlichen Qualität im Rahmen einer Raumluftmessung am Tag der Hausabnahme spielt die fachgerechte Ausführung des Innenausbaus eine wichtige Rolle.

Die Grundlage für die logistische Meisterleistung der Hausmontage wird bereits im Werk gelegt. Die nach den Wünschen der Baufamilien am Computer geplanten und präzise vorgefertigten Wand-, Decken- und Dachteile sind so weit wie möglich mit allen notwendigen Komponenten bestückt (Dämmung, Elektroverkabelung, Beplankung außen und innen etc.). Im Falle von Schwörer-Haus ist sogar bereits der Außenputz fertig im Werk aufgebracht, sodass vor Ort an der Fassade nur noch die Übergänge zwischen den Geschossen geschlossen werden müssen. Wenn, wie bei SchwörerHaus, Keller und Haus aus einer Hand stammen, ist zudem gewährleistet, dass beides exakt zusammenpasst und es bei der Montage keine bösen Überraschungen gibt.

Am Tag 1 der Montage warten am frühen Morgen schon die ersten Sattelschlepper und ein großer Autokran. Die Lastwagen

Die Montage eines Fertighauses folgt einem genau festgelegten Ablauf. Nichts bleibt dem Zufall überlassen.

Jede Hand weiß, was zu tun ist. Nach kurzer Zeit ist das Haus bereits regendicht.

4.2.7 In wenigen Tagen steht das Haus

wurden im Werk nach einem ausgeklügelten Plan beladen, damit vor Ort alles wie am Schnürchen läuft. Der Bautrupp, bestehend aus vier Experten, steht schon bereit. Nach und nach schweben die Bauteile am Kran an ihren Platz und werden nach einem vorgegebenen Schema mit der Bodenplatte und untereinander verschraubt. Dafür gibt es keine Generalprobe, trotzdem steht das regendichte Haus wie aus dem Nichts oftmals schon am Ende des zweiten Tages an seinem Platz. Bei den Montagetrupps setzt SchwörerHaus zu 99 Prozent auf eigenes Personal. Mitarbeiter, die oft seit Jahren zusammenarbeiten, und bei denen jeder Handgriff sitzt.

Mindestens fünf große Lkw tauchen nach und nach auf der Baustelle auf, werden entladen und machen Platz für den nächsten Transport. Dabei werden auch schwere Ausbaumaterialien wie Gipskartonplatten für die Deckenbeplankung, ganze Paletten mit Farbeimern und Estrichbauelementen rückenschonend per Kran ins Haus gehoben, bevor die Dachelemente das Haus schließen. Bei der Montage werden auch die Übergänge zwischen den Bauteilen mit einem von Schwörer patentierten Dichtigkeitssystem verschlossen. Schließlich ist eine nahezu luftdichte Gebäudehülle eine der zentralen Voraussetzungen für besonders energieeffiziente wie wohngesunde Gebäude. Überprüft wird die Luftdichtigkeit bei jedem Haus mit einer genormten Luftdichtigkeitsmessung. Die Blower-Door ist ein Türelement mit einem großen Ventilator und einigen Messgeräten. Sie erzeugt im Haus einen genormten Unterdruck. Die Messgeräte registrieren eventuelle Undichtigkeiten in der Luftdichtigkeitsebene, die dann geschlossen werden. So wird eine Luftdichtheit der Gebäudehülle erreicht, die weit unterhalb des von den Vorschriften der Energieeinsparverordnung geforderten Werts von 1,5 h^{-1} für Gebäude mit raumlufttechnischen Anlagen liegt.

Beim Innenausbau werden Wände gespachtelt und geschliffen, anschließend folgen Tapete oder Innenputz, die Böden erhalten ihre Beläge so, wie sie die Eigentümer bei der Bemusterung im Ausstattungszentrum fest-

Alle Teile passen perfekt zueinander, da sie dreidimensional am Computer geplant und mit höchster Präzision im Werk vorgefertigt wurden.

Dank exakter Vorplanung läuft auch bei schwierigen Baugrundstücken, wie hier am Hang, in der Regel alles nach Plan.

gelegt haben, danach werden zum Beispiel Sanitärobjekte montiert und Lichtschalter und andere Bedienelemente angeschlossen. Alles folgt einem festen Plan.

Ein großer Vorteil ist, dass das Material für den Ausbau vollständig direkt aus dem Werk mitgeliefert wird, so stimmt auch die gesundheitliche Qualität. Falls wirklich einmal ein Produkt ausgeht oder nicht zur Verfügung steht, können die im wohngesunden Bauen geschulten SchwörerHaus-Monteure online von der Baustelle aus im Bauverzeichnis Gesündere Gebäude nachschauen. Der unternehmenseigene Bereich des Onlineportals von Sentinel Haus Institut und TÜV Rheinland zeigt geprüfte und zugelassene Produkte und wo sie in der Nähe der Baustelle erhältlich sind. Zufällig eingekaufte Produkte mit unsicheren gesundheitlichen Eigenschaften und möglicherweise hohen Emissionen, die bei anderen Anbietern durch externe Handwerker, spontane Zukäufe oder unkoordinierte Eigenleistungen auf die Baustelle gelangen können, haben bei SchwörerHaus keine Chance, die Raumluft zu belasten.

Wie beschrieben spielt in der Montagephase die ausreichende Belüftung des Hauses eine wichtige Rolle. Denn naturgemäß entstehen beim Innenausbau Emissionen aus Grundierungen, Farben und Klebern. Auch die Holzbauteile und Holzwerkstoffe emittieren noch Stoffe in die Raumluft. Die Monteure sind daher angehalten, regelmäßig zu lüften, um Feuchte, Gerüche und auch Emissionen aus dem Haus zu befördern. Zu den Verhaltensregeln gehört auch, dass Materialien für den Innenausbau erst dann ausgepackt und geöffnet werden, wenn sie wirklich benötigt werden. Einmal geöffnete Gebinde, etwa für Farben und Kleber, müssen sofort nach Gebrauch sorgfältig verschlossen werden. Zudem darf im Haus nicht geraucht werden. Auch Arbeiten mit schnelldrehenden Werkzeugen wie einem Winkelschleifer machen die Profis, die etwa acht bis zehn Häuser pro Jahr aufbauen, im Freien.

Kurz vor der Hausübergabe oder nach Abschluss der wesentlichen Innenausbauten wird die Lüftungsanlage in Betrieb genommen. Sie sorgt rund um die Uhr dafür, dass die Luft im Haus ausgetauscht wird und Feuchte, Gerüche und Emissionen aus Bauprodukten und ihrer Verarbeitung ins Freie abtransportiert werden.

Der Bauleiter informiert die Baufamilien über den aktuellen Stand. Nach der Übergabe sind auch Eigenleistungen möglich.

Diese Sorgfalt wirkt sich auf das Gesamtergebnis aus, dabei gehen die bauliche und die gesundheitliche Qualität Hand in Hand. Am Tag der Übergabe werden viele Details der erbrachten Bauleistung anhand eines festgelegten Protokolls zwischen Bauleiter und Bauherren Punkt für Punkt besprochen. Sollten noch einzelne Dinge ausstehen oder Mängel erkannt werden, werden diese für die Nacharbeiten notiert. Dieser Moment ist sozusagen der Schluss- und Höhepunkt der intensiven Phase, in der Baufamilien und Unternehmen die Wünsche, Überlegungen und Absprachen diskutiert, beschlossen und in die Tat umgesetzt haben, um den Traum von den eigenen vier Wänden passgenau und individuell zu erfüllen. Gleichzeitig ist die Hausübergabe auch der finale Abschluss der Bauarbeiten und, nicht zuletzt, der Zeitpunkt, ab dem das Eigentum auf die Bauherren übergeht.

Am Tag der Übergabe nimmt der Bauleiter auch die Raumluftmessung vor. Dafür hat jeder Bauleiter bei SchwörerHaus sein eigenes Messequipment und ist als Probennehmer vom TÜV Rheinland ausgebildet worden. Gemessen wird in der Regel in einem der Schlafzimmer unter festgelegten Bedingungen. Die Messung dauert etwa zwei Stunden, dabei wird die Raumluft durch Messröhrchen gesaugt, die später in den zertifizierten Laboren von TÜV Rheinland ausgewertet werden. (siehe Kapitel 3.2). Die Überprüfung der Raumluftqualität am Tag Null und nicht erst nach 28 Tagen, wie es das ansonsten übliche Messschema vorsieht, ist den Abläufen eines Fertighausunternehmens und den Wünschen der Bauherrschaft geschuldet. Denn einen Raum für vier Wochen freizuhalten und erst Wochen später möblieren zu können, ist nicht praxisgerecht. Die sich daraus ergebenden Konsequenzen sind ausführlich ebenfalls in Kapitel 3.2 diskutiert.

Bei der Hausübergabe werden noch ausstehende Arbeiten sowie die Funktionen der Haustechnik besprochen und dokumentiert.

Nachdem die Bauherren nun die Verantwortung für ihr Zuhause haben, können sie natürlich auch Eigenleistungen erbringen. Beliebt ist das Tapezieren und Streichen der Wände, manch einer verlegt auch die Bodenbeläge selbst. Aus gesundheitlichen Erwägungen ist ein komplett vom Hausanbieter wie SchwörerHaus schlüsselfertig erstelltes Gebäude der sicherere Weg. Aber auch mit geprüft gesünderen Materialien, die sich zum Beispiel im Bauverzeichnis Gesündere Gebäude von Sentinel Haus Institut und TÜV Rheinland finden, gelingt die emissionsarme Fertigstellung in Eigenregie.

Gute Arbeit sorgt für gute Laune bei allen Beteiligten.

▶▶ FAZIT

Die rasche Montage und Fertigstellung eines Fertighauses hat viele Vorteile, die bei SchwörerHaus durch die Herstellung in eigenen Werken bei Haus und Keller und eigene Montagetrupps in hoher Qualität ausgeführt werden. Dies hat positive Wirkungen auch auf die Qualität der Innenraumluft, die bei der Hausübergabe mit normgerechten Messungen geprüft werden kann, um die gesundheitliche Qualität zu kontrollieren. So geht die bauliche und gesundheitliche Qualität Hand in Hand.

REFERENZHAUS BERWEIN – GUT UND GESÜNDER SELBER MACHEN

Damit die Wohnqualität am Ende stimmt, sollte auch bei Eigenleistungen auf die Wohngesundheit geachtet werden.

Bodenbeläge verlegen, tapezieren, streichen – das sind die Klassiker unter den Eigenleistungen beim Bau eines (Fertig-)Hauses. So auch bei Familie Berwein / Layer. In ihrem SchwörerHaus Mono an der Hessischen Bergstraße haben Sie alle Böden, Wände und Decken in Eigenregie gestaltet. Damit die gute gesundheitliche Basis eines Ausbau- oder Fast-Fertighauses nicht beeinträchtigt wird, sind geprüft emissionsarme Bauprodukte auch für Selbermacher das Mittel der Wahl. Doch wie können die Auswahl der Produkte und die Beratung dazu funktionieren? Um diese Frage zu beantworten, haben SchwörerHaus und Sentinel Haus Institut die Bauherren eingeladen, an dem Forschungsprojekt teilzunehmen. Mit dabei waren die Profis von BAUHAUS.

Fünf Wochen am Stück hatten sich Birgit Layer und Jürgen Berwein im Sommer 2017 Zeit genommen, um von morgens bis abends ihrem SchwörerHaus den letzten Schliff zu geben. 440 Quadratmeter Wände, Decken und Böden wollten mit den eigenen Händen bearbeitet werden, eine enorme Fläche. Dabei war den Bauherren ihre Gesundheit besonders wichtig. »Ich lege generell viel Wert auf eine gesunde Lebensweise, bei der Kleidung, aber auch bei der Ernährung. Da sollte unser neues Zuhause natürlich auch schadstoffarm und wohngesund sein«, sagt Birgit Layer, die als Physiotherapeutin täglich mit dem Thema Gesundheit und Wohlbefinden befasst ist.

Das Haus von Birgit Layer und Jürgen Berwein strahlt Ruhe und Gemütlichkeit aus. Viele Arbeiten beim Innenausbau haben die beiden selbst ausgeführt.

Um die knappe Zeit vollständig für die Arbeit nutzen zu können, bemusterten die Bauherren die Innenausstattung komplett auf einmal. Bei einem Termin im BAUHAUS Fachcentrum Speyer wurden gemeinsam mit einem Fachberater das Für und Wider verschiedener Produktvarianten besprochen. Optische und haptische Eigenschaften spielten dabei ebenso eine Rolle wie die Gesundheit.

Auf dem Bestellschein stand dann alles, was man für erfolgreiches Selbermachen braucht: Angefangen vom speziellen Tapetenkleister für die Vliestapete und eigens angemischte Farben über das Fertigparkett mitsamt Trittschalldämmung und Sockelleisten bis hin zu Feinsteinzeugfliesen mit passenden Sockeln, Kleber und Fugenfüller. Die getroffene Auswahl der BAUHAUS Produkte wurde vom Sentinel Haus auf die gesundheitlichen Eigenschaften überprüft und für geeignet erklärt. »Die Beratung bei BAUHAUS war prima, auf alle unsere Wünsche ist der Berater direkt eingegangen und hat uns mit vielen Verarbeitungstipps geholfen«, freut sich Birgit Layer auch noch im Nachhinein. »Die Qualität der Produkte ist einwandfrei, die würde ich sofort wieder einsetzen«, ergänzt Jürgen Berwein. Für den IT-Fachmann war die Gestaltung des eigenen Hauses das erste große Heimwerkerprojekt. Zusätzlich zur Oberflächengestaltung installierten die beiden auch noch die Sanitärausstattung in Bad und WC und verlegten die Elektrik im Keller.

Die Raumluftmessung durch das Sentinel Haus Institut bestätigt die gute Raumluftqualität.

Die Bemusterung der Ausbaumaterialien im BAUHAUS Fachcentrum in Speyer wurde für dieses Modellprojekt durch das Sentinel Haus Institut begleitet.

Klare Linien, schöne Sichtachsen und clevere, platzsparende Details kennzeichnen den Grundriss des Hauses Mono.

Eine große Hilfe beim gesünderen Innenausbau waren die Baustellenregeln des Sentinel Haus Instituts. Diese wurden von den beiden Teilzeit-Handwerkern Birgit Layer und Jürgen Berwein ebenso beachtet, wie das die Profis tun. So sollte Material, wenn möglich, außerhalb des Hauses oder in einem wenig genutzten Nebenraum gelagert werden, Verpackungsmaterial oder Paletten so bald wie möglich entsorgt werden. Wichtig ist auch, Gebinde mit Farben, Klebern oder Lösemitteln sorgfältig zu verschließen. Unbestritten aufwendiger ist es, Arbeiten mit schnelldrehenden Werkzeugen wie einem Winkelschleifer nicht im Haus, sondern außerhalb vorzunehmen. Dass im Haus nicht geraucht werden durfte und die Baustelle regelmäßig mehrmals täglich gelüftet wurde, versteht sich von selbst.

Das Engagement und die Energie von Birgit Layer und Jürgen Berwein lohnte sich: Trockenbau-Wände spachteln und schleifen, tapezieren und streichen konnten die beiden bald im sprichwörtlichen Schlaf. Auch die Verlegung des Parketts im Obergeschoss lief dank der Anleitungen beim Produkt und einigen Videos auf Youtube sehr gut. Doch alles hat seine Grenzen: Für die großen Fliesen im Erdgeschoss brauchte es einen Profi. Denn mit Formaten in den Maßen 120 x 60 Zentimetern sind Heimwerker schlichtweg überfordert. Da muss einfach alles passen, sonst ärgert man sich hinterher sein Leben lang. Ein typischer Fall für den BAUHAUS Montageservice: Koordiniert von einem einzigen Ansprechpartner im Fachcentrum, kommen regionale Handwerksbetriebe ins Haus und unterstützen Selbermacher bei mehr oder weniger komplexen Gewerken. Mit der Arbeit »ihres« Fliesenlegers sind die beiden Hausbesitzer rundum zufrieden: »Pünktlich, sauber und ein perfektes Fliesenbild – und das auf insgesamt 80 Quadratmetern«, fasst Jürgen Berwein das Ergebnis zusammen.

Eng begleitet wurde das Bauvorhaben vom technischen Projektmanagement des Sentinel Haus Instituts. Neben der Bewertung der Baustoffe gab es zahlreiche praktische Hinweise. Mit mehreren Raumluftmessungen wurde die Entwicklung der Raumluftqualität kontrolliert. Zum Abschluss dann die entscheidende Messung im fertig eingerichteten Zustand: Die Auswertung der Messröhrchen ergibt eine Einhaltung der strengen Grenzwerte für flüchtige organische Verbindungen und Formaldehyd. Alles im grünen Bereich, die Empfehlungen des Umweltbundesamtes werden sicher eingehalten. Die Ergebnisse sind die Grundlage für die Übergabe der Prüfbescheinigung von Sentinel Haus Institut und TÜV Rheinland, die Profis und Heimwerkern gleichermaßen eine gute und gesündere Arbeitsweise bescheinigt.

Für die Beratung und Sortimentsgestaltung bei BAUHAUS hat das Projekt im Projekt wichtige Hinweise geliefert. Die eindeutige Zuordnung und Kennzeichnung der zahlreichen im Sortiment befindlichen gesundheitlich geprüften Bau- und Renovierungsprodukte ist für rasches Finden im Regal genauso entscheidend wie die Kompetenz und Erfahrung der Berater. Auch bei SchwörerHaus und Sentinel Haus Institut hat man wichtige Erkenntnisse gewonnen, wie Selbermacher informiert und angeleitet werden können, um gemeinsam ein gesundheitlich hochwertiges Haus zu erstellen.

Birgit Layer und Jürgen Berwein genießen nach dem anstrengenden Bauendspurt ihr neues Haus und die gute Luft darin. Das Design von »Mono« hat SchwörerHaus gemeinsam mit der Zeitschrift »Schöner Wohnen« entwickelt. »Die kompakte Form mit ihren klaren Linien und die vielen durchdachten Details begeistern uns nach wie vor«, sagt Jürgen Berwein. Die Trennung von Wohnbereich und Küche klinge erst einmal ungewöhnlich, sei aber im Gesamtzusammenhang des Grundrisses sinnvoll, so die Bauherren. Das gilt auch für die Position und Gestaltung der Fenster, die ganz bewusst Sichtachsen durch das Gebäude bilden. »Einfach super«, sagen beide unisono.

Den Erfolg der gemeinsamen Anstrengung aller Beteiligten und die guten Messergebnisse des Pilotprojektes bestätigt eine Prüfbescheinigung, die an Birgit Layer und Jürgen Berwein (rechts) überreicht wurde.

4.3 ALS VERBRAUCHER HAT MAN DIE WAHL

— Aussagen zur Gesundheit verlangen Verantwortung

— Verbraucher sollten kritisch hinterfragen

— Glaubwürdigkeit und Beweisbarkeit sind wichtige Qualitäten

Gesundheit ist ein Megatrend. Sei es bei der Ernährung, beim Thema Sport und Bewegung oder in der Freizeit, Stichwort Wellness – eine bewusste Lebensführung gehört für immer mehr Menschen als wichtiger Bestandteil zu ihrem Leben dazu. Gesundheit ist auch ein riesiger Wirtschaftszweig. Die Summe der Begrifflichkeiten, mit denen um die Aufmerksamkeit der Konsumenten gerungen wird, ist groß. Irgendwie ist jede Marke, jedes Produkt, jedes Unternehmen nachhaltig, öko, vital und oft auch gesund. Doch was steht hinter einer solchen Behauptung? Und wird das Produkt, das Haus, das Unternehmen einer solche Zuschreibung auch gerecht?

Eine Zielgruppe für das gesündere Bauen, Renovieren und Wohnen sind junge Familien. Die Bereitschaft, für das Wohl der Kinder eine höhere gesundheitliche Qualität eines Produktes einzufordern und diese auch zu honorieren, ist nicht nur bei der Ernährung groß. Auch bei der Ausstattung des Nachwuchses und der Einrichtung der Wohnumgebung sind werdende oder junge Eltern sehr offen für gesundheitliche Aspekte. Die gleichen Motive haben auch Großeltern, die ihre Kinder mit Blick auf die Enkelgeneration unterstützen und fördern. Eine weitere Zielgruppe sind gesundheitsbewusste Menschen ab 50 Jahre, die häufig ein zweites Mal im Leben ein Haus bauen. Sie wollen lang gehegte Wünsche und Ideen verwirklichen und haben oft auch die finanziellen Mittel dafür. Neben Aspekten der Barrierefreiheit und des Komforts steht ein hoher Gesundheitsstandard ganz oben auf der Wunschliste.

Eine dritte Zielgruppe lässt sich unter Menschen von Mitte 20 bis Ende 30 ausmachen, die auf einen bewussten Lebensstil Wert legen. Eine ausgeglichene Work-Live-Balance, gesunde Ernährung und Bewegung an der frischen Luft korrespondieren mit dem Wunsch nach einem gesünderen Lebensraum.

Die vierte Kundengruppe sind die Menschen und deren familiäres Umfeld, die mit gesundheitlichen Problemen konfrontiert sind. Beispielsweise die sechs Millionen Menschen mit Asthma, Allergiker oder weitere Erkrankte, die daraus resultierend für gesundheitliche Themen eine besondere Aufmerksamkeit haben. Gesünderes Bauen ist also ein Thema, das prinzipiell viele angehende Bauherren interessiert.

Bei der Bemusterung eines Fertighauses wird alles bis ins Detail besprochen. Zur Sprache kommen selbstverständlich auch gesundheitliche Aspekte.

Analysen des Suchverhaltens im Internet sowie Erfahrungen im Kundenkontakt, etwa in Musterhausausstellungen, zeigen aber auch, dass die Aufgeschlossenheit gegenüber gesundheitlichen Aspekten stark von der Vorinformation der Kunden abhängt. Vom starken Interesse und eindeutigen Präferenzen für das gesündere Bauen bis hin zu Unkenntnis sind alle Abstufungen vorhanden. Häufig wird eine wohngesunde Umgebung oder entsprechende Produkte auch als selbstverständlich beziehungsweise staatlich reguliert vorausgesetzt – leider gibt es solche Gesetze nicht. Deshalb ist die Sensibilisierung und Information wichtig. Insgesamt ist aber die Offenheit für gesundheitliche Themen groß, denn wer will nicht gesund sein und gesund bleiben?

Die Kenntnis über Grundlagen und Zusammenhänge ist in der Gesamtheit der Interessenten ausbaufähig. Für (Bau-)Produkthersteller und Hausanbieter, die sich mit ihren Angeboten zum gesünderem Bauen und Wohnen vom Wettbewerb abheben wollen, bedeutet dies in ihrer Kommunikation stärker und dauerhaft entsprechende Inhalte in die Produkt- und Unternehmensdarstellung aufzunehmen und diese mit qualifizierten Argumenten und nachvollziehbaren Praxisbeispielen zu unterfüttern.

Anstatt Unsicherheit und Ängste zu schüren, sollten positiv besetzte Themen wie Wohlbefinden, gesundheitliche Sicherheit und Komfortaspekte angesprochen werden. Denn zahlenmäßig besteht die Hauptzielgruppe aus Menschen, die weitestgehend gesund sind und dauerhaft gesund bleiben wollen! Sie sind empfänglich für positive, motivierende Botschaften, Angst ist in der Regel kein guter Ratgeber. In diesem Sinne ist dieses Buch auch ein Leitfaden, wie Menschen für das Thema sensibilisiert und informiert werden sollten.

Anfassen, prüfen, entscheiden: Der Tag der Bemusterung ist intensiv.

Werden Häuser oder Bauprodukte für gesundheitlich stark beeinträchtigte Menschen entwickelt, müssen sehr individuelle und hohe Anforderungen an die Beratung und die Produktauswahl erfüllt werden, die nur mit hohem Einsatz und gegen eine zusätzliche Honorierung wirtschaftlich tragfähig sind.

Sowohl als Informationsgeber wie als Verbraucher und Informationsempfänger lohnt es sich, einen kritischen Blick auf die Wortwahl zu werfen. So klingt das absolute »gesund« deutlich kraftvoller und vertrauenserweckender als der hier im Buch verwendete, relativierende Begriff »gesünder«. Gleichwohl ist »gesünder« die korrekte Wortwahl. Denn das absolute »gesund« vermittelt einen ebensolchen Anspruch und ist gleichzeitig ein uneingeschränktes Versprechen für alle Konsumenten. »Gesund« gilt für jeden, ganz gleich, welcher Konstitution, welchen Alters, Physis oder Vorbelastung, etwa durch Allergien. Dieses Versprechen kann aber kein Unternehmen und kein Produkt uneingeschränkt einlösen, zu unterschiedlich sind die persönlichen Voraussetzungen der Menschen.

Diese mangelnde Beweisbarkeit absoluter Aussagen macht Behauptungen wie »gesund« oder »schadstofffrei« auch juristisch problematisch im Sinne der Prospekthaftung durch den Anbieter. Hier gilt der einfache Grundsatz, was man verspricht, muss man auch halten können.

Dies gilt auch für den Markt der Bauprodukte oder für Häuser, vorrangig natürlich für Wohngebäude und hier vor allem für Ein- und Zweifamilienhäuser. Angesichts des volltönenden Wortgeklingels und der vielen Versprechungen kommt es für den aufgeklärten oder kritischen Kunden nicht nur auf den ersten Eindruck an, sondern darauf, inwieweit ein Anbieter seine Aussagen auch belegen kann. So müssen gesundheitliche Aspekte genau benannt und mit messbaren Kriterien beschrieben werden. Hier sind die empfehlenden Vorsorgewerte des Umweltbundesamtes eine gute Leitlinie. Werden diese eingehalten oder unterschritten, sind Kunden und Hersteller auf der sicheren Seite. Die für die Ermittlung dieser Werte vorgesehenen Normen und Richtlinien bieten allen Beteiligten die nötige Transparenz.

Diese Glaubwürdigkeit ist ein hohes Gut. Im Zusammenhang mit gesundheitlichen Aspekten kommt eine hohe Verantwortung des Herstellers oder auch des Architekten hinzu. Dieses gilt auch für deren Kommunikation. Denn Versprechungen allein schaffen auf Dauer keine Glaubwürdigkeit und kein Vertrauen und öffnen rechtlichen Auseinandersetzungen Tür und Tor. Ein wichtiger Aspekt, um diese zu erlangen, ist wie geschildert die Beweisbarkeit der Aussagen. Angesichts der hohen Komplexität des gesünderen Bauens und Wohnens ist dies mit einem hohen Aufwand, einer aufwendigen Messtechnik samt integrierter Abläufe, Mitarbeiterschulungen und vielen Erläuterungen verbunden, wie auch dieses Buch zeigt.

Um Behauptungen auch wirklich zu belegen, schafft die Bestätigung der versprochenen Eigenschaften durch eine renommierte und unabhängige Institution Vertrauen. Angesichts der Komplexität des Themas bieten sich Label oder Gütezeichen an, die es sowohl für das einzelne Bauprodukt wie auch für komplette Gebäude gibt (siehe Kapitel 1.4 und 1.5). Sie vermitteln dem Kunden im besten Fall auf einen Blick, welche Qualitäten das Produkt oder das Gebäude hat. Die Komplexität des Themas auf ein Zeichen zu reduzieren, kommt Kunden und Kommuni-

Nicht nur die Optik, auch die Haptik entscheidet über die Anmutung eines Materials.

Wie bequem ist die Treppe, welches Material passt zum eigenen Stil? Welche Holzart passt zum Bodenbelag? Die Auswahl erfüllt alle Wünsche.

katoren im Unternehmen und dessen Vertrieb entgegen. Dies funktioniert allerdings nur, wenn die Vergabe- und Prüfkriterien transparent, öffentlich und wissenschaftlich aktuell sind. Auch die Unabhängigkeit des Zeichengebers muss gewahrt sein. Diese Kriterien erfüllen nicht alle im Markt für Ein- und Zweifamilienhäuser verwendeten Zeichen, sowohl bei Häusern in Massiv- wie in Fertigbauweise. Für Kunden ist es deshalb unabdingbar »hinter die Kulissen« zu schauen. Sind zum Beispiel Prüfbedingungen und Vergabekriterien nicht öffentlich zugänglich, sollte diese mangelnde Transparenz hinterfragt werden. Denn im harten Wettbewerb um den Kunden werden nicht selten Behauptungen aufgestellt, die sich nicht belegen lassen. In diesem Zusammenhang stellen sich hohe Anforderungen an die Mitarbeiter im Vertrieb von Produkten und Gebäuden.

Eine kleine, nicht repräsentative Stichprobe in der Musterhausausstellung für Fertighäuser in Günzburg im Herbst 2016 ergab zum Beispiel eine Vielzahl von ungenauen oder gar falschen Aussagen hinsichtlich der gesundheitlichen und nachhaltigen Qualität der ausgestellten Gebäude. Für eine inhaltlich korrekte, juristisch sichere und dauerhaft vertrauenswürdige Kundenansprache ist demnach eine qualifizierte Schulung der Mitarbeiter gerade in der Beratung, Bemusterung und im Vertrieb unabdingbar. Langfristig haben Unternehmen, die konsequent, beweisbar und faktenbasiert auf das Thema Gesundheit setzen, prinzipielle Vorteile gegenüber Unternehmen, die versuchen, das verantwortungsreiche Thema lediglich in Form plakativer »Haben wir auch«-Kampagnen zu besetzen.

Verbinden lassen sich die Vorteile für die Kunden mit positiv besetzten Themen wie dem verantwortungsvollen Gesundheitsschutz für Mitarbeitende, dem hohen Standard der werksinternen Qualitätssicherung und den in regelmäßigen Berichten dokumentierten Umwelt- und Nachhaltigkeitsstandards.

Erkennen, was man will, und wissen, was man bekommt: Die Fachleute bei SchwörerHaus beantworten in Ruhe alle Fragen und klären die Umsetzung besonderer Ideen.

Die Herausforderung für diese First Mover ist allerdings, die Inhalte in der oben genannten Qualität konsequent in ihre Kommunikation zu integrieren und diese mit weiteren technischen- und Nutzerthemen zu verknüpfen. Auch eine nachvollziehbare Einbindung in die Unternehmensphilosophie erhöht die interne Identifikation und die Glaubwürdigkeit nach außen.

▶▶ **FAZIT**

Gesundheitsmarketing stellt hohe Ansprüche an die Beweisbarkeit der Aussagen. Kunden sollten deshalb kritisch nachfragen, was hinter Herstelleraussagen und Labeln steckt. Eine vertragliche Vereinbarung der individuellen gesundheitlichen Qualitäten, zum Beispiel durch eine Raumluftmessung im Kauf-/Werkvertrag, ist dringend angeraten. Eine transparente, nachweisbare und konsequente Einbindung in die Unternehmenskommunikation bietet Herstellern und Anbietern auf Dauer Vorteile.

4.4 EIN GEPRÜFT GESÜNDERES HAUS, UND DANN?

— Ab der Hausübergabe sind Bauherren selbst für das gesündere Wohnen verantwortlich

— Mit wenigen Tipps bleibt die Raumluft nachhaltig gesünder

— Weniger Chemie ist bei der Gesundheit oft mehr

Nach der Übergabe des Hauses durch den Bauleiter ändert sich nicht nur die Verantwortlichkeit für das Haus insgesamt. Ab jetzt sind Bauherren auch selbst für die Gesundheit in ihrem Lebensraum zuständig und verantwortlich. Dabei geht es nicht darum, den Innenraum und die Innenraumluft zu 100 Prozent schadstofffrei zu halten, das ist technisch nicht möglich und medizinisch wie hygienisch auch nicht nötig. Es gibt eine Vielzahl von Tipps und Hinweisen, wie man im Alltag die eigene Gesundheit schützen und auf die Sauberkeit und Hygiene achten kann. Hinweise, wie man bei Eigenleistungen beim Aus- und Umbau oder bei Renovierungen die gute Raumluftqualität bewahrt, finden Sie auf Seite 174.

Die Emissionen aus Bauprodukten sind nur eine von vielen Quellen, die gesundheitlich wirksam sein können. Über die lange Lebensdauer eines Hauses hat der tägliche Umgang mit Reinigungsmitteln und anderen Substanzen sowie der Einfluss von Möbeln und Wohntextilien eine höhere Bedeutung. Mit einem geprüft gesünderen Haus ist sozusagen die Grundlage gelegt, für den Betrieb und das persönliche Umfeld ist man selbst verantwortlich.

Bereits beim Einzug kann man auf einige wichtige Punkte achten. So gelangt im Zuge der Bauarbeiten naturgemäß Feuchtigkeit in den Innenraum. Bei Häusern in Massivbauweise ist das sehr viel stärker ausgeprägt als bei Häusern in Holzfertigbauweise, die trocken in der Halle gebaut werden und auch keine oder nur wenig Feuchtigkeit durch Mauermörtel, Betonteile oder Nassestriche aufweisen. Trotzdem ist sorgfältiges Lüften in den ersten Monaten besonders wichtig. Wessen Haus über eine Lüftungsanlage verfügt, ist hier in der Regel im Vorteil. Diese sorgt für einen regelmäßigen Luftwechsel. Eine Kontrolle der Luftfeuchte mit einem Hygrometer ist ratsam. Empfohlen ist eine Feuchtigkeit von etwa 50 bis 55 Prozent in den Sommermonaten und idealerweise maximal 45 Prozent in den Wintermonaten.

Neu gebaute Häuser sind sehr gut gedämmt. So kann sich in der Regel keine Feuchtigkeit an kühlen Innenseiten der Außenwände niederschlagen, die Schimmelpilze zum Wachsen benötigen. Bei Häusern in Massivbauweise sollten großflächige Schränke oder Regale mit Rückwand vorsichtshalber für die erste Zeit etwa fünf Zentimeter von der Wand entfernt aufgebaut werden, um die Luftzirkulation nicht zu behindern. Später kann man die Möbel dann näher an die

Das gesündere Haus ist fertig, geprüft und übergeben. Ab jetzt sind die Bewohner für ihre Gesundheit verantwortlich.

Wand stellen. Bei der Endreinigung und mit den Umzugsmaterialien sollten keine schadstoffhaltigen Substanzen ins Haus kommen. Lässt sich dies aus technischen Gründen nicht vermeiden, ist besonders sorgfältiges Lüften eine gute Abhilfe. Kurz nach dem Einzug sollte man sich mit der Haustechnik vertraut machen und Fragen und Unregelmäßigkeiten sofort abklären. Die Filter einer Lüftungsanlage, die während der Bauphase in Betrieb war, sollte man vor dem Einzug auswechseln.

Im Alltag ist regelmäßiges Lüften eine der wichtigsten Grundvoraussetzungen für gesundes Wohnen und eine gute Innenraumluft. So werden Feuchte, Schadstoffe und Gerüche nach außen abgeführt. Wird ein Gebäude über die Fenster belüftet, sollte man während der Heizperiode vier bis fünf Mal pro Tag konsequent stoßlüften. Dazu öffnet man die Fenster pro Raum ganz für einige Minuten, um die Räume intensiv zu lüften. Wie lange, hängt von der Außentemperatur und den Windverhältnissen ab. Je kälter und windiger es ist, umso kürzer. Je nach Wetterverhältnissen sind jeweils drei bis zehn Minuten empfehlenswert. Wer tagsüber nicht zu Hause ist und dessen Haus keine Lüftungsanlage besitzt, lüftet morgens vor dem Verlassen des Hauses, nach der Rückkehr sowie vor dem Zubettgehen. Auch wenig oder nicht benutzte Räume sollten eine Mindesttemperatur aufweisen und regelmäßig gelüftet werden. Das hilft, Schimmelbefall zu vermeiden. Wessen Haus über eine Lüftungsanlage verfügt, ist hier, wie gesagt, im Vorteil. Den Umgang mit der Anlage und ihrer Funktion muss man trotzdem erlernen und verstehen. Die Bauleiter erklären die Funktionsweise bei der Hausübergabe, Bauherren sollten sich die Bedienung der Anlage genau erklären lassen und lieber einmal zu viel nachfragen, um Missverständnisse erst gar nicht entstehen zu lassen. Eine mechanische Lüftungsanlage führt »verbrauchte«, feuchte Luft in Bad, WC und Küche über sogenannte Abluftventile ab und frische Luft strömt über Zuluftventile in die Wohnräume, Schlafzimmer, Arbeitszimmer und Kinderzimmer nach. Verfügt die Anlage über eine Wärmerückgewinnung, verhindert der geringe Temperaturunterschied zwischen der Zuluft, die durch die Lüftungsanlage erwärmt wird, und der Raumtemperatur, dass die Luftbewegung als Zug empfunden wird. Es ist ein Missverständnis, dass in Gebäuden mit Lüftungsanlage die Fenster nicht geöffnet werden dürfen. Selbstverständlich geht das, es ist meistens nur nicht nötig, denn eine Lüftungsanlage funktioniert weitgehend selbsttätig – bei richtiger Einstellung wird die Luft alle zwei Stunden komplett ausgetauscht.

Möbel, Innenausstattung und Geräte

Einrichtungs- und Ausstattungsgegenstände sollten schadstoffgeprüft sein. Die Belastung durch Lösemittel aus Farben, Ölen oder Wachsen auf neuen (Holz-)Oberflächen von Möbeln kann man verhindern, indem man die Möbel zeitweise außerhalb der Wohnung lagert. Bei jedem Einkauf sollte die eigene Nase als Qualitätskontrolle eingesetzt werden. Riechen Möbel oder Teppiche »neu«, ist dies in aller Regel auf Schadstoffe zurückzuführen. Im Kinderzimmer sollte gerade bei Säuglingen auf solche neuen Möbel und Textilien verzichtet werden, da diese Schadstoffe emittieren können. Bei Wollteppichen oder Naturtextilien sollte auf das Mottenschutzmittel Permethrin verzichtet werden. Dieses ist nervengiftig und kann von auf dem Boden krabbelnden Kindern über den Hausstaub aufgenommen werden. Prüfzeichen,

Ausreichende Lüftung besonders in Bädern ist wichtig für gesünderes Wohnen.

die für gesundheitlich geprüfte Möbel stehen, gibt es einige. Die wichtigsten sind auf dieser Seite abgebildet.

Bei der Anschaffung von Elektrogeräten kann man etwas für die eigene Gesundheit tun. Ein wichtiges Beispiel sind Staubsauger mit HEPA-Filter, die über ein dichtes Gehäuse verfügen. Das beste Gerät nützt allerdings wenig, wenn der Staubbeutel nicht gewechselt wird, sobald dieser voll ist. Das gilt auch für den Filterwechsel nach Anweisung des Herstellers. Noch effektiver, gesünder und komfortabler entfernen Zentralstaubsauganlagen den Staub und damit auch Schadstoffe direkt aus dem Haus. Wer zu Hause sein Büro hat, sollte darauf achten, dass im Homeoffice emissionsarme Geräte wie Drucker, Fax etc. verwendet werden, um die Freisetzung gesundheitsgefährdender oder sogar krebserzeugender Tonerpartikel gering zu halten. Entsprechende Label oder außen angebrachte Nachrüstfilter geben hier Sicherheit.

Reinigungsmittel, Hygiene und Schimmelvermeidung

Reinigungsmittel können eine große Quelle für Schadstoffe darstellen. Das Motto »Viel hilft viel« ist im privaten Haushalt nicht angebracht. Vielmehr sind Verträglichkeit und Ökologie wichtige Maßgaben. Einfache Seifen oder Spülmittel mit nur wenigen oder gar keinen Duftstoffen sind in der Regel völlig ausreichend. Allerdings bieten ökologische Reinigungsmittel keine Gewähr für eine individuelle Verträglichkeit, zum Beispiel bei Allergien. So reagieren zahlreiche Menschen zum Beispiel auf Zitrusdüfte oder die Öle von Orangen und Zitronen allergisch. Scharf riechende Putzmittel sollte man vermeiden. Ein übermäßiger Gebrauch von keimtötenden Substanzen im Bad- und Sanitärbereich ist nicht zu empfehlen. Desinfektionsmittel enthalten Stoffe, die für die Gesundheit und die Umwelt gefährlich sein können, und haben beim normalen Hausputz nichts zu suchen. So können sie zum Beispiel Allergien und Ekzeme auslösen. Vielmehr ist der regelmäßige Wechsel von Putzlappen und Schwämmen in der Küche, etwa alle zwei Tage, eine gute Vorsorge, die Keimbelastung dort zu verringern. Bei 60° in der Maschine waschbare Mikrofasertücher vereinen zum Beispiel eine gute Reinigungsleistung mit einem geringen Putzmitteleinsatz. Oft reicht dann warmes Wasser, um Oberflächen sauber zu halten. Normale Verschmutzungen entfernt man mit einfachen Putzmitteln. Wer regelmäßig den Kühlschrank reinigt, den Abfalleimer lieber einmal öfter leert und vor allem Kompost in geschlossenen Behältern aufbewahrt und täglich entsorgt, reduziert auch ohne Chemie die Zahl der Keime im Haus. Hinweise zu emissionsarmen Reinigungsmitteln finden sich im Bauverzeichnis Gesündere Gebäude www.bauverzeichnis.gesündere-gebäude.de.

Das Trockenhalten von Bad, Küche und WC verhindert das Wachstum von Schimmelpilzen. Diese gehören zu den häufigsten Verursachern gesundheitlicher Beschwerden und Krankheiten wie Allergien oder Erkrankungen der Atemwege in Innenräumen. Daher sind Schimmelpilzvorkommen in Gebäuden zu vermeiden. Mit dem Einzug in ein neues, gut wärmegedämmtes und im besten Fall per Lüftungsanlage gelüftetes Zuhause hat man schon einen wichtigen Schritt getan! Denn es fehlen die sogenannten Wärmebrücken, an denen sich in älteren Häusern gerne Schimmel bildet. Um die Schimmelbelastung aus anderen Quellen so gering wie möglich zu halten, sollte man die Blumenerde von Zimmerpflanzen kontrollieren. Hier

Regelmäßige Reinigung ist wichtig, stark duftende, aggressive und keimtötende Reinigungsmittel sind es nicht. Sie können vielmehr die Gesundheit belasten und Allergien auslösen oder verstärken.

bildet sich häufig Schimmel, wenn zu viel gegossen wird. Bei starken Feuchtigkeitsquellen wie Aquarien, vielen Zimmerpflanzen oder intensivem Baden und Duschen sollte gut gelüftet werden.

Trinkwasser

Die Trinkwasserversorgung in Deutschland und den angrenzenden Ländern ist auf einem sehr hohen hygienischen Niveau. Bevor man Wasser zum Trinken oder zur Zubereitung von Speisen und Getränken verwendet, sollte man Wasser so lange aus dem Hahn ablaufen lassen, bis kalt eingestelltes Wasser kalt und warm eingestelltes Wasser warm aus dem Hahn kommt. Das gilt, wenn der Wasserhahn länger als 30 Minuten geschlossen war, sowie für Trinkwasser, das mehr als vier Stunden in den Leitungen gestanden ist, sogenanntes Stagnationswasser. Grund ist unter anderem, dass viele Armaturen aus Messing geringe Mengen an Schwermetallen an das stehende Wasser abgeben.

Ein weiteres Gesundheitsrisiko im Trinkwasser können Legionellen sein. Das sind Bakterien, die sich bei einer Wassertemperatur von 30–45 °C stark vermehren. Die Gesundheitsbelastung entsteht dadurch, dass die Legionellen zum Beispiel beim Duschen mit dem feinen Wassernebel als Aerosol eingeatmet werden. In kurzen Leitungsnetzen von Privathäusern sind sie im Allgemeinen kein Problem, da hier normalerweise selten Wasser über eine längere Zeit in der Leitung steht. Bei längerer Nichtnutzung der Trinkwasserinstallation (mehr als 3 Tage, z. B. nach den Ferien) sollte man alle Entnahmearmaturen öffnen und vollständigen Wasseraustausch des Wassers im Rohrleitungssystem herstellen – sowohl beim Kalt- als auch beim Warmwasser.

Rauchen, Kosmetik und anderes

Auch wenn Baustoffe und Möbel wohngesund sind und regelmäßig oder automatisch gelüftet wird; unser Alltag hält viele Stoffe bereit, die unsere Gesundheit beeinträchtigen können. Ein kurzer Überblick über ganz »normale« Schadstoffquellen:

- Rauchen sollte allgemein, wenigstens aber in der Wohnung unbedingt vermieden werden, da dies extrem hohe Schadstoffkonzentrationen und Gesundheitsschäden zur Folge hat.
- Duftstoffe zur »Raumluftverbesserung« stellen ein sehr großes gesundheitliches Problem dar. Jegliche dauerhafte Raumbeduftung (Duftkerzen, Duftlampen, elektrische Raumluftverbesserer, Raumspray) in Innenräumen sollte vermieden werden.
- Durch Kosmetika können dem Wohnraum hohe Schadstoffkonzentrationen zugeführt werden. Gerade Duftmittel (Deo), Haarsprays und Lösemittel (Nagellack, Nagellackentferner) belasten die Luft und können ein hohes allergenes Potenzial haben. Sie sollten weitestgehend vermieden werden.
- Imprägnierstoffe für Kleidung und Schuhe sowie Gefahrstoffe (Lösemittel wie Terpentin, Reinigungsbenzin) sollten nicht in der Wohnung verwendet oder gelagert werden, denn diese Stoffe können die Schadstoffkonzentration unnötig erhöhen.
- Hobbys, bei denen mit Klebstoffen und Lacken gearbeitet wird, sollten nicht in der Wohnung ausgeführt werden. Eine Garage oder ein gut belüfteter Hobbyraum sind dafür besser geeignet.
- Offenes Feuer (Kamin, Kaminofen, Pelletöfen) können hohe Emissionen an Feinstaub und Lösemitteln in den Lebensraum einbringen. Auch Ethanolbrennstellen oder Zimmerkamine sind starke Schadstoffquellen.

Trinkwasser ist sehr gut kontrolliert. Abgestandenes Wasser sollte man erst ablaufen lassen, bevor man es zum Trinken verwendet.

▶▶ FAZIT

Ein geprüft gesünderes Haus stellt die Grundlage für einen gesünderen Lebensraum dar. Mit wenigen, einfachen Verhaltensregeln bleibt es das auch im Alltag.

»DAS PROJEKT IST FÜR UNS ALS UNTER-NEHMEN EINE BEREICHERUNG«

Interview mit Johannes Schwörer und Peter Bachmann

Herr Schwörer, Herr Bachmann, Anfang 2016 ist die Entscheidung gefallen, mit einer großen Messreihe und umfangreichen Schulungen das gesündere Bauen und Wohnen bei SchwörerHaus deutlich stärker in den Fokus zu nehmen. Hat sich die Arbeit gelohnt?

JOHANNES SCHWÖRER: Ja, die gemeinsame Arbeit hat sich gelohnt, weil wir deutliche Erkenntnisgewinne haben und jetzt besser wissen, was in unseren Häusern stattfindet. Auch über die Wechselwirkungen der verschiedenen Materialien und über einzelne Baustoffe wissen wir jetzt besser Bescheid. Die Überprüfung auf Schadstoffe ist viel systematischer und übersichtlicher, auch das hat zu dem großen Erkenntnisgewinn beigetragen. Insgesamt ist das Projekt für uns als Unternehmen eine große Bereicherung.

PETER BACHMANN: Ich sehe das genauso. Extrem wertvoll ist die Betrachtung der realen Bausituation für jedes Haus im Gegensatz zu reinen Labortests und den Einzelmessungen einzelner ausgewählter Häuser in einem Musterhauspark. Wir sehen und erleben tatsächlich den gebauten Alltag und können hier Lösungen entwickeln, die den Bauherren zugutekommen. In Zusammenarbeit mit den Umwelt- und Bundesbehörden müssen die Kriterien für das gesündere Bauen noch einmal kritisch betrachtet und bewertet werden, um diese gegebenenfalls dem gebauten Alltag anzupassen. Das ist ein echter Fortschritt.

JOHANNES SCHWÖRER: Der Vorteil der Fertighausbauweise ist ja, dass immer gleichbleibende Grundprinzipien angewendet werden, auch wenn die Architektur sich ändert. Alle verarbeiteten Materialien sind bekannt. Auch unsere Monteure und Verarbeiter auf den Baustellen sind mit den Baustoffen vertraut. Wegen dieser Vergleichbarkeit ist solch eine umfangreiche Testreihe gegenüber einer individuellen Bauweise überhaupt erst möglich und bringt auch die nötigen Erkenntnisse, zum Beispiel über die Einflüsse von Witterung und Jahreszeit auf die Messergebnisse.

PETER BACHMANN: Das Projekt widerlegt auch einige Protagonisten im Markt, die geprüfte gesundheitliche Qualität beim Bauen für unmöglich hielten. Da wird einiges in Bewegung kommen bei Herstellern, Bauunternehmen, Verbänden und Planern. Aber gesünderes Bauen geht nicht über Nacht und es geht nicht alleine. Ganz viele Menschen müssen mitziehen, bis hin zur Baufamilie.

JOHANNES SCHWÖRER: Was wir jetzt auch wissen, wie wir die gesundheitliche Qualitätssicherung auf hohem Niveau bezahlbar machen: Kein Bauherr ist bereit, hierfür 5.000 bis 6.000 Euro zusätzlich zu zahlen. Wir haben es mit einer ausgeklügelten Messtechnik und Baustellenorganisation hinbekommen, dass das für jeden Kunden ohne Probleme tragbar ist.

Was hat Sie überrascht, sowohl in positiver wie in negativer Hinsicht?

JOHANNES SCHWÖRER: Was mich wirklich überrascht hat, ist, welch starke Effekte die Rahmenbedingungen der Raumluftmessung auf das Ergebnis haben. Unterschiedliche Temperaturen, Wetterbedingungen und Lüftung zum Beispiel ergeben bei ansonsten vergleichbaren Häusern sehr unterschiedliche Werte. Da sind Labor und Realität dann meilenweit voneinander entfernt. Das ist für die Fertighausindustrie wirklich beachtenswert und muss auf der Baustelle gelöst sein.

PETER BACHMANN: Bei mir sind es drei Dinge: Zum einen die Bedeutung der Lüftungsanlage, die einen enormen Einfluss auf die Reduktion von Schadstoffen wie Lösemittel, Formaldehyd und Kohlendioxid hat. Zum zweiten habe ich sehr viel gelernt über das serielle Bauen und die Möglichkeiten, die diese Bauweise für das gesündere Bauen und Wohnen bietet. Wir haben gelernt, wie viele potenzielle Risiken man ausschalten kann gegenüber individuell geplanten und gebauten Projekten, in denen der Zufall mitspielt. Hinter viele Qualitätsaspekte wie etwa die Verwendung von trockenem Holz, festgelegten Systemaufbauten sowie hinsichtlich der internen Qualitätssicherung konnten wir bereits im Vorfeld einen grünen Haken machen.

Ein eminent wichtiger Zeitpunkt ist der Tag der Übergabe an die Bauherren. Die Frage ist, wie wir diesen Tag organisieren, denn hier findet die Schadstoffmessung statt und damit der Beweis für das gesundheitliche Leistungsversprechen. Auch das Umweltbundesamt ist hier gefragt, um Theorie und Praxis aufeinander abzustimmen und Kriterien anzupassen. Dankenswerterweise engagiert sich das Amt ja auch.

JOHANNES SCHWÖRER: Positiv überrascht hat mich auch die Akzeptanz unserer Monteure und Handwerker. Die hätten das Ganze ja auch als Hokuspokus abtun können. Das Grundinteresse unserer Leute und ihre aktive Mitarbeit, auch wenn zum Beispiel mal die Verarbeitung schwieriger ist, hat mich begeistert.

PETER BACHMANN: Ein Punkt ist mir noch wichtig: Der starke Impuls, den die Firma SchwörerHaus und Johannes Schwörer persönlich bei Baustoffherstellern ausgelöst haben, um Produkte weiter zu verbessern und deren gesundheitliche Qualität zu sichern. Das brauchen wir ganz dringend, dass Produzenten noch mehr Verantwortung für gute Materialien übernehmen. Da ist eine Bewegung entstanden, die sich nicht mehr rückgängig machen lässt.

Hat sich im Unternehmen SchwörerHaus durch das Projekt etwas verändert?

JOHANNES SCHWÖRER: Das Bewusstsein ist gewachsen, noch genauer hinzuschauen aus gesundheitlicher Sicht. Am Bauablauf sind es nur sehr kleine Änderungen. Unser Ziel war stets, die Materialien so auszuwählen, dass auch ohne eine mechanische Lüftung während des Innenausbaus bei der Übergabe gute Messwerte erreicht werden. Kann die Lüftungsanlage vor der Hausübergabe dazugeschaltet werden, verbessern sich die Messwerte nochmals. Da bei SchwörerHaus die Lüftungsanlage immer inklusive ist, steht diese je nach den Bedingungen vor Ort als Option zur Verfügung.

PETER BACHMANN: In Fachkreisen wird immer über die Qualität der Baustoffe diskutiert. Auf allen Kongressen, an denen ich in letzter Zeit teilgenommen habe, wurde kein Wort über die Prozesse auf der Baustelle und die Rolle der Menschen dort gesprochen. Diese sind jedoch elementar! Ich denke, hier hat sich auch bei SchwörerHaus die Betrachtung gewandelt.

Letztlich entscheidet der Kunde, ob er ein Angebot gut findet oder nicht. Gesund sein will jeder, deutlich mehr zahlen dafür aber eher weniger. Wo liegen hier die Herausforderungen für ein Bau- oder Fertighausunternehmen?

JOHANNES SCHWÖRER: Als Unternehmen, das Häuser baut, will man natürlich immer eine gute Qualität zu einem guten Preis bieten. Wir haben aber auch eine Beratungsverpflichtung dem Kunden gegenüber. Dahingehend, dass wir ihm sagen, dass ein geprüft gesünderes Haus nicht mit den billigsten Materialien machbar ist. Eine gute Qualität ist einfach notwendig, um gute Häuser, auch gesundheitlich, zu bauen und diese Qualität kostet auch Geld. Solange die Kunden wissen, was sie genau dafür bekommen, wird das auch verstanden und funktioniert.

Gesundheit ist ein enorm häufig verwendeter Begriff. Das gesündere Bauen und Wohnen ist im Detail aber sehr erklärungsbedürftig. Wie gehen Sie diese Kommunikationsaufgabe an?

PETER BACHMANN: Wenn wir über gesünderes Bauen sprechen, werden wir sehr konkret. Wir sprechen über transparente Werte und über transparente Messverfahren von qualifizierten Probennehmern und die Auswertung in den akkreditieren Laboren von TÜV Rheinland. Das Projekt zeigt, dass nur ein dauerhaftes Qualitätsmanagement eine gesundheitliche Qualität seriös absichert. Gerade wenn es um die Gesundheit geht, sollte man nur versprechen, was man halten kann. Für die Zukunft ist es eine Herausforderung, sich von Unternehmen positiv zu unterscheiden, die reine Marketingblasen steigen lassen, ohne ihre Aussagen mit Daten belegen zu können.

JOHANNES SCHWÖRER: Kommunikation ist dann erfolgreich, wenn Interesse da ist und zufriedene Kunden ihre Erfahrungen weitergeben. Von daher muss man sich bei diesem Thema um die Kommunikation keine großen Sorgen machen. Ähnlich wie bei anderen guten Produkten wird sich auch das gesündere Bauen herumsprechen.

PETER BACHMANN: Dazu tragen auch dieses Projekt und dieses Buch bei, denn Aufklärung ist wichtig. Nur wenn Bauherren wissen, dass ein gesünderes Haus eben nicht selbstverständlich ist, entsteht Interesse und daraus Kommunikation.

Welche Herausforderungen sehen Sie für die Baubranche im Allgemeinen in der Zukunft?

PETER BACHMANN: Natürlich muss sich das gesündere Bauen im Dienste der Kunden weiter verbreiten und irgendwann »normal« werden. Ich will aber noch einen anderen Aspekt aufgreifen. Ich sehe den Handel mit Produkten für die Reinigung, die Renovierung und Sanierung in einer großen Verantwortung. Nur wenn der Kunde hier für seine Eigenleistungen vor dem Einzug, seine Renovierung oder seinen Dachausbau entsprechend geprüfte und gekennzeichnete Produkte prominent platziert findet, hat er auch die Chance, sein gesünderes Haus auch in einer gesunden Qualität zu erhalten.

Peter Bachmann und Johannes Schwörer sind Transparenz, Beweisbarkeit und Verlässlichkeit beim gesünderen Bauen und Wohnen besonders wichtig.

PROMOTION-BEITRÄGE

INDIVIDUELL ENTWICKELT – KOMPROMISSLOS UND INNOVATIV

Als langjähriger Systempartner von SchwörerHaus entwickeln und fertigen wir Komponenten und Systemlösungen für die kontrollierte Be- und Entlüftung.

So entstehen Produkte in einer Herangehensweise, die sich an unbedenklichen, optimalen Werkstoffen und wirtschaftlichen Methoden orientiert.

»Der Kern unserer Leistung soll die partnerschaftliche Zusammenarbeit sowie die Begeisterung für individuelle und optimale Lösungen sein.«

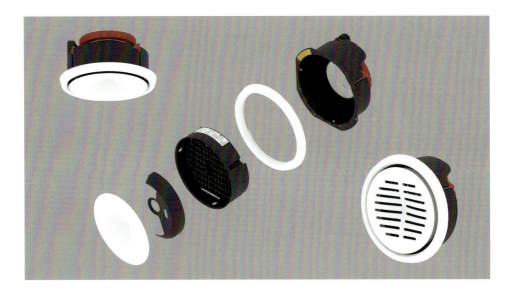

Dies geschieht im Dialog mit einem Team von sehr kritischen und fordernden Schwörer-Haus-Ingenieuren, mit klaren Zielvorgaben, aber auch mit dem Freiraum für die konstruktive Ausgestaltung.

Für sie und uns ist der sogenannte »Stand der Technik« stets nur die Basis für die Vision – unter bestehendem Konsens: Gründlichkeit vor Eile und Qualität vor Kompromissen.

Hierfür – und die freundliche Art des Miteinanders – sind wir dem Projektteam und allen Mitwirkenden von SchwörerHaus sehr dankbar.

Ergänzend zu diesen »hausinternen« Kriterien gehört natürlich auch deren Absicherung durch namhafte europäische Prüfinstitute für Funktion, Sicherheit, Brandschutz, Werkstoffunbedenklichkeit, Hygiene, Schall und sonstige technische Produktmerkmale.

Solche Lösungen, die auf die technischen Anforderungen UND Produktionsabläufe unserer Kunden zugeschnitten sind, geben Vorsprung und haben Bestand.

Hierzu gehören u. a. das für SchwörerHaus entwickelte modulare, flexible Luftverteil- und Leitungssystem und die hochintegrierten, selbstregelnden PTC-Ventilwärmeelemente.

Besonders danken möchten wir auch den SchwörerHaus-Mitarbeitern für die Unterstützung unseres umweltgerechten Mehrwegkonzeptes mit der daraus generierten Hilfe für das Kinderhospiz Balthasar / Olpe.

 www.air-lab.de

EFFIZIENTE ENERGIENUTZUNG
FÜR NOCH MEHR KOMFORT

Wir brauchen Luft zum Atmen. Und auch, um zukunftssicher zu heizen. Perfekt aufeinander abgestimmte und effizient geregelte Heizsysteme versorgen Sie mit einem umfassenden Wohlfühlklima. Moderne Wärmepumpen nutzen dabei die unerschöpfliche Energiequelle Luft für nachhaltigen Heizungs- und Warmwasserkomfort. Gleichzeitig können sie in Verbindung mit einer Fußbodenheizung auch serienmäßig für die aktive Kühlung genutzt werden.

Mit Buderus sind Sie immer auf dem neuesten Stand der Technik. Nicht nur, was die Technologie Ihrer Luft-Wasser-Wärmepumpe betrifft, sondern auch bei Steuerung, Bedienung und Überwachung – zum Beispiel direkt mit dem Smartphone oder Tablet über das Internet.

Buderus setzt als Systemexperte seit 1731 Maßstäbe in der Heiztechnologie. Wir legen Wert auf eine ganzheitliche, persönliche Beratung und sorgen für maßgeschneiderte, zukunftsfähige Lösungen – auch für Ihr Eigenheim.

www.buderus.de

ELCO – WOHLFÜHLWÄRME FÜR IHR ZUHAUSE

ELCO bietet exzellente Heizlösungen für Neubau, Sanierung, Modernisierung und Nachrüstung und zählt zu den Wegbereitern moderner Heiztechnik. Mit einem umfassenden Produktprogramm moderner, qualitativ hochwertiger und zuverlässiger Produkte für Gas, Öl und erneuerbare Energien hat ELCO die optimale Heizlösung für jede Anforderung. Dabei profitieren Sie vom perfekten Zusammenspiel aller Komponenten und können auf diese Weise das volle Potenzial Ihres Heizsystems ausschöpfen.

Zukunftssicher & effizient

Alle ELCO Produkte überzeugen mit sehr guten Einstufungen nach der Ökodesign- und Energielabel-Richtlinie (ErP) und leisten so einen wirkungsvollen Beitrag zum Umweltschutz. Insbesondere die Wärmepumpen und Solaranlagen von ELCO erfüllen die hohen technischen Anforderungen der modernen KfW Effizienzhäuser.

Pionier moderner Heiztechnik

Seit 90 Jahren stellt ELCO seine Innovationskraft immer wieder unter Beweis. Zum Beispiel mit der REMOCON-NET App, der intelligenten Heizungssteuerung für Ihr Smartphone.

Der ELCO-Service setzt Maßstäbe

Erstklassige Heizsysteme und Lüftungsanlagen erfordern auch einen erstklassigen Service. ELCO bietet eine unübertroffene Auswahl an flexiblen Serviceleistungen für höchste Sicherheit und lange Lebensdauer. Ob verlängerte Garantie, kostenlose Störungsbehebung samt Original-Ersatzteilen oder Wartungen – bei ELCO finden Sie die Servicelösung, die optimal zu Ihren Anforderungen passt.

Eine dauerhaft hygienische Frischluftversorgung gewährleisten die Serviceleistungen für die SchwörerHaus Lüftungsanlagen. Dazu zählen der regelmäßige Austausch der Luftfilter ebenso wie die fachmännische Reinigung und Wartung aller Komponenten. Aber eine gut gewartete Lüftungsanlage bringt noch mehr Vorteile mit sich. Sie verbraucht ein Minimum an Energie für den Betrieb und die Steuerung des Lüftungsgerätes. Des Weiteren wird Schimmelbefall vermieden und dauerhaft die Bausubstanz geschützt, das sichert somit den Werterhalt Ihrer Immobilie.

Profitieren Sie vom besten Kundendienst der Branche. Mit über 800 bestens geschulten Servicetechnikern verfügt ELCO europaweit über eine einzigartige Serviceorganisation. Wir sind 365 Tage im Jahr und 24 Stunden am Tag für Sie da.

ELCO – Ihre erste Wahl für energieoptimierte Heizsysteme und hervorragenden Service.

www.elco.de

QUALITÄT AUS ÜBERZEUGUNG

Bei Gutbrod werden auch heute noch sämtliche Fenster und Haustüren auf über 8500 m² Produktionsfläche in Bodelshausen (Baden-Württemberg) selbst hergestellt. Wir wollen, dass Sie lange Freude an Ihren neuen Fenstern haben. Deshalb unterliegen alle unsere Produkte strengsten Qualitätsansprüchen. Schon bei der Auswahl unserer Rohstoffe Holz, Aluminium und Kunststoff setzen wir auf Spitzenqualität aus der Region, Baden-Württemberg und Deutschland.

Gutbrod-Qualitätsversprechen
Die höchsten Qualitätsansprüche an unsere Produkte haben wir selbst. Für die außergewöhnlich hohe Qualität setzen wir neben einem modernen Maschinenpark auch heute noch auf Handarbeit. Die Qualität unserer Fenster und Haustüren spüren Sie im täglichen Umgang. Die perfekten Oberflächen fühlen sich auch nach Jahren gut an und unsere hochwertigen Beschläge halten schweren mechanischen Belastungen stand. Grundsätzlich verwenden wir eine zusätzliche innere Dichtung, die dafür sorgt, dass keine feuchte Raumluft zwischen Rahmen und Flügel eindringen kann. Unsere Mitarbeiter stehen mit ihrer ganzen Erfahrung dafür ein, dass jedes Fenster in bester Qualität zum Kunden kommt.

www.gutbrod-fenster.com

WOHLFÜHLEN OHNE KOMPROMISSE

Wohngesundes Bauen ist eine Investition in die Zukunft. Die hochwertigen Fenster von Kneer-Südfenster sind mit Erfolg getestet und tragen zu einem guten Raumklima bei.

Jedes Fenster von Kneer-Südfenster ist ein Unikat und wird individuell nach Kundenwunsch gefertigt. »Anspruchsvolle Bauherren und Renovierer achten bei der Auswahl von neuen Fenstern und Haustüren aber nicht nur auf Qualität, Design und Komfort, sondern zunehmend auf Nachhaltigkeit und Wohngesundheit«, erklärt Florian Kneer, Geschäftsführer in dritter Generation. »Sie bevorzugen Produkte, die umweltgerecht produziert werden, und sie möchten in den eigenen vier Wänden die Sicherheit, dass die Innenraumluft so gering wie möglich von Schadstoffen belastet wird. Gefragt sind also verlässliche Messwerte, die belegen, dass die verwendeten Bauelemente ein gutes Raumklima unterstützen. Durch die Partnerschaft mit dem Sentinel Haus Institut hat Kneer-Südfenster den Nachweis erbracht, dass sich unsere Qualitäts-Fenster für wohngesundes Bauen bestens eignen – belegt durch die bestandenen Emissionsprüfungen des unabhängigen eco-Instituts in Köln.

In unseren drei Werken haben wir schon seit Jahren hohe ökologische Standards umgesetzt. Fertigung und Materialwahl sind nach neuesten ressourcenschonenden und umweltgerechten Erkenntnissen ausgerichtet. Dazu gehört, dass wir zum Großteil Hölzer aus nachhaltig bewirtschafteten Wäldern verwenden. Wir setzen in allen Produktlinien energetisch optimierte Profilsysteme ein, damit wir Fenster mit hohen Wärmedämmwerten anbieten können. Für passivhaustaugliche Fenster verwenden wir sortenreine Hölzer mit Luftkammern ohne Verklebung mit zusätzlichen Dämmstoffen. Und bei der Produktion unserer Kunststoff-Fenster setzen wir auf die Verwendung, Trennung und Rückführung recyclingfähiger Profile. Wir verwenden ausschließlich qualitativ hochwertige Profile von führenden Herstellern, die auch ihrerseits hohe Standards in Umweltschutz und Nachhaltigkeit garantieren können.«

www.kneer-suedfenster.de

FUNKTION. ELEGANZ. HARMONIE.

Seit mehr als 90 Jahren sorgt LEICHT mit hochqualitativen Küchen für Aufsehen. Jede Küche wird erst durch das gekonnte Zusammenspiel aller Komponenten, durch die virtuose Komposition von Material, Farbe, Architektur und Licht zum Leben erweckt. Seit jeher kreieren wir Einbauküchen mit design- und funktionsorientierten Produktinnovationen im eigenen Interior-Design- Studio. Wir entwickeln exklusive Küchen, die sich am Markt und an den Wünschen unserer Kunden orientieren. Küchenliebhaber können sich mit LEICHT Küchen verwirklichen. Hier sind bei der individuellen Küchenplanung keine Grenzen gesetzt.

Welche Gestaltungselemente letztlich auch gewählt werden, eine LEICHT Küche ist der Mittelpunkt des häuslichen Lebens, in dem sich die Familie aufhält und sich Gäste rundum wohlfühlen. Mit unseren innovativen Planungsbausteinen und flexiblen Modulen können Küchen nach persönlichen Vorstellungen entwickelt werden.

Die LEICHT Küchen AG ist PEFC-zertifiziert. Damit wird bestätigt, dass die für die Küchenmöbel eingesetzten Hölzer und Holzwerkstoffe aus bewirtschafteten Wäldern und kontrollierten Quellen stammen. Hierzu unterhält die LEICHT Küchen AG ein betriebliches Kontrollsystem, das mit dem gültigen Regelwerk »Produktkettennachweis von Holzprodukten – Anforderungen« von PEFC (Programme for the Endorsement of Forest Certification Schemes) übereinstimmt.

Die LEICHT Küchen AG hat ihre Produkte dieser zusätzlichen Prüfung beim TÜV Rheinland LGA unterzogen. Das Ergebnis: Alle geprüften Werte bei LEICHT Küchen erfüllen die Erwartungen und liegen weit unter den von der Deutschen Gütegemeinschaft e.V. »Gesundes Wohnen« vorgegebenen Grenzwerten. Möbel und Einrichtungsgegenstände mit dem RAL-Gütezeichen und diesem Güte-Zertifikat sind Spitzenprodukte der deutschen Möbelindustrie.

www.leicht.com

LUFTDICHTUNG FÜR GESÜNDERE GEBÄUDE

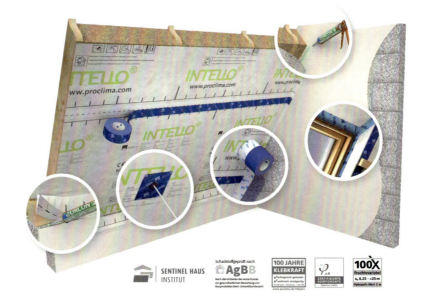

Das A&O für energieeffiziente, bauschadensfreie und gesündere Gebäude: geprüfte Luftdichtungsprodukte. Intelligente Dampfbremsbahnen, dauerhafte Kleber, Klebebänder und Detaillösungen erhöhen die Sicherheiten deutlich.

Menschen halten sich heute durchschnittlich 22 Stunden am Tag in geschlossenen Räumen auf. Dabei hat das Raumklima große Auswirkungen auf unser Wohlbefinden, unsere Gesundheit und unsere Leistungsfähigkeit. Ein gutes und wohngesundes Raumklima ist jedoch erst durch eine Wärmedämmung mit korrekt geplanter und ausgeführter Luftdichtungsebene möglich. Die Luftdichtung sorgt dafür, dass

— die Wärmedämmung effektiv funktioniert, also Raumluft und Bauteiloberflächen im Winter nicht zu kalt und im Sommer nicht zu warm werden.
— die Raumluft im Winter nicht zu trocken wird.
— Zugluferscheinungen unterbleiben.
— Bauschäden und Schimmel vermieden werden.

Schutz gegen Bauschäden und Schimmel

Den besten Schutz gegen Feuchte und verschimmelte Bauteile bieten Dampfbrems- und Luftdichtungsbahnen mit feuchtevariablem Diffusionswiderstand, wie zum Beispiel pro clima Intello. Sie sind im Winter diffusionsdichter und schützen die Dämmung optimal vor eindringender Feuchte. Im Sommer können sie extrem diffusionsoffen werden und gewährleisten so bestmögliche Rücktrocknungsbedingungen. Konventionelle Dampfbremsen bieten dieses Sicherheits-Plus nicht.

Auch die Klebeprodukte für die Luftdichtung müssen ein Bauteilleben lang sicher funktionieren. Dem pro clima Klebeband Tescon Vana bescheinigt ein unabhängiger Test der Hochschule Kassel 100 Jahre lang Funktion und Klebkraft.

Schadstoffgetestete Bauprodukte verwenden

Für gesündere Gebäude sind emissionsarme, von unabhängigen Prüfinstituten normgerecht auf ihre gesundheitliche Qualität getestete Produkte eine zentrale Voraussetzung. Bei pro clima sind Ökologie und Wohngesundheit seit jeher zentrale Werte. Darum lässt pro clima seine Systeme von unabhängigen Instituten nach strengen Anforderungen prüfen und erreicht dabei regelmäßig beste Werte im Schadstofftest. Perfekt fürs Bauen mit höchsten Ansprüchen an die Raumluftqualität. Die geprüften pro clima Produkte finden sich auf www.bauverzeichnis.gesündere-gebäude.de.

www.proclima.de

INNOVATIVE LÖSUNGEN FÜR DAS SMARTE ZUHAUSE

Die Digitalisierung hat inzwischen auch die Wohntechnik erfasst. Immer mehr Bauherren interessieren sich für intelligente und zukunftssichere Smart-Home-Lösungen. Als Weltmarktführer für Antriebe und Steuerungen von Rollläden und Sonnenschutz und Smart-Home-Pionier punktet Somfy mit seiner langjährigen Expertise. Unsere innovativen Lösungen machen das Wohnen komfortabel, sicher und energieeffizient.

Einfach entspannter leben

Von der einfachen und günstigen Einstiegsvariante Somfy Connexoon® bis zum Smart-Home-Komplettsystem Somfy TaHoma® Premium – mit einer Anwendung haben Sie die komplette Haustechnik im Blick und können Ihre Rollläden, Jalousien, Dachfenster, Beleuchtungen und viele andere Produkte ganz nach Belieben zu persönlichen Wohlfühl- und Sicherheitsszenarien vernetzen. Per Smartphone oder Laptop sind Sie auch von unterwegs immer mit Ihrem Zuhause verbunden.

Freuen Sie sich auf ein entspanntes Leben: Ob der Smartphone-Wecker ein »Guten Morgen«-Szenario auslöst, bei dem die Rollläden hochfahren und die Kaffeemaschine sich einschaltet, eine aktuelle Wettermeldung dafür sorgt, dass die Markise bei einem drohenden Gewitter einfährt und die Dachfenster sich schließen, oder ob die Heizung während der Heimfahrt von der Arbeit automatisch die gewünschte Wohlfühltemperatur einstellt – die Möglichkeiten sind beinahe unbegrenzt.

Was auch immer Sie sich wünschen: Der modulare Aufbau des Somfy Smart Home garantiert die optimale individuelle Umsetzung. Natürlich sind auch nachträgliche Erweiterungen problemlos möglich.

LICHT, LUFT UND AUSBLICK

Seit der Gründung vor über 75 Jahren steht Velux dafür, viel Tageslicht und frische Luft ins Haus zu holen und so ein gesundes Wohnumfeld zu ermöglichen. Das wird immer wichtiger, da wir heute bereits über 90 Prozent unserer Zeit in Gebäuden verbringen. Die große Bedeutung bestätigte auch die Studie »Velux Healthy Homes Barometer 2015«: Genug Tageslicht und frische Luft sowie erholsamer Schlaf standen ganz oben auf der Wunschliste der Europäer.

Velux bietet mit seinen Produkten die passenden Lösungen, um die Wohn- und Lebensbedürfnisse der Bewohner zu erfüllen: von großzügigen Fensterlösungen für Schräg- und Flachdächer über Tageslicht-Spots zur Belichtung innenliegender Räume bis hin zu Sonnenschutzprodukten wie Rollos, Plissees und Rollläden.

Dachfenster zeichnen sich dadurch aus, dass sie bis zu dreimal mehr Licht in den Raum lassen als Fassadenfenster oder Gauben. Doch grundsätzlich ist es auch wichtig, den Tageslichteinfall steuern zu können. Für einen erholsamen, gesunden Schlaf sind etwa ein verdunkelter Raum und angenehme Temperaturen sehr förderlich. Deswegen hat Velux auch Zubehörprodukte wie Verdunkelungs-Rollos und Hitzeschutz-Markisen entwickelt, die Räume komplett verdunkeln und ein Aufheizen im Sommer verhindern.

Darüber hinaus bietet Velux Produkte für die Sicherstellung der Luftqualität: Automatisierte Lösungen, Fensterlüfter und intelligente Sensorsysteme tragen zu einem gesunden Raumklima unter dem Dach bei und steigern den Wohnkomfort, sodass sich die Bewohner in ihrem Zuhause rundum wohlfühlen.

www.velux.de

SCHRITT FÜR SCHRITT EIN MEISTERWERK

Wenn Sie an eine Treppe denselben Anspruch haben wie an Ihr Mobiliar, einen Anspruch etwa an Qualität, Optik und Stimmigkeit, dann werden die Meisterwerke von Wiehl Treppen Ihren Zuspruch finden! Treppen, hinter denen eine über 70-jährige Unternehmensgeschichte steht. Wohnbegleiter, die wir Ihnen mit Stolz und großer Freude präsentieren – Schritt für Schritt.

Das ISO-zertifizierte Familienunternehmen steht für hochwertiges Handwerk, modernste Technologie und den hohen Qualitätsanspruch, individuellen Kundenbedürfnissen in besonderer Weise gerecht zu werden. Ein verantwortungsvoller Umgang mit unserer Umwelt ist für uns dabei genauso selbstverständlich wie die Weiterverarbeitung von Hölzern aus nachhaltiger Forstwirtschaft und hohe Standards bei der Auswahl unserer Lieferanten.

Am Unternehmensstandort in Bingen werden pro Jahr mehr als 2000 Treppen und Geländer verschiedenster Holzarten mit modernster CAD-Technik konstruiert und an drei CNC-gesteuerten Bearbeitungszentren produziert. Ob schlicht funktionell, rustikal, elegant oder hochmodern mit Stahl und Glas kombiniert – mit einer Treppe von Wiehl erhalten die Kunden Schritt für Schritt ein Meisterwerk.

www.wiehl-treppen.de

HOLZ-HAUSTÜREN AUS ÜBERZEUGUNG

Um unserer Kundschaft mit ihrer Hauseingangstüre Sicherheit, Geborgenheit und gesunden Wohnraum zu ermöglichen, setzen wir in punkto Design, Materialauswahl, Einbruchhemmung und Gesundheit auf neueste Erkenntnisse und Qualität.

Um diesem Anspruch gerecht zu werden, bedarf es in vielen Bereichen einer »geprüften Ausführung« z.B. im Bereich Einbruchhemmung, Schallschutz, Brandschutz, Wärmeschutz und Gesundheit.

Auch das Thema »gesundes Bauen« liegt uns am Herzen.

Wir haben unsere Haustürelemente in Zusammenarbeit mit unserem langjährigen Lieferanten Fa. Variotec als erstem Außentürhersteller einem Schadstoffcheck beim TÜV Rheinland unterzogen.

Das Ergebnis: Die Türen sind gesundheitlich unbedenklich und haben das Label »Schadstoff- und emissionsgeprüft« erhalten, mit welchem unsere Haustüren gekennzeichnet werden können. Damit leisten wir einen großen Beitrag für unsere Kunden, um ein gesundes Wohnraumklima dauerhaft zu gewährleisten.

www.hipp-schreinerei.de

GUTE STIMMUNG BEGINNT MIT LICHT:
WIE DIE RICHTIGE LEUCHTE DAS WOHLBEFINDEN FÖRDERT

Ein für Schwörer eigens konzipierter Strahler ist durch die Fresneloptik blendfrei und bietet ein absolut homogenes Lichtbild. Durch die hohe Effizienz verringert er nicht nur den Energieeinsatz, sondern reduziert auch die Anzahl an Leuchten – er spart somit doppelt.

Meist fällt erst etwas auf, wenn der wahrgenommene Eindruck nicht stimmt: Ist das Licht in einem Raum zu grell, zu diffus oder schlicht falsch platziert, schlägt sich dies unbewusst auf die Stimmung nieder. Doch woran liegt das? Und worauf ist bei der Wahl einer geeigneten Beleuchtung zu achten? Die Lichtexperten von Panzeri & Partners unterstützen Bauherren und Planer in diesen Fragen umfassend.

Die visuelle Wahrnehmung eines Raumes findet auf verschiedenen Ebenen statt: Während auf der bewussten Ebene Möbel, Gegenstände und Raumdimensionen erfasst werden, erzeugt das Unterbewusstsein vor allem durch die Art des Lichts Stimmungen. Ist der Eindruck kontrastarm und undeutlich, signalisiert das Gehirn mangelnde Orientierung – und damit ein eher negatives Empfinden. Ist das Sehbild kontrastreich und deutlich, wirkt sich dies in einer eher positiven Wahrnehmung aus. Die Auswahl der richtigen Leuchte kann also darüber entscheiden, wie gern man sich in einem Gebäude aufhält.

Lichttemperatur, Platzierung im Raum und Richtung des Lichts müssen bewusst bestimmt werden. Ein genauer Blick auf die Lichtsituation lohnt sich dabei nicht nur im Neubau: Baulich nicht zu behebende Situationen lassen sich häufig mittels Licht deutlich aufwerten.

Über Panzeri

Das italienische Familienunternehmen Panzeri fertigt seit über 70 Jahren Leuchten »made in Italy«. Handwerkliche Feinarbeit, solide Qualität und ein charakteristisch-elegantes Design zeichnen die Produkte bis heute aus.

Wir, die deutsche Tochter Panzeri & Partners, sind Partner von Schwörer-Haus im Bereich Licht. Neben Standard-Produkten liefern wir Beratung, Lichtplanung und die komplette Umsetzung und Bestückung mit Leuchten. Statt Systemen von der Stange bekommt der Kunde echte Individualität. Je nach Einsatzort, Kundenwunsch und Budget finden wir das genau passende Produkt oder lassen es speziell fertigen.

www.panzeri-partners.de

ANHANG

HILFREICHE ADRESSEN UND LINKS

HIER FINDEN SIE EINE AUSWAHL AN INSTITUTIONEN UND AKTEUREN SOWIE INTERNETSEITEN RUND UM DAS GESÜNDERE BAUEN, SANIEREN UND WOHNEN.

Umweltbundesamt
Wörlitzer Platz 1
06844 Dessau-Roßlau
www.uba.de

Publikationen und Hinweise u. a. unter den Suchbegriffen »Innenraumhygiene« und »Gesundheit«

Die Geschäftsstelle des Ausschusses zur gesundheitlichen Bewertung von Bauprodukten (AgBB) ist im Umweltbundesamt im Fachgebiet II 1.3 »Innenraumhygiene, gesundheitsbezogene Umweltbelastungen« angesiedelt.

Arbeitsgemeinschaft ökologischer Forschungsinstitute AGÖF
im Energie- und Umweltzentrum
31832 Springe-Eldagsen
www.agoef.de

Bundesverband
Deutscher Fertigbau e. V. (BDF)
Flutgraben 2
53604 Bad Honnef
www.fertigbau.de

Deutscher Allergie- und Asthmabund e. V. (DAAB)
An der Eickesmühle 15-19
41238 Mönchengladbach
www.daab.de

Deutscher Berufsverband klinischer Umweltmediziner e. V. (DBU)
Siemenstraße 26a
12247 Berlin
www.dbu-online.de

eco-INSTITUT Germany GmbH
Schanzenstraße 6–20
Carlswerk 1.19
D-51063 Köln
www.eco-institut.de

Europäische Gesellschaft für gesundes Bauen und Innenraumhygiene
www.eggbi.eu

Natureplus e. V.
Hauptstraße 41
69151 Neckargemünd
www.natureplus.de

TÜV Rheinland
Am Grauen Stein
51105 Köln
www.tuv.com,
www.gesündere-gebäude.de

Firma SchwörerHaus
SchwörerHaus KG
Hans-Schwörer-Straße 8
72531 Hohenstein/Oberstetten
www.schwoererhaus.de

Sentinel Haus Institut
Merzhauser Straße 76
79100 Freiburg
www.sentinel-haus.eu

SGS INSTITUT FRESENIUS GmbH
Im Maisel 14
65232 Taunusstein
www.institut-fresenius.de

Verband Deutscher Baubiologen VDB
Sandbarg 7
21266 Jesteburg
Tel. 0 41 83 – 77 35301
www.baubiologie.net

LINKS ZU FACHMEDIEN UND INFOPORTALEN

www.bauverzeichnis.gesündere-gebäude.de
www.bautipps.de
www.baublog.de
www.renovieren.de

Videos: Gesünder bauen und wohnen leicht
verständlich »Der Sentinel erklärt«
www.youtube.com/user/sentinelhausinstitut/videos

DIE AUTOREN DIESES BUCHS

Peter Bachmann
Geschäftsführer
Sentinel Haus Institut GmbH

Dipl.-Ing. (FH) Manfred Hölz
Leiter Konstruktion
SchwörerHaus KG

Philip Boddez
Timber Construction Manager
Saint-Gobain
Mitteleuropa

Dipl.-Geoökol. Helmut Köttner
Technischer Leiter Bereich
Bau- und Umwelttechnik /
Nachhaltigkeit
Sentinel Haus Institut

Cristin Busch (B. Sc.)
Technische Assistenz
Sentinel Haus Institut

Dipl.-Ing. Christian Krüger
Architekt
Velux Deutschland GmbH

Dr. Walter Dormagen
Geschäftsfeldleiter Gefahrstoffe,
Mikrobiologie und Hygiene
TÜV Rheinland AG

Michael Langkau
Key Account Management
Fertighaus
Saint-Gobain
Construction Products
Isover – Rigips – Weber

Catrin Fetz
Kommunikation und
Öffentlichkeitsarbeit
PEFC Deutschland e. V.

Prof. Dr. Irina Lehmann
Environmental Epigenetics and
Lung Research
Charité Universitätsmedizin Berlin
und Berliner Institut für Gesundheitsforschung

Robert Fischbacher
S. Fischbacher Living,
für Fa. Knauf

Jule Milbrett
Redakteurin
Artgerecht Zwo GmbH für
Pfleiderer Deutschland GmbH

Dr.-Ing. Heinz-Jörn Moriske
Geschäftsführung
Umweltbundesamt

Dipl.-Ing. Peter Paul Thoma
öffentl. bestellter und vereidigter
Sachverständiger für Sanitär-,
Heizungs-, Lüftungs- und Klima-
technik
ppt – Ingenieur- & Sachver-
ständigenbüro, Frankfurt a.M.

Dipl.-Ing. Borimir Radović
Akad. Direktor (i. R.)
Obmann der DIN 68800-2,
baulicher Holzschutz

Matthias Tilk
Projektkoordinator
Raumluftmessung
SchwörerHaus KG

Lorenz Reisel (B. Sc.)
Technische Assistenz
Sentinel Haus Institut

Norbert Weimper
Baufachjournalist und Baublogger
Bauherr Schwörer Healthy Home

Dipl.-Ing. (FH) Martin Sauter
Leiter Entwicklung / Normierung
SchwörerHaus KG

Dipl.-Ing. (BA) Frank Wendel
Leitung Marktsortimente
International
Roto Frank Bauelemente GmbH

Johannes Schwörer
Geschäftsführer
Schwörer Unternehmensgruppe

**Prof. Dr. med.
Gerhard A. Wiesmüller**
apl. Professor für Hygiene und
Umweltmedizin
Institut für Arbeits-, Sozial- und
Umweltmedizin, Uniklinik RWTH
Aachen
Abteilungsleiter Infektions- und
Umwelthygiene, Gesundheitsamt
der Stadt Köln

Dr. Wolfgang Störkle
Leiter Umwelt und Sicherheit
SchwörerHaus KG

LITERATURNACHWEISE

Kapitel 1.2 Chemikalienbelastungen in Gebäuden – besonders Kinder leiden darunter *(Prof. Dr. Irina Lehmann)*

[1] Nurmatov UB, Tagiyeva N, Semple S, Devereux G, Sheikh A (2015) Volatile organic compounds and risk of asthma and allergy: a systematic review. Eur Respir Rev 135: 92–101

[2] Diez U, Rehwagen M, Rolle-Kampczyk U, Wetzig H, Schulz R, Richter M, Lehmann I, Borte M, Herbarth O (2003) Redecoration of Apartments Promotes Obstructive Bronchitis in Atopy Risk Infants. Int J Hyg Environ Health 206: 173–179

[3] Paciência I, Madureira J, Rufo J, Moreira A, Fernandes Ede O (2016) A systematic review of evidence and implications of spatial and seasonal variations of volatile organic compounds (VOC) in indoor human environments. J Toxicol Environ Health B Crit Rev. 2016;19(2): 47–64

[4] Franck U, Weller A, Röder S, Herberth G, Junge KM, Kohajda T, von Bergen M, Rolle-Kampczyk U, Diez U, Borte M, Lehmann I (2014) Prenatal VOC exposure and redecoration are related to wheezing symptoms in early infancy. Environ Int. 73: 393–401

[5] Wieslander G, Norbäck D, Edling C (1997) Airway symptoms among house painters in relation to exposure to volatile organic compounds (VOCS)-a longitudinal study. Ann Occup Hyg 41(2): 155–66

[6] Wieslander G, Norbäck D, Björnsson E, Janson C, Boman G (1997) Asthma and the indoor environment: the significance of emission of formaldehyde and volatile organic compounds from newly painted indoor surfaces. Int Arch Occup Environ Health 69(2): 115–24

[7] Feltens R, Mögel I, Röder-Stolinski C, Simon J, Lehmann I (2010) Chlorobenzene induces oxidative stress in human lung epithelial cells. Toxicology and Applied Pharmacology 242(1): 100–8

[8] Fischäder G, Röder-Stolinski C, Wichmann G, Nieber K, Lehmann I (2008) Induction of inflammatory signals in lung epithelial cells by volatile organic compounds. Toxicol In Vitro 22(2): 359–66

[9] Röder-Stolinski C, Fischäder G, Oostingh GJ, Feltens R, Kohse F, von Bergen M, Mörbt N, Eder K, Duschl A, Lehmann I (2008) Styrene induces an inflammatory response in human lung epithelial cells via oxidative stress and NF-kB activation. Toxicology and Applied Pharmacology 231(2): 241–247

[10] Röder-Stolinski C, Fischäder G, Oostingh GJ, Eder K, Duschl A, Lehmann I (2008) The volatile compound chlorobenzene can induce the secretion of inflammatory mediators by lung epithelial cells via the NF-κB and p38 MAP kinase pathway. Inhal Toxicol 20: 813–820

[11] Lehmann I. Umweltschadstoffe als Adjuvantien und Co-Faktoren einer immunologischen Erkrankung. Review. Bundesgesundheitsblatt Gesundheitsforschung Gesundheitsschutz. 2017 Jun; 60(6): 592–596. doi: 10.1007/s00103-017-2545-6.

[12] Lehmann I, Rehwagen M, Diez U, Seiffart A, Rolle-Kampczyk U, Richter M, Wetzig H, Borte M, Herbarth O (2001) Enhanced in vivo IgE production and T cell polarization to the type 2 phenotype in association with indoor exposure to VOC: results of the LARS study. Int J Hyg Env Health 204: 211–221

[13] Bönisch U, Schütze N, Böhme A, Kohajda T, Mögel I, von Bergen M, Simon JC, Reiprich M, Lehmann I, Polte T (2012) Polyvinylchloride (PVC) evaporated Volatile Organic Compounds may enhance the asthma phenotype in mice. PLoS One 7(7): e39817

[14] Lehmann I, Thoelke A, Rehwagen M, Rolle-Kampczyk U, Schlink U, Schulz R, Borte M, Diez U, Herbarth O (2002) The cytokine secretion profile of neonatal T cells is influenced by maternal exposure to volatile organic compounds (VOC). Env Toxicol 17(3): 203–210

[15] Junge KM, Hörnig F, Herberth G, Röder S, Kohajda T, Rolle-Kampczyk U, von Bergen M, Heroux D, Denburg JA, Lehmann I (2013) The LINA cohort: Cord Blood Eosinophil/Basophil Progenitors Predict Respiratory Outcomes in Early Infancy. Clin Immunol 152(1–2): 68–76

[16] Herberth G, Heinrich J, Röder S, Figl A, Weiss M, Diez U, Borte M, Herbarth O, Lehmann I, for the LISA study group (2010) Reduced IFN-gamma- and enhanced IL-4-producing CD4+ cord blood T cells are associated with a higher risk for atopic dermatitis during the first 2 yr of life. Pediatr Allergy Immunol 21(1): 5–13

[17] Herberth G, Herzog T, Hinz D, Röder S, Sack U, Diez U, Borte M, Lehmann I (2013) Renovation activities during pregnancy induce a Th2 shift in fetal but not in maternal immune system. Int J Hyg Environ Health 216: 309–316

Kapitel 4.2.1 Gesundes Wohnen im Holzhaus *(Dipl.-Ing. Borimir Radović)*

[1] Gersonde, M.; Grinda, M. (1984): Untersuchungen über das Vorkommen von Schäden durch holzzerstörende Pilze und Insekten an Holzleimbaukonstruktionen. Forschungsbericht. Bundesanstalt für Materialprüfung, Fachgruppe »Biologische Materialprüfung«

Aicher, S.; Radović, B.; Volland, G.: Untersuchungen zur Befallswahrscheinlichkeit von Brettschichtholz durch Insekten, Bauen mit Holz, 12/2001

Radović, B. (2008): Unempfindlichkeit von technisch getrocknetem Holz gegen Insekten, Informationsdienst Holz, November 2008

Radović, B.: Holzschutz für Produkte der Sägeindustrie, Informationsdienst Holz, September 2008

Radović, B. (2009) Holzschutz für konstruktive Vollholzprodukte, Informationsdienst Holz, Februar 2009

Radović, B. (2009): Holzschutz – Aktueller Stand der Wissenschaft und Technik, Zukunft Holz, April 2009

[2] Radović, B. Erläuterungen zu dem 68800-2 im Holzschutz, Praxiskommentar zu DIN 68800 Teile 1–4.

BILDQUELLEN

Adobe Stock 18 ©JackStock; 21 oben ©demphoto; 44 ©Africa Studio; 46 ©underdogstudios; 47 ©gradt; 48 ©Ingo Bartussek; 74 **Auto** ©Maksim Toome, **E-Gitarre** ©Michael Flippo, **Flugzeug** ©Stefano Garau, **Frauen im Gespräch** ©Antonioguillem; 145 ©domnitsky; 182 ©Antonioguillem; 184 ©Pixelot; 185 oben ©Wanja Jacob, **unten** ©by-studio

BAUHAUS AG / Kauffeld 21, 175, 176/177

ccvision 74 Blatt, Uhr

SchwörerHaus / J. Lippert 9, 12/13, 14, 17, 19, 20, 22, 23, 24, 25, 26, 28, 30/31, 36/37, 38, 39,40, 43, 45, 49, 51, 52, 53, 58, 61, 63, 64, 65, 66, 67, 68 (oben links), (70 unten links), 71, 72, 75, 76, 77, 78, 79, 80, 81, 82, 83, 85, 86/87, 88, 89, 91, 99, 101, 103, 116, 117, 119, 120, 121, 127 (oben rechts) 142/143, 144, 145 (oben), 146 148, 149, 150, 151, 156, 157, 158, 159, 160, 161, 162, 163, 164, 165 (oben), 166, 168, 170, 171, 174, 175 (oben), 176, 177(unten), 178, 178, 179, 180, 181, 183, 188

SchwörerHaus / J. Brauchle 147

SchwörerHaus / C. Assfalg 172, 173

Sentinel Haus Institut / Siouar Jaziri 90

Sentinel Haus Institut / Dominic Schuler 95

Sentinel Haus Institut / GUNDAM_Ai/shutterstock 112

Shutterstock 57 Frau mit Nase ©Olena Zaskochenko; 57 junge Frau Nase zu ©ESB Professional

Steinbuch, Claus; StekoX® GmbH 54 Abdichtungstechnik

UMSCHLAG

Adobe Stock Paar beim Planen ©Halfpoint; Farbfächer ©Benjamin [,O°] Zweig, Werkzeugkasten ©SkyLine; Mädchen (Rückseite) ©pololia;

SchwörerHaus / J. Lippert Haus, Innenraum

IMPRESSUM

Herausgeber:

SchwörerHaus KG
Hans-Schwörer-Straße 8
72531 Hohenstein/Oberstetten
Tel. +49 73 87 16-0
Fax +49 73 87 16-500-100
E-Mail: info@schwoerer.de
www.schwoererhaus.de

Sentinel Haus Institut GmbH
Merzhauser Straße 76
79100 Freiburg im Breisgau
Tel. +49 761 59 04 81-70
Fax: +49 761 59 04 81-90
E-Mail: info@sentinel-haus.eu
www.sentinel-haus.eu

Verlag:
Fachschriften-Verlag GmbH & Co.KG, Höhenstraße 17, 70736 Fellbach
www.fachschriften.de

Redaktion:
Volker Lehmkuhl, Lehmkuhl Presse und PR, Herrenberg

Lektorat:
Karin Rossnagel, Stuttgart

Koordination:
Astrid Barsuhn, Fachschriften-Verlag GmbH & Co.KG, Fellbach
www.fachschriften.de

Infografiken:
Corina Wünsche, Sentinel Haus Institut
www.sentinel-haus.eu

Layout und Satz:
Bettina Herrmann, Kommunikations-Design, Stuttgart

Druck:
Elanders GmbH, Waiblingen

1. Auflage, August 2018
© SchwörerHaus KG, Hohenstein/Oberstetten

Das Werk einschließlich aller seiner Teile ist urheberrechtlich geschützt. Jede Verwertung, die nicht ausdrücklich vom Urheberrechtsgesetz zugelassen ist, bedarf der vorherigen Zustimmung der SchwörerHaus KG, Hohenstein/Oberstetten. Das gilt insbesondere für Vervielfältigungen, Bearbeitungen, Übersetzungen, Mikroverfilmung und die Einspeicherung und Verarbeitung in elektronischen Systemen. Das Buch darf ohne Genehmigung der SchwörerHaus KG, Hohenstein/Oberstetten auch nicht mit (Werbe-) Aufklebern o. Ä. versehen werden. Die Verwenung des Buches durch Dritte darf nicht zu absatzfördernden Zwecken geschehen oder den Eindruck einer Zusammenarbeit mit der SchwörerHaus KG, Hohenstein/Oberstetten erwecken.

ISBN 978-3-945604-48-9
Printed in Germany